Unkel am Rhein

Chronik einer Stadt

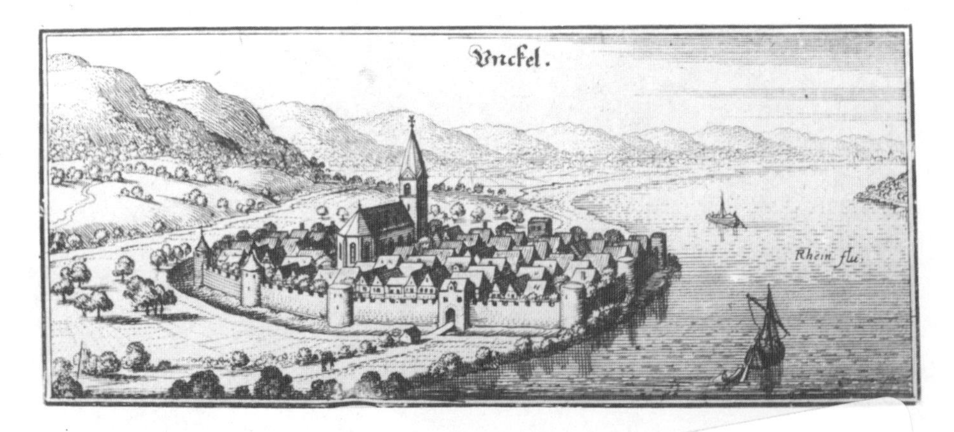

von

Rudolf Vollmer

ISBN: 3-929490-07-2
Best. Nr.: Ö072

Unkel am Rhein
Chronik einer Stadt

Herausgeber: Rudolf Vollmer
Redaktion: Rudolf Vollmer

Die Herausgabe wurde gefördert durch:
Stadt Unkel
Verbandsgemeinde Unkel
Sparkasse Neuwied
Firma Rabenhorst
Volksbank Linz
Provinzial-Versicherung
Unkel 1995

Umschlagsentwurf: Paul Bachem
Satz: Önel Verlag-Ankara
Layout: Önel Verlag-Ankara
Druck: Örnek Ltd. Şti.-Ankara

Vorwort

Über die Geschichte Unkels gibt es zwar verschiedene Aufsätze, die hauptsächlich von Franz Herman Kemp verfaßt wurden, eine zusammenfassende Arbeit fehlte aber bisher.

Mit meinem Buch „Unkel am Rhein, Chronik einer Stadt" möchte ich diese Lücke schließen.

In dieser Schrift ist die Geschichte Unkels in kurzen Aufsätzen dargestellt. Sie will also keine erschöpfende Chronik sein, sondern nur die wichtigsten Ereignisse und Daten aufzeigen. Als Quelle dienten in erster Linie unveröffentlichte Akten des Unkeler Stadtarchivs.

Das Buch ist als Nachschlagewerk für geschichtsbewußte Alt- und Neubürger sowie für interessierte Besucher unserer Stadt gedacht. Es könnte auch eine Hilfe im Heimatkunde-Unterricht sein.

Rudolf Vollmer

Vorwort des Stadtbürgermeisters

Wenn man bisher etwas über die Vergangenheit Unkels erfahren wollte, mußte man in Heimatkalendern blättern, in der Festschrift „1100 Jahre Unkel“ suchen oder das „Alt-Unkeler Bilderbuch“ aufschlagen.

Mit dem Erscheinen des Buches „Unkel am Rhein, Chronik einer Stadt“ besteht nun die Möglichkeit, sich über Unkel schnell und gründlich zu informieren: Mit Hilfe des ausführlichen Sach- und Personenverzeichnisses kann man die gewünschte Information zügig finden.

Stadtarchivar Rudolf Vollmer hat in mehrjähriger Arbeit dieses Buch geschaffen, das dem Leser eine Vielzahl von Informationen anbietet. Die meisten Fakten dürften selbst für Alt-Unkeler neu sein, da Vollmer sein Wissen aus den alten Akten des Stadtarchivs bezieht. Da die Akten aber nur bis 1960 reichen, wird die Zeit danach nur gestreift.

Der Stadtarchivar macht mit diesem Buch auf die Geschichte der Stadt (sowie der Verbandsgemeinde) aufmerksam, um das Interesse an den geschichtlichen Zusammenhängen zu wecken. Denn nur wer die Geschichte Unkels kennt, lernt aus ihr. Dieses Buch dürfte in keinem Unkeler Haushalt fehlen.

Werner Zimmermann
Stadtbürgermeister

Inhaltsverzeichnis

Seite

I. Allgemeines 7
- *1) Lage Unkels* 7
- *2) Name Unkels* 7
- *3) Siegel und Wappen* 7
- *4) Gebiete und Flächen* 10
- *5) Einwohnerzahl* 12

II. Aus der Geschichte Unkels 14
- *1) Die Prümer Zeit: 886 - 1000* 14
- *2) Die Kölner Zeit: 1000 - 1803* 18
  - *Der Fronhof* 19
  - *Die Amtsverschreibung* 20
  - *Die Kölner Stiftsfehde* 21
  - *Die Linzer Eintracht* 21
  - *Die Befestigung* 23
  - *Die Stadtwerdung* 24
  - *Die Bestürmung Unkels* 24
  - *Der dreißigjährige Krieg* 27
  - *Schlimme Zeiten* 27
  - *Nassau-Usinger Zeit: 1803 - 1815* 32
  - *Abschaffung der Stände* 33
  - *Neue Steuern* 33
  - *Vermögensverfügung* 33
  - *Neubürger* 34
  - *Heiratserlaubnis* 34
  - *Testamenterstellung* 35
- *3) Preußische Zeit: 1815 - 1948*
  - *Die Anfänge* 35
  - *Kulturkampf* 38
  - *Wirtschaftliche Veränderungen* 45
  - *Der 1. Weltkrieg* 46
  - *Überteure Zeiten* 51
  - *Die Separatisten* 56
  - *Die Zeit des Nationalsozialismus* 59
  - *Der 2. Weltkrieg* 62
  - *Die Besetzung* 66
  - *Die Nachkriegszeit* 73

III. Unkel und der Rhein
- *1) Die Rheinpromenade* 75
- *2) Die Unkeler Fähre* 77
- *3) Die Landebrücke* 81
- *4) Das Hochwasser* 83
- *5) Die Unkelsteine* 86
- *6) Baden im Rhein* 88

Seite

IV. Fortschritt und Technik in Unkel
- *1) Straßen in Unkel* 91
- *2) Trinkwasserversorgung* 98
- *3) Abwasser- und Abfallbeseitigung* 102
- *4) Licht in Unkel* 105
- *5) Post in Unkel* 108
- *6) Bahnhof in Unkel* 110
- *7) Elektrische Kreisbahn* 114

V. Das Bildungswesen in Unkel
- *1) Schulen in Unkel* 116
- *2) Kino in Unkel* 121

VI. Altes Brauchtum in Unkel
- *1) Alte Bräuche in Unkel* 125
- *2) Alte Spiele in Unkel* 131

VII. Wohlfahrtspflege in Unkel
- *1) Die Armenfürsorge* 134
- *2) Hospital* 139
- *3) Das Christinenstift* 141

VIII Das Kirchenwesen in Unkel
- *1) Die Unkeler Pfarrgemeinde* 145
- *2) Die Unkeler Pfarrkirche* 151
- *3) Die evangelische Kirche* 156
- *4) Die Unkeler Friedhöfe* 156
- *5) Die Unkeler Glocken* 160
- *6) Die jüdische Gemeinde* 164

IX. Wirtschaft und Gewerbe in Unkel
- *1) Der Weinbau in Unkel* 177
- *2) Berufe in Unkel* 184
  - *Schiffer* 184
  - *Ackerbau* 185
  - *Handwerker* 187
  - *Sonstige Berufe* 187
- *3) Industrie in Unkel* 188
  - *Pelzfabrik* 188
  - *Betonwarenfabrik* 189
  - *Marmeladenfabrik* 192
  - *Firma Rabenhorst* 193
- *4) Fremdenverkehr in Unkel* 195

Seite

X. Die Verwaltung Unkels
1) Kölner Zeit 200
Unkeler Gericht 200
Unkeler Stadtrat 201
Bürgermeister-Rechnung 202
2) Nassauer Zeit 205
3) Preußische Zeit 205
4) Verwaltungschefs 208

XI. Das Finanzwesen in Unkel
1) Zahlungsmittel des 17. - 19. Jahrhunderts 209
2) Steuern
Schatzsteuer 211
Simpelsteuer 212
3) Der städtische Haushalt 213
4) Sonstige Steuern 214
5) Die Volksbank Unkel 215
6) Die Sparkasse Neuwied 216

XII. Vereine in Unkel
1) Der Bürgerverein Unkel 1730 219
2) Der Junggesellenverein Unkel 1775 221
3) Der Kriegerverein Unkel-Scheuren 1867 223
4) Der Kur- und Verkehrsverein Unkel 1882 225
Die Freiwillige Feuerwehr 228
Das Deutsche Rote Kreuz 230
5) Der Männergesangsverein Concordia 1892 228
6) „Casino" in Unkel 1899 231
7) „Rauchclub" 1901 232
8) Unkeler Kegel- und Rauchclub 1902 232
9) Kegelverein „Frohsinn" 1901 233
10) Kegelclub 1904 233
11) Karnevalsgesellschaften 1904 und 1909 234
Theaterverein „Nordstern" 1921 235
„Fidele Nordsterner" 1930 236
12) Turn- und Sportvereine in Unkel 236
ATS, SV, Fußballclub
13) Musikdilettanten 1926 62

Seite

14) Verein der Gewerbetreibenden 1921 239

XII. Unkeler Persönlichkeiten
1) Unkeler Familien 240
Familie Eschenbrender 240
Familie Berntges 243
Familie von Herresdorf 242
Familie von Wittgenstein 244
2) Einzelpersonen
Franz Vogts 247
Sibylle Mertens-Schaaffhausen 251
Annette von Droste-Hülshoff 253
Johanna und Adele Schopenhauer 254
Ferdinand Freiligrath 255
August Libert Neven DuMont 257
Julie von Bothwell, geb. Loewe 258
Hermann Joseph Honnef 259
Fritz Henkel 260
Carl Trimborn 262
Johann Hundhausen 264
Prälat Schwamborn 265
Pfarrer Joseph Vaassen 267
Rudolf Wulfertange 268
Hans Frentz 269
Stefan Andres 270
Otto Stiefel 271
Josef Arens 272
Leni Mecke 273
Paul Faßbender 274
Tilo Medek 275
Günther Lauffs 276
Willy Brandt 277

XI. Verschiedenes
Anmerkungen 279
Literatur, Quellen 284
Sachverzeichnis 287
Personenverzeichnis 290
Abbildungsnachweis 294

I. Allgemeines

Die Lage Unkels

Unkel liegt auf der rechten Rheinseite zwischen Rheinkilometer 636 und 637. Es befindet sich in der Mitte einer Ebene, die im Süden von der Erpeler Ley, im Norden vom Siebengebirge, im Osten vom Westerwald und im Westen vom Rhein abgegrenzt wird. Die Altstadt liegt auf einer Anhöhe - dem Pantaleonsberg - da Unkel früher beidseitig vom Rhein umflossen wurde. Diese Insellage Unkels wird bei großem Hochwasser auch heute noch sichtbar, wenn der Rhein seinen später versandeten Nebenarm wieder einnimmt.

Der Name „Unkel"

Der Name „Unkel" stammt vermutlich aus dem Lateinischen (uncus = Bogen, Haken) bzw. aus dem Fränkischen (angel = Bogen, Krümmung). Der Rhein macht nämlich hier einen so großen Bogen, daß wohl zunächst das ganze Gebiet rechts und links dieses Rheinbogens so benannt wurde. Später ging dann der Name von der Landschaft auf die entstandenen Siedlungen Unkel und Unkelbach über.[1)]

Abb. 1: Schöffensiegel des 14. Jahrhunderts

Siegel von Unkel

Das älteste Schöffensiegel Unkels stammt aus dem 14. Jahrhundert. Es zeigt eine Madonna mit dem Kind im Arm. Die Umschrift lautet: „Sigillum. Scabinor. D. Vnkele": „Siegel der Schöffen Unkels". (s. Abb. 1)

Aus dem 16. Jahrhundert stammt das zweite Siegel, das später zum Wappen Unkels hinführte. Es zeigt zwei gekreuzte Schlüssel in einem einfachen Wappen. Die Umschrift lautet: „Sigillum comunitatis Unckel": Siegel der Gemeinschaft Unkel. (s. Abb. 2)

Abb. 2:
Schöffensiegel des 16. Jahrhunderts

Im Jahr 1744 entsteht das dritte Schöffensiegel, das genau dem Unkeler Wappen entspricht. Es zeigt die beiden gekreuzten Schlüssel mit den vier ovalen Punkten (später: sechsek , kig), die für die Basaltsteine des Unkelsteines stehen. Die Umschrift lautet: „1744 Sigillum majus judicii Unckelensis“: Großes Siegel des Unkeler Gerichts. (s. Abb. 3)

Abb. 3:
Schöffensiegel von 1744 - 1803

Abb. 4: Schöffensiegel von 1804 - 1815
Nassau-Usingen

Nach Beendigung der kurkölnischen Zeit erhielt Unkel unter Nassau-Usingen den nassauischen Löwen als Siegel. Die Umschrift lautet: „1804 Sigillum Senatus Unckelensis“: Siegel des Unkeler Senats. s. Abb. 4

Unter Preußen änderte sich ab 1815 auch das Siegel. Der preußische Adler kam zum Vorschein. Die

Umschrift lautete: „Der Bürgemeister * Unkel (Rhein)“ (s. Abb. 5)

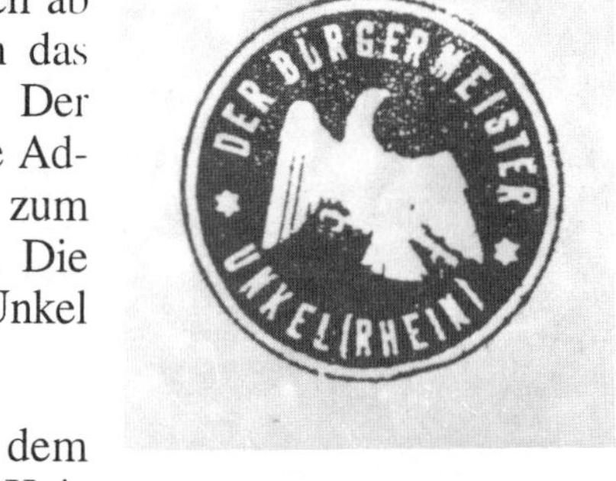

Abb. 5:
Siegel des Bürgermeisters von 1817 - 1918

Abb. 6: Siegel der Gemeinde Unkel von 1918 - 1952

Nach dem Ende des Kaiserreichs erhielt die Gemeinde Unkel wieder ein eigenes Siegel, das sich stark an das von 1744 anlehnte. Es zeigt die gekreuzten Schlüssel mit vier ovalen Punkten und dem kurkölnischen Kreuz. Die Umschrift lautet: „Gemeinde Unkel * Amt Unkel * Kreis Neuwied“. (s. Abb. 6)

Abb. 7:
Siegel der Stadt Unkel ab 1952

Nachdem Unkel 1952 wieder seine Stadtrechte erhalten hatte, vereinfachte man das Siegel und änderte die Umschrift in „Stadt Unkel am Rhein". Diese Form wird bis heute beibehalten. (s. Abb. 7)

Abb. 8: Siegel der Bürgermeisterei Unkel von 1817-1932

Siegel der Bürgermeisterei/Amt Unkel

Als im Jahr 1815 die Bürgermeisterei Unkel geschaffen wurde, erhielt sie ein Siegel mit dem preußischen Adler. Die Umschrift lautet: „Bürgemeisterei Unkel". (s. Abb. 8)

In der Zeit des Nationalsozialismus wurde das Siegel mit dem nationalsozialistischen Emblem versehen. Es zeigt den Adler mit dem Hakenkreuz und der Umschrift: „Amt Unkel Kreis Neuwied". (s. Abb. 9)

Abb. 9: Siegel des Amts Unkel von 1933 - 1945

Nach dem 2. Weltkrieg wurde ein völlig neues Siegel für das Amt Unkel erstellt. Es übernahm die Schlüssel des Unkeler Wappens, die Trauben als Symbol des Weinbaus sowie den Rhein. Die Umschrift lautet: „Amt Unkel Kreis Neuwied". (s. Abb. 10)

Abb. 10:
Siegel des Amtes Unkel von 1945 - 1968

Als 1968 das Amt in die Verbandsgemeinde Unkel umgewandelt wurde, änderte man lediglich die Bezeichnung Amt Unkel in „Verbandsgemeinde Unkel".

Abb. 11:
Siegel des Amtes Unkel ab 1968

Das Unkeler Wappen

Abb. 12: Das Wappen von Unkel

Das Unkeler Wappen geht auf das Siegel des 16. Jahrhunderts zurück. Am ausgeprägtesten finden wir es auf dem Siegel von 1744. Hier ist oben das (schwarze) Kreuz (auf weißem Grund) d. i. die Zugehörigkeit zu Kurköln. Die beiden Schlüssel sind die Attribute des hl. Petrus, des Schutzpatrons des Kölner Doms.* Die vier (manchmal auch drei) ovalen / quadratischen / sechseckigen Punkte stehen für den „Unkelstein", der gegenüber Unkel abgebaut wurde. Auf den alten Schöffenkannen von 1750 finden wir eines der ältesten Darstellungen des Wappens. Eine vereinfachte Abbildung befindet sich auf der Pumpe von 1759 in der Pützgasse. Während es im vorigen Jahrhundert noch prunkvoll verziert dargestellt wurde, erhielt es in unserem Jahrhundert eine einfache, klare Form.

Gebiete und Flächen

Über die Größe Unkels erfahren wir erstmals etwas in einem Bericht über das Kirchspiel Unkel von 1664[2)]. Dort heißt es:

„Die Stadt Unkel hat zwei zugehörige Dörfer, nämlich Scheuren und Breitbach. Diese bilden zusammen ein Kirchspiel. **Unkel** hat 64 Häuser und 31 freie Plätze. Diese ergeben an Grund gemessen **14 Morgen 13 Pint 3,5 Ruten. Scheuren** hat 34 Häuser und 8 ledige Plätze. Diese ergeben an Grund gemessen **28 Morgen 6 Pint 15 Fuß. Breitbach** hat 107 Häuser und 40 ledige Plätze. Diese ergeben an Grund gemessen **28 Morgen 6 Pint 13 Fuß**"**

Die Gemarkung ist in 14 Klassen oder Teile eingeteilt und enthält 866 Morgen 3 Viertel 1 Pint.

Davon ist das Klobbenort mit den Bergischen von Honnef streitig. Es ist 26 Morgen 1,5 Pint groß.

** vielleicht sind sie auch das Symbol für die Stadtrechte Unkels*

*** Die bewohnte Fläche betrug also ca. 51 Morgen*

Von den 866 Morgen sind:

Weingärten	:	347	Morgen	
Ländereien	:	333	Morgen	
Wiesen	:	51	Morgen	
Klobbenort	:	26	Morgen	(Weingärten)
Geistl. Besitz	:	109	Morgen	(Weingärten)
		866	Morgen	

Ca. 120 Jahre später gibt uns eine Zustandstabelle von 1790[3] Auskunft über die bewirtschafteten Flächen in dieser Zeit:

	Unkel	**Scheuren**	**Breitbach**	**Summe**	
Weingärten	128	125	278	531	Morgen
Ländereien	65	44	305	414	Morgen
Wiesen	12	10	36	58	Morgen
Summe	205	179	619	1003	Morgen

Eine erste Aufzeichnung der Fläche der Bürgermeisterei Unkel erfolgte im Jahr 1880 im Rahmen der Pfarreibezirke[4].

Unkel/Scheuren	:	823	ha	16	Ar
Breitbach	:	436	ha	6	Ar
Erpel/Heister/Orsberg	:	1061	ha	333	Ar
Bruchhausen	:	257	ha	65	Ar
Summe	:	2577	ha	120	Ar

In der Statistik von 1937 besaß das Amt Unkel folgende Flächen[5]:

		Fläche		**Wald**	
Bruchhausen	:	256	ha	69	ha
Erpel	:	78	ha	425	ha
Heister	:	160	ha	10	ha
Orsberg	:	138	ha	20	ha
Rheinbreitbach	:	659	ha	224	ha
Unkel	:	656	ha	256	ha
Summe	:	2658	ha	1031	ha

Im Verwaltungsbezirk von 1989 werden folgende Flächen aufgeführt:

		Fläche		**Wald**	
Unkel	:	816	ha	153	ha
Erpel	:	918	ha	383	ha
Rheinbreitbach	:	658	ha	173	ha
Bruchhausen	:	261	ha		
Summe	:	2653	ha		

Die Einwohnerzahl Unkels

Die Einwohnerzahlen des 16./17. Jahrhunderts können wegen fehlender Unterlagen nur geschätzt werden.

Im Besitzverzeichnis von 1590 sind 75 Unkeler Bürger und 30 Scheurener erwähnt. Daraus kann auf eine Einwohnerzahl von 375 Personen für Unkel und 150 für Scheuren geschlossen werden.

In der „Beschreibung des Kirchspiels Unkel" von 1664 erfahren wir, daß Unkel 64 Häuser sowie 25 „ledige Plätze", Scheuren 34 Häuser sowie 8 „ledige Plätze" und Rheinbreitbach 107 Häuser sowie 40 „ledige Plätze" besaß. Da ein Haus im Mittel von 5 Personen bewohnt war, bedeutet dies[6]:

Unkel	:	ca. 320 Einwohner
Scheuren	:	a. 170 "
Rheinbreitbach	:	ca. 535 "

Das Kirchspiel Unkel hatte demnach 1664 ca. 1025 Einwohner.

Erst die „Zustandstabelle des Kirchspiels Unkel" von 1790 gibt uns erstmalig genaue Angaben. Danach hatte:[7]

		Unkel	Scheuren	Heister*	Rheinbreitbach
Hausväter	:	108	55	28	186
Hausmütter	:	116	57	31	193
Knaben	:	142	81	34	259
Mädchen	:	117	60	34	235
Knechte	:	16	43	38	
Mägde	:	41	12	9	40
		540	269	139	951
Anzahl der Häuser	:	98	51	34	109

Die Volkszählung im Jahr 1849 ergab:[8]

Unkel	:	732 Einwohner
Scheuren	:	277 Einwohner
Heister	:	166 Einwohner
Rheinbreitbach	:	1395 Einwohner

Während die Einwohnerzahl von Scheuren und Heister fast gleich geblieben waren, hatte sie sich bei Unkel ein wenig und bei Rheinbreitbach ziemlich stark erhöht.

* *Heister gehörte 1790 zum Kirchspiel Erpel, die Angaben entstammen der „Zustandstabelle des Kirchspiels Erpel"*

Bei der Volkszählung 1900 zeigte sich, daß kaum Veränderungen in der Bevölkerungszahl eingetreten waren.

Im Jahr 1900 hatte:

Unkel	:	842	Einwohner
Scheuren	:	286	Einwohner
Heister	:	147	Einwohner
Rheinbreibach	:	1259	Einwohner

Im Jahr 1938 hatte Unkel mit Scheuren und Heister 2044 Einwohner.

Nach dem 2. Weltkrieg stieg dann die Einwohnerzahl durch die Erschließung von Neubaugebieten sprunghaft an[9].

Sie betrug:

1946 : 2496 Einwohner
1970 : 3152 Einwohner
1987 : 4173 Einwohner

Die folgende Tabelle zeigt das Anwachsen Unkels:

Jahr	**1790**	**1849**	**1900**	**1921**	**1938**	**1946**	**1970**	**1987**
Unkel	540	732	842	1368	1816	2496	3152	4173
Scheuren	269	277	286	-	-			
Heister	139	166	147	163	198			
Summe	948	1175	1275	1531	2014	2496	3152	4173

II. Aus der Geschichte Unkels

Die Prümer Zeit (886-1000)

Wie fränkische Grabbeigaben des 7. Jahrhunderts, die 1900 und 1923 in Unkel gefunden wurden, beweisen, ist Unkel um 600 n. Chr. schon besiedelt gewesen. (s. Abb. 13 und 13a)

Am 26. Februar 886 wird Unkel dann zum ersten Mal urkundlich erwähnt. Im „Goldenen Buch" der Abtei Prüm erfolgte die Nennung Unkels sowie einiger anderer Orte der Umgebung im Zusammenhang mit dem Gütertausch eines gewissen Hartmann. Hierbei werden Weingärten bei „riegamaga" (Remagen), „oncale" (Unkel), „uinitorio" (Oberwinter) und „cazbach" (Kasbach) aufgeführt.[10)] (s. Abb. 14)

Während bei der ersten Erwähnung Unkels lediglich der Ortsname genannt wird, erfahren wir im „Prümer Urbar" von 893, in welchem das Kloster seine Besitztümer auflistete, mehr über Unkel. (s. Abb. 15)

Der lateinische Text lautet:

> „Sunt in unckele mansus VI. soluit unusquisque de uino situlas VI. pullos II. oua X. circulos XII. faculas XII. iuger I. in orto lectum I. Claudit in curtem. Scaram facit cum naue. Ducit de fimo carradas V. Ex his mansis habet rotuldus I. et wernarius I. wernarius habet vineas in unckele et in enizfelt. et in mylenheym. et in dottendorpt. ad carradas V. et situlas XX. et mansum I. tenet in mylenhym qui soluit ei solidos V. Ruotboldus habet in unckele uineam ad carradam I. Reinfridus prepositus habet uineas ad carradas III. et inter budendorpht et gadenberhc ad carradas V. Vothilarius habet uineas inter unckele et pissenhym et vintre picturas II. ad carradas III. Balduuhic habet in vintre ad carradam I. et in cazbahc ad carradas III. Lanbertus habet in unckele uineam ad carradam I. Est in dominico tantum ad carrdas IIII. et in uintre ad carradam I. focco habet in remagen et in belnere mansum I. et in remagen uineam ad carradam I. et soluit ille qui mansum tenet solidos IIII. et in liezhym mansum I. qui soluit ei sicut illi de bahchym. Inter liezhym et millenhym uineas ad carradas III."

Auf deutsch: „In Unkel befinden sich sechs Höfe. Davon liefert jeder als Ablösung 6 Eimer Wein, 2 Hühner, 10 Eier, 12 Reifen und 12 Fackeln. 1 Morgen Land wird von jedem bearbeitet. Den Hof umzäunt er. Er leistet Botendienst mit dem Schiff. Er liefert 5 Karren Mist. Einen Hof hat Rotoldus und einen Wernarius. Wernarius hat Weinberge in Unkel, im Enizfeld in Mehlem und Dottendorf, die 5 Fuder und 20 Eimer Abgabe er-

Abb.13: Fränkische Grabfunde aus Unkel

Abb.13a: Fränkische Grabfunde aus Unkel

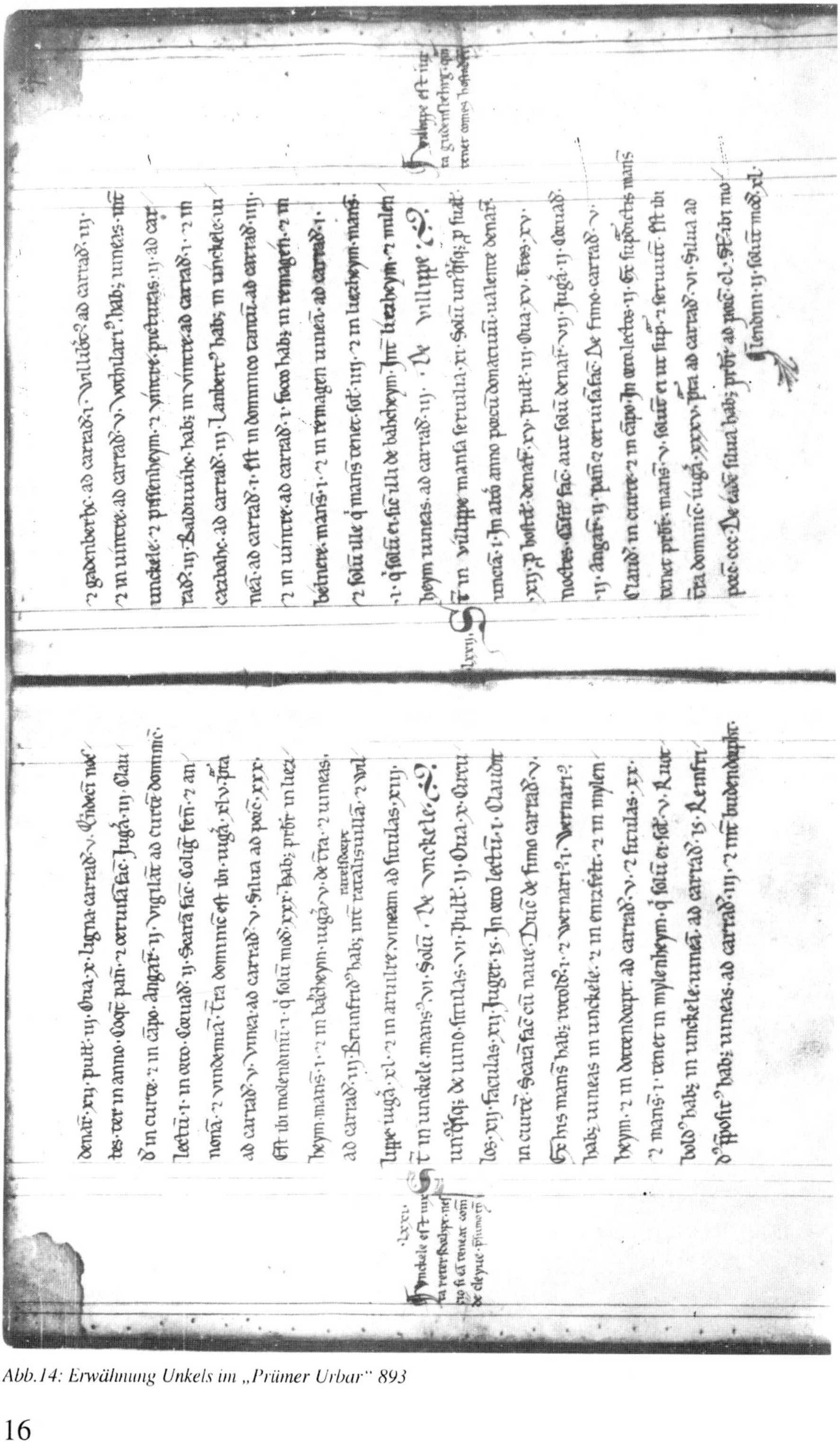

denar. xii. pull. iii. Oua. x. ligna carrad. v. Undecim noctes. ter in anno. Coquit panem et ceruisam facit. Iugera iii. Claud. in curte et in campo. angar. ii. vigilat ad curtem dominic. lectum i. in orto. Corvad. ii. Scaram facit. Colligit fenum et annonam et vindemiam. Terra dominic. est ibi iugera xlv. prata ad carrad. v. vinea ad carrad. v. Silua ad porc. xxx. Est ibi molendinum i. qui soluit mod. xxx. Habet presbiter in liezheym mans. i. et in bachheym iugera v. de terra et uineas ad carrad. iii. Brunfridus habet inter ratalisuillam et villippe iugera xl. et in aruilre vineam ad situlas xiii.

·lxxi·

Unckele est iuxta reter fodhpe. [illegible] si ea teneat comes de cleyue. [illegible]

De unckele.

Sunt in unckele mansi vi. Soluit unusquisque de uino situlas vi. pull. ii. Oua x. Circulos xii. faculas xii. Iuger. is. In orto lectum i. Claudit in curte. Scaram facit cum naue. Ducit de fimo carrad. v. Ex his mansis habet rotoldus i. et wernarius i. Wernarius habet uineas in unckele et in entzfelt et in mylenheym et in dottendorpt. ad carrad. v. et situlas xx. et mansum i. tenet in mylenheym qui soluit et sol. v. Ruotboldus habet in unckele uineam ad carrad. is. Reinfridus prepositus habet uineas ad carrad. iii. et inter budendorpht.

et gadenberhc. ad carrad. i. Willibertus ad carrad. iii. et in uintre ad carrad. v. Wothilarius habet uineas inter unckele et pissenheym et vintre picturas ii. ad carrad. iii. Balduuihc habet in vintre ad carrad. i. et in cazbahc ad carrad. iii. Lanbertus habet in unckele uineam ad carrad. i. Est in dominico tantum ad carrad. iii. et in uintre ad carrad. i. Focco habet in remagen et in betnere mans. i. et in remagen uineam ad carrad. i. et soluit ille qui mans. tenet sol. iii. et in liezheym mans. i. qui soluit et sic illi de bahcheym. Inter liezheym et mulenheym uineas ad carrad. iii.

·lxxii·

De villippe.

Sunt in villippe mansa seruilia xi. Soluit unusquisque per fuatunciam i. In alio anno porcum donatiuum ualentem denar. xii. pro hostilitio denar. xv. pull. iii. Oua xv. [illegible] xv. noctes. Castit facit aut soluit denar. vii. Iugera ii. Coruad. ii. angar. ii. panem et ceruisam facit. De fimo carrad. v. Claud. in curte et in campo. In orto lectos ii. Ex supradictis mans. tenet presbiter mans. v. soluit et ut sup. et seruiunt. Est ibi terra dominic. iugera xxxv. prata ad carrad. vi. Silua ad porc. ccc. De eadem silua habet presbiter ad porc. cl. Sunt ibi molendini ii. soluunt mod. xl.

Villippe est iuxta gudensbehrg. quam tenet comes [illegible]

Abb.14: Erwähnung Unkels im „Prümer Urbar" 893

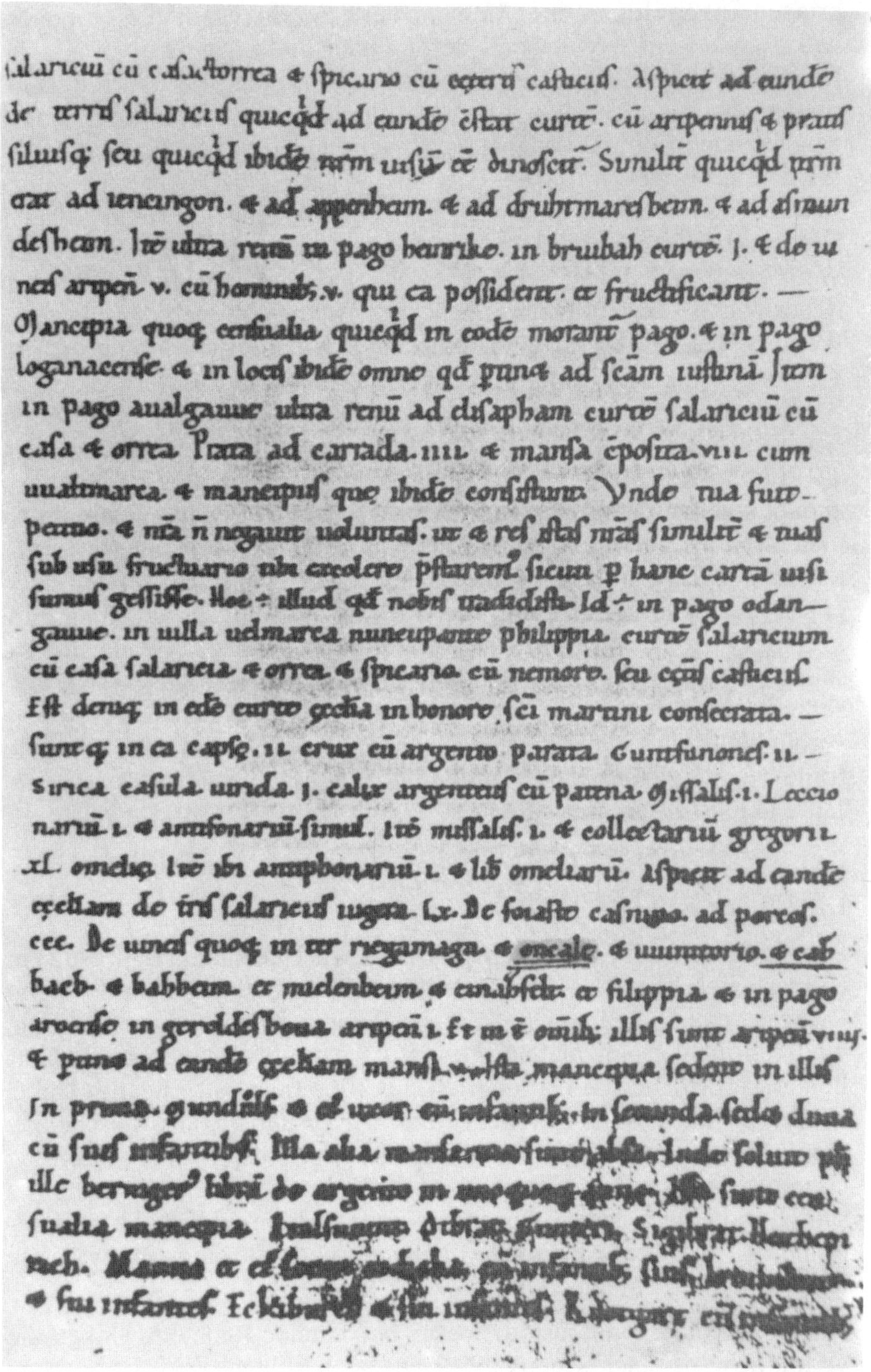

salaricui cu casa et orrea et spicario cu ceteris casticiis. Aspicit ad eunde
de terris salaricis quicquid ad eunde estat curte. cu arpennis et pratis
silvisq; seu quicquid ibidem tertium usu esse dinoscitur. Similiter quicquid tertium
erat ad lenengon. et ad appenheim. et ad druhtmaresheim. et ad asmun
desheim. Item ultra renu in pago henriko. in bruibah curte .i. et de ui
neis arpen. v. cu hominib; .v. qui ea possident. et fructificant. —
Mancipia quoq; censualia quicquid in eode morant pago. et in pago
loganacense. et in locis ibide omnio qd ptinet ad scam iustina. Item
in pago aualgauue ultra renu ad disapham curte salaricui cu
casa et orrea. Prata ad carrada .iiii. et mansa eposita .viii. cum
uualtmarca. et mancipiis que ibide consistunt. Unde tua suip-
pertino. et mea n negauit uoluntas. ut et res istas meas similiter et tuas
sub usu fructuario tibi excolere pstarem. sicuti p hanc carta usi
sumus gessisse. Hoc e illud qd nobis tradidisti. Id e in pago odan-
gauue. in uilla uelmarca nuncupante philippia. curte salaricium
cu casa salaricia et orrea et spicario cu nemore. seu ceteris casticiis.
Est denuq; in eade curte ecclesia in honore sci martini consecrata. —
Sunt q; in ea capse .ii. crux cu argento parata. Guntfanones .ii. —
sirica casula unda .i. calix argenteus cu patena. Missalis .i. Leccio
nariu .i. et antifonariu simul. Item missalis .i. et collectariu gregorii
xl. omelias. Item libri antiphonariu .i. et lib omeliariu. Aspicit ad eande
ecclesiam de tris salaricis iugera .lx. De siluis casingo. ad porcos.
ccc. De uineis quoq; in ter riegamaga. et oncale. et uuinitorio. et cab
bach. et babheim. et mielenheim. et canabfelt. et filippia. et in pago
aroense in geroldesbura arpen .i. Et in e omnib; illis sunt arpen .viii.
et ptinet ad eande ecclesiam mansi [illegible] mancipia sedent in illis
In prima. gundolf et el uxor cu infantib; in secunda sedet dunna
cu suis infantib; Illa alia manserunt [illegible] Inde soluit [illegible]
ille beringer libra de argento in unoquoq; anno [illegible] sunt censualia mancipia. [illegible] Sigifrat. Herben
rach. Manno et el uxor [illegible] cu infantib; suis [illegible]
et sui infantes. Felcibur [illegible] et sui infantib; Kilingrit cu [illegible]

Abb.15: Erste Erwähnung Unkels im Goldenen Buch im Jahre 886 bringen. Einen Hof hat er in Mehlem, der 5 Solidos erbringt. Routboldus hat in Unkel einen Weinberg, der 1 Fuder einbringt. Der vorgesetzte Reinfridus hat Weinberge bei 3 Fuder und zwischen Bodendorf und Godesberg bei 1 Fuder Abgabe. Willibertus hat (Weinberge) bei 3 Fuder Abgabe und in Winter (Weinberge) bei 5 Fuder Abgabe. Vothilarius hat Weinberge zwischen Unkel, Pissenheim und (Ober)Winter bei einer Abgabe von 3 Fudern. Baldwich hat in (Ober)Winter Weinberge bei 1 Fuder und in Kasbach bei 3 Fudern Abgabe. Lambertus hat in Unkel einen Weinberg bei 1 Fuder Abgabe. Das Herrenland zahlt 4 Fuder, in (Ober)winter 1 Fuder Abgabe. Focco hat in Remagen einen Hof und einen Weinberg bei 1 Fuder Abgabe. Er bezahlt jedem, der den Hof unterhält ,4 Solidos. Er hat in Ließem einen Hof, der das gleiche erbringt wie in Bachem. Zwischen Ließem und Mehlem hat er Weinberge bei 3 Fuder Abgabe.“ Soweit das Prümer Urbar. Im Jahre 943 wird Unkel letztmalig als Prümer Besitz aufgeführt. Da Unkel in seinen frühen Erwähnungen zum linksrheinischen Bonngau bzw. zum Odangau gezählt wurde, stellte man im vorigen Jahrhundert die Behauptung auf, Unkel habe früher unterhalb von Birgel auf der linken Rheinseite gelegen und sei erst nach einem späteren Durchbruch des Rheins auf die rechte Rheinseite „versetzt“ worden. Richtig ist aber, daß Unkel in früheren Zeiten eine Insellage besaß. Nach der Verlandung des Rheinarms bildeten sich dort sumpfige Stellen, die schlecht zugänglich waren. Daher stellte die Fährverbindung zum Unkelstein eine günstigere Verkehrsverbindung dar. Die frühe Nennung einer Fähre „auf dem Rhein beim Unkelstein“ aus dem Jahre 1110 ist ein Beweis dafür.

Die Kölner Zeit (1000-1803)

Um die Mitte des 11. Jahrhunderts finden wir Unkel dann im Besitz der Kölner Kirche. Im Jahr 1057 schloß der Kölner Erzbischof Anno II. mit Richeza, einer ehemaligen Königin Polens, einen Prekarie-Vertrag, wodurch ihr die Nutznießung der „villa unkolo“ auf Lebenszeit verliehen wurde. Nach dem Tode Richezas 1063 fielen die Güter in Unkel wieder an die Kölner Kirche zurück. Erzbischof Anno II. schenkte dieses Besitztum in Unkel nun dem neugegründeten Stift „Maria ad Gradus“, das es bis 1803 inne hatte. 1075 wurde diese Schenkung bestätigt. Auf diese Weise wurde das Stift „Maria ad Gradus“ Hauptgrundherr in Unkel und spielte bis zu seiner Auflösung eine wichtige Rolle in der Geschichte Unkels.

Auch die Kölner Domkustodie besaß bedeutende Rechte in Unkel, die vermutlich auf einer Schenkung Richezas beruhten. Dem Domkustos des Kölner Doms gebührte ein Teil des Weinzehnten sowie der halbe Fruchtzehnte. Außerdem besaß er das Patronatsrecht über die Unkeler Pfarrkirche.*

Das Stift „Maria ad Gradus“ sowie die Domkustodie errichteten Zehnthöfe in Unkel (Fronhof bzw. Christinenstift), auf denen eigene Beamte die geschäftlichen Angelegenheiten - Einziehung der Pacht und des Zehnten - regelten. Auch andere geistliche Einrichtungen hatten Besitz z. B. Weingärten in Unkel. Erwähnt sind das Kloster Rolandswerth, das Kloster Schwazrheindorf sowie das Stift in Essen. Die Vogtei - und Lehnrechte über Unkel übten bis zur Mitte des 13. Jahrhunderts hohe Adlige aus. Im Jahre 1265 erwarb aber der Kölner Erzbischof Engelbert II. die Lehen in Unkel und Rheinbreitbach für 900 kölnische Mark von Graf Johann von Sponheim zurück. Von nun an war der Erzbischof ohne Einschränkung Landesherr in Unkel.[12)]

Der Fronhof „Maria ad Gradus“

Bis zum 15./16. Jahrhundert spielte in Unkel das Mariengrader Stift die Hauptrolle in der Geschichte. Die meisten aus dieser Zeit erhaltenen Urkunden behandeln nämlich Angelegenheiten dieses Stiftes.

Der Grundbesitz des Mariengrader Stiftes war in 21 Lehen aufgeteilt, welche von Unkelern bewirtschaftet wurden. Als Pacht schuldete jedes Lehen dem Stift jährlich 1/2 Malter Weizen, 3 Malter Roggen, 3 Hühner und 15 Eier.

Im Laufe der Jahrhunderte zersplitterten aber diese 21 Lehen des Stiftes immer mehr, obwohl jedes eigentlich in höchstens vier Teile aufgeteilt werden durfte. Dadurch wurden die

Abb. 16: Fronhof „Maria ad Gradus“

---

* *Einsetzungsrecht des Pfarrers*

Besitzverhältnisse unklar und unübersichtlich. Daher bestand das Stift von Zeit zu Zeit auf einer Anerkennung der „Marktherrlichkeit“ des Stiftes „Maria ad Gradus“ durch die Unkeler Einwohner.

Am 11. Juli 1379 kam es zu solch einer Anerkennung: „Mit Ausnahme der Güter des Domkustos und einiger wohlgeborener Herren, sind sämtliche Güter im Besitz des Kapitals von „Maria ad Gradus“, mußten die Unkeler zugeben. Obgleich es sicherlich auch schon freien Besitz in Unkel gegeben haben wird. Ca. 300 Jahre später (1660) besaß das Stift mit ca. 10 Morgen Weingärten nur noch einen Bruchteil seines ehemaligen Besitzes.

Auch die Unkeler Fährrechte waren im Besitz des Stiftes. Der Fährmann setzte die Bewohner des Kirchspiels kostenlos über den Rhein und erhielt dafür von jedem Haus des Unkeler Kirchspiels jährlich ein Brot.

Ebenso mußte der Fährmann verschiedentliche Frachtdienste für das Stift in Köln unternehmen.

Da das Stift im Mittelalter der größte Grundbesitzer des Kirchenspiels war, war auch die Weinlese eine Angelegenheit der Mariengrader. Wenn die Trauben reif waren, fuhr der Baumeister des Fronhofes nach Köln, um dort dem Kapitel die Reife anzuzeigen. Einer der Stiftsherren kam dann als „Windelbote“ nach Unkel und überwachte hier die Weinlese. Während dieser Zeit mußte er im Fronhof beherbergt und beköstigt werden. Am Sonntag nach der Weinlese wurde dann „Geding“ gehalten, bei welchem die Schöffen die Rechte des Mariengrader Stiftes wiesen und die Unkeler Einwohner, die alle anwesend sein mußten, auf wichtige Verbote und Gebote aufmerksam gemacht wurden.[13)]

Die Amtsverschreibung

Als der Unkeler Landesherr, Erzbischof Dietrich, 1449 große Geldmengen benötigte, lieh er sich von Heinrich Graf zu Nassau 14 862 rheinische Gulden. Als Pfand dafür wurden die Ämter Altenwied, Lahr und Linz verpfändet. Da Unkel zum Amt Linz gehörte, mußte es von nun an alle Steuern, die sonst der Kölner Erzbischof erhielt, an den Pfandherren abliefern.

Erst mit der Rückzahlung der Schulden viele Jahre später endete die Amtsverpfändung.[14)]

Die Kölner Stiftsfehde (Der Burgundische Krieg)

Im Jahre 1475 fanden in der Umgegend Unkels kriegerische Ereignisse statt, die unserem Ort aber relativ wenig schadeten:

Im Jahre 1463 wurde Graf Ruprecht von der Pfalz zum Erzbischof von Köln gewählt. Da er jedoch seine gegebenen Versprechungen nicht einhielt, verweigerten die Stände ihm den Gehorsam. Dies hatte zur Folge, daß das Domkapitel ihm die Machtbefugnisse absprach und 1473 den Landgrafen Hermann von Hessen zum Administrator des Erzstiftes erwählte. Bei der Erringung der Macht in Kurköln wurde der Administrator von seinem Bruder Heinrich von Hessen machtvoll unterstützt. Dieser besetzte mit militärischer Gewalt verschiedene Orte Kurkölns, um den Erzbischof zu entmachten. In seiner Not suchte der Erzbischof Ruprecht bei dem Herzog von Burgund, Karl dem Kühnen, Unterstützung. Dieser nahm gern die erbetene Hilfestellung an, da er auf diese Weise seinen Einfluß im Rheinland zu verstärken hoffte. Da ein bewaffneter Zusammenstoß zwischen den Anhängern des Erzbischofs und des Administrators unvermeidlich erschien, versuchte der deutsche Kaiser zwischen den beiden Parteien zu vermitteln - aber umsonst. Karl der Kühne rückte mit seinem Heer 1474 in Kurköln ein und belagerte Neuss, wo sich Hermann von Hessen verschanzt hatte. Der Kaiser hatte inzwischen das Reichsheer aufgeboten, das sich bei Andernach sammelte.

Da die Orte unserer Umgebung zum Erzbischof Ruprecht hielten, wurden am 13.01.1475 Unkel, Erpel, Scheuren und Rheinbreitbach von den kaiserlichen Truppen eingenommen. Die Stadt Linz jedoch kapitulierte erst nach einer fast zweimonatigen Belagerung. Das Reichsheer rückte nun nach Neuss vor, befreite die Stadt und zwang die Burgunder zum Rückzug.

Erzbischof Ruprecht wurde gezwungen, auf das Erzstift zu verzichten und nach Westfalen verschickt. Administrator Hermann von Hessen übernahm die Verwaltungsgeschäfte und wurde 1480 nach dem Tode von Ruprecht neuer Erzbischof von Köln.[15]

Die Linzer Eintracht ca. 1480

Als Folge der „Kölner Stiftsfehde" im Jahre 1475 verbanden sich mehrere Orte am Rhein unter Führung der Stadt Linz zur sogenannten „Linzer Eintracht". Im Jahre 1535 gehörten diesem Bündnis folgende Städte und Orte an: Linz, Remagen, Unkel, Erpel, Honnef, Königswinter, Oberdollendorf, Niederdollendorf, Oberkassel, Küdinghoven, Limperich und Mehlem. 1597 wurde der Bund erneuert und um folgende Orte erweitert: Leutesdorf, Ober- und Niederhammerstein, Brohl und Hönningen.

Folgende Punkte beinhaltete das Abkommen:

1) Bei einem kriegerischen Überfall auf einen der Orte sollte man sich sofort gegenseitig benachrichtigen und „stehenden Fußes" mit „gewehrter Hand" dem Überfallenen zu Hilfe eilen, so als ob man selbst angegriffen würde. Um gegen Überfälle und Räubereien besseren Widerstand leisten zu können, sollten alle Städte, Dörfer und Flecken ihre Verteidigungsanlagen in Ordnung halten. Außerdem sollten die Bürger mit „aller notwendigen Gebühr" bewaffnet sein.

2) Sollten bei einem Überfall oder bei der Hilfeleistung der Verteidigung Brandschäden entstehen, so sollten sie durch alle Eintrachtsverbündeten „brüderlich" erstattet werden.

3) Falls einem Eintrachtsmitglied etwas gestohlen oder geraubt werden würde, die Diebe bzw. Räuber aber mit dem Diebesgut gefaßt würden, so sollten die geraubten Dinge „ohne Entgelt" dem Bestohlenen/Beraubten zurückgegeben werden.

4) Die Gerichte sollten gegenseitig ihre Urteile anerkennen.Falls jemand innerhalb des Eintrachtgebietes eine Übeltat begehen würde, so sollte er an dem Ort, wo er gefaßt würde, verurteilt werden, als wenn er dort die Tat begangen hätte. Ebenso sollte niemand einem Verbrecher Unterkunft oder Verpflegung gewähren, sondern den Täter bei der Behörde anzeigen.

   Damit niemand diesen Eintrachtsvertrag vergessen könnte, sollte er einmal im Jahr an einem „Dinklichen Tag" in jedem Ort der gesamten Bürgerschaft oder Gemeinde vorgelesen und „zu Gemüte geführt" werden.[16)]

Diese Linzer Eintracht bestand nachweislich bis 1640 und geriet danach in Vergessenheit. Dieses Bündnis wird fälschlicherweise immer in Zusammenhang mit der Bestürmung Unkels zitiert. Linz sei den Unkelern aufgrund des o. a. Vertrages zu Hilfe gekommen, Erpel habe jedoch seine Unterstützung verweigert. Daher hätten die Unkeler nach dem Krieg die Obstbäume und Weinstöcke der Erpeler zerschlagen. In Wirklichkeit aber stand die Verteidigung Unkels unter dem Kommando eines kurkölnischen Offiziers. Die Abwehr gelang nur mit Hilfe der kurkölnischen Soldaten, die vom **Amt** Linz Verstärkung erhalten hatten.

Die Zerstörung der Weinberge und das Abbrennen der Felder gingen damals einer Belagerung voran.

---

* *obwohl sie unterschiedlichen Landesherren unterstanden.*

Die Befestigung Unkels

In der Mitte des 16. Jahrhunderts erhielt Unkel seine Befestigung, von der noch heute Teile vorhanden sind. Besonders die Rheinseite erhielt eine starke Mauer, die von zwei Türmen flankiert war.

Diese beiden Türme - Gefängnisturm und Turm des Fronhofs - wurden später zwar verändert, sind aber heute noch sichtbare Zeugen der Vergangenheit.

Um den alten Stadtkern führte eine halbkreisförmige Befestigungsanlage, bestehend aus Mauer und Graben, wobei der Graben durch den Ursbach gespeist wurde. Wegen dieses wassergefüllten Grabens war die Mauer niedriger.

Zwei Stadttore und mehrere kleinere Rheintore schützten den Zugang zur Stadt. Bis ins vorige Jahrhundert waren die Stadttore sowie die Stadtmauern noch erhalten. Erst als 1823 die beiden Tore den Durchgangsverkehr behinderten, wurden sie öffentlich zum Abbruch versteigert und abgerissen. Der Graben wurde zugeschüttet und am Ende des vorigen Jahrhunderts bebaut bzw. als (Graben-)Straße hergerichtet. Die „Grabenmauer", die in Bruchstein ausgeführt war, wurde 1802 auf ihrer vollen Länge renoviert und ist daher noch abschnittsweise erhalten.

Abb. 17: Ansicht Unkels ca. 1630 aus „Politisches Schatzkästlein"

Die Stadtwerdung Unkels

Im Jahre 1578 wurde Unkel erstmalig als eine der kurkölnischen Städte aufgeführt. Da eine förmliche Verleihung der Stadtrechte nicht bekannt ist, gilt die o. a. Erwähnung Unkels als Datum der Stadtwerdung. Die Stadt Unkel war nun Mitglied des kurkölnischen Landtages, in den sie einen Vertreter der Stadt schickte. Hierdurch war Unkel in der Lage, über das Geschick des Landes mitzubestimmen. (s. Verwaltung Unkels) Wenig später, im Jahre 1594, erhielt Unkel durch den Kölner Kurfürsten zwei Jahrmärkte verliehen. Sie wurden an St. Mathias (21. September) und an Simon und Juda (28. Oktober) abgehalten.

Als Unkel 1815 an Preußen fiel, verlor es die Stadtrechte, die es erst 1952 wiedererhielt.

Die Bestürmung Unkels im Kölner Krieg

Im Jahre 1583 wurde Unkel in die kriegerischen Ereignisse des Erzstiftes hineingerissen, die es aber gut überstand.

Und das kam so:

Gebhard Truchseß von Waldburg, Erzbischof und Kurfürst zu Köln, trat im Januar 1583 zum evangelischen Glauben über und heiratete wenig später Gräfin Agnes von Mansfeld. Er dankte aber nicht ab, sondern er beabsichtigte, das Erzstift zu verweltlichen und den evangelischen Glauben im Kurfürstentum einzuführen. Um die drohende kriegerische Auseinandersetzung zu verhindern, bot der deutsche Kaiser dem Truchsessen eine angemessene Pension an, falls er von seinem Amt als Erzbischof und Kurfürst zurücktreten würde. Aber Gebhard lehnte ab. Er vertraute auf die Hilfe der protestantischen Fürsten Deutschlands sowie auf die Niederlande und auf England. Ende März 1583 erließ der Papst eine Bannbulle gegen den abtrünnigen Erzbischof, worin dieser aller Ämter und Würden enthoben und für exkommuniziert erklärt wurde. Hierauf wählte das Kölner Domkapital Ernst von Bayern zum neuen Erzbischof von Köln.

Gebhard Truchseß hatte schon vorher begonnen, einige kurkölnische Städte in Besitz zu nehmen und mit ihm ergebene Truppen zu belegen. Im Oberstift gelang es ihm, Bonn und die Godesburg zu besetzen, wogegen Linz und Andernach die Aufnahme einer Besatzung in die kurfürstlichen Burgen ablehnten.

Auch Ernst von Bayern versuchte, einige Städte auf seine Seite zu bringen. Seinem Oberbefehlshaber Salentin von Isenburg glückte es, innerhalb weniger Wochen die meisten Städte im Oberstift - mit Ausnahme Bonns, Poppelsdorfs und der Godesburg - in den Besitz des Domkapitals zu nehmen und sie mit Soldaten zu verstärken. Auch im Niederstift waren die meisten Städte in der Hand der Katholischen. So sah die Lage anfangs nicht besonders günstig für Gebhard Truchseß aus. Dies änderte sich aber, als Pfalzgraf Johann Casimir dem Truchsessen mit ca. 7000 Soldaten zu Hilfe eilte. Von diesen 7000 Soldaten nahmen 6000 den Fußweg, die restlichen gelangten mit 14 Lastschiffen nach Bonn, wo der Sammelpunkt sein sollte. In Unkel aber war man nicht untätig gewesen. Am 9. Juli 1583 war Hauptmann Stickel mit 50 Soldaten nach Unkel gekommen und hatte hier das Kommando übernommen. Sofort hatte er eine Schanze im Süden und eine im Norden entwerfen lassen, da eine Verteidigung der Stadt ohne diese Befestigungen nicht möglich gewesen wäre. Außerdem ließ er Bäume und Gebüsche vor den Stadtmauern abhauen, um ein besseres Schußfeld zu bekommen. Noch während der Schanzarbeiten wurde Stickel nach Andernach beordert, weshalb ein Leutnant das Kommando in Unkel erhielt.[17)] Am 20. Juli 1583 fuhren die 14 Schiffe des Pfalzgrafen an Unkel vorbei, wobei eines der Lastschiffe auf Grund (Unkelstein) lief. Die Besatzung konnte sich an Land retten und gelangte zu Fuß nach Bonn.

Am nächsten Tag unternahmen die eben angekommenen Truppen unter Führung des Dr. Peutrich einen Vorstoß nach Unkel. Sie besetzten Honnef, Rheinbreitbach und Heister, wo sie guten Wein fanden. Daher griffen sie Unkel an diesem Tag nicht mehr an.

Unterdessen hatte Hauptmann Stickel in Koblenz 32 Musketen und 54 Hakenbüchsen gekauft sowie weitere 100 Landsknechte angeworben.

Mit Soldaten und Waffen machte er sich schnellstens per Schiff auf die Fahrt nach Unkel, da er von dem bevorstehenden Angriff auf Unkel benachrichtigt worden war. Um 9 Uhr erreichte er Unkel, wo schon der erste Angriff abgewehrt worden war. Eine weitere Verstärkung mit 200 Bauern war durch den Rentmeister von Altenwied nach Unkel hineingebracht worden. Mit diesen vereinten Kräften wurde auch der zweite Angriff zurückgewiesen.

Der dritte Ansturm wurde am nächsten Morgen um 3 Uhr gelaufen und dauerte bis 5 Uhr. Auch er wurde abgewiesen. Dabei erhielt Dr. Peutrich einen Schuß durch den linken Oberschenkel. Daraufhin zogen die Truppen wieder nach Bonn zurück, nachdem sie zuvor die Dörfer Rheinbreitbach, Scheuren und Heister niedergebrannt und außerdem noch die Äcker und Weinberge verwüstet hatten.

Sobald die Feinde abgezogen waren, beschäftigte Hauptmann Stickel 100 Bauern mit weiteren Schanzarbeiten - wobei vermutlich auch der „Peutrichgraben“ geschaffen wurde - da Unkel mit Sicherheit noch

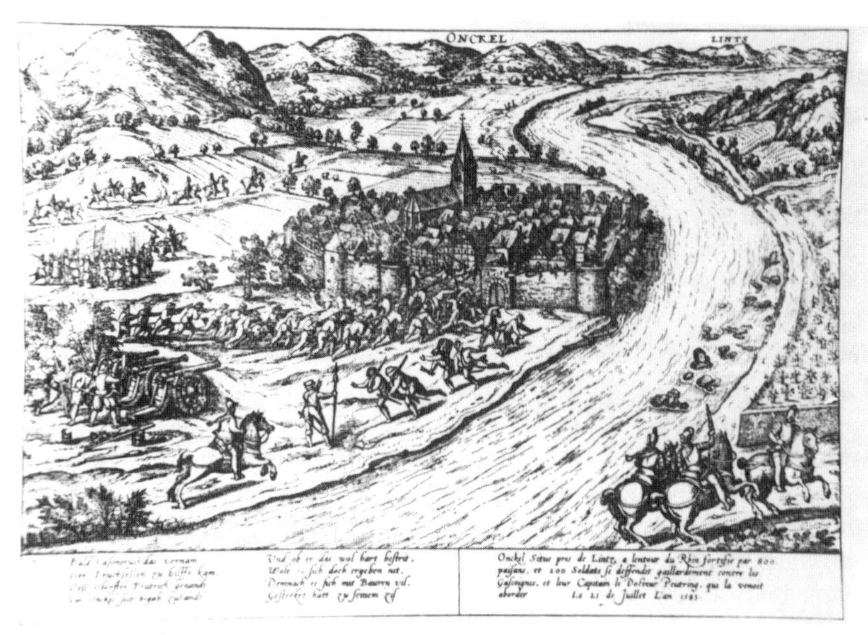

Abb. 18: Bestürmung Unkels im Jahre 1583

einmal zu einem späteren Zeitpunkt angegriffen werden würde.[18)]

Anfang September 1583 drohte Unkel ein weiterer Angriff:

Pfalzgraf Casimir wollte mit seiner gesamten Streitmacht Unkel in seine Gewalt bringen. Von hier aus hätte, er dann günstig Linz und Andernach erobern können, ohne daß ihm die Zufuhr abgeschnitten würde.

Aber die Truchsessen-Truppen scheiterten an Königswinter, welches von Graf Salentin befestigt und mit einer starken Besatzung versehen worden war. Mehrere Angriffe mißlangen, so daß sich der Pfalzgraf wieder in sein Lager nach Deutz zurückzog. Da Casimir durch Königswinter der Zugang am Rhein entlang zu Unkel und Linz verwehrt war, wollte er es umgehen. Er plante daher, durch den Westerwald zur Wied und wiedabwärts zum Rhein zu gelangen und Linz sowie Unkel von Süden aus anzugreifen. Er führte diesen Plan auch aus. Am 6. Oktober traf das Hauptheer im Engersgau ein, wo der Pfalzgraf im Kloster Rommersdorf sein Hauptquartier nahm. Aber die Truppen des Kurfürsten zogen ebenfalls auf beiden Seiten den Rhein hinauf. Die Wallonen des Oberst Linden sperrten bei Leutesdorf den Weg rheinabwärts, die Truppen des neuen Feldoberst Herzog Ferdinand bezogen Position in der Nähe von Andernach. Bevor es jedoch zum Kampf kam, zog der Pfalzgraf mit seinem ganzen Heer in aller Eile zurück nach Altenkirchen. Casimir hatte Nachricht vom Tode seines Bruders, Kurfürst Ludwig von der Pfalz, erhalten und begab sich auf schnellstem Weg nach Heidelberg, um dessen Nachfolge anzutreten.

Sein Feldmarschall hatte unterdessen die Aufgabe, das Heer aufzulösen.

Nach dem Abzug bzw. der Auflösung des pfalzgräflichen Heeres begann für Gebhard Truchseß und Adolf von Neuenar ein Verzweiflungskampf gegen eine starke Übermacht, da zwei spanisch-bayrische Regimenter dem Erzbischof Ernst zu Hilfe gekommen waren. Die Godesburg wurde erobert, Bonn im Januar 1584 durch meuternde Soldaten übergeben und die restlichen Städte des Erzstiftes von den spanischen Truppen eingenommen.

Gebhard und Adolf von Neuenar flohen 1584 in die Niederlande, setzten aber von dort aus ihre Streifzüge in den Kurstaat mit wechselndem Erfolg fort. Erst mit dem Tode des Grafen von Neuenar im Jahre 1589 trat Ruhe ein. Gebhard übersiedelte 1589 mit seiner Gemahlin nach Straßburg, wo er 1601 starb.[18)]

Der dreißigjährige Krieg

Neben Einquartierungen und Kontributionskosten für Freund und Feind, die jeder Krieg für die Bewohner mit sich brachte, wurde Unkel im Jahre 1633 durch einen schwedischen Überfall hart mitgenommen. In einem Brief an das Stift „Maria ad Gradus“, in welchem sie um Nachlaß der Pachtgebühren bitten, schreiben Bürgermeister und Rat von Unkel: „Häuser, Ställe und Scheunen sind teils verbrannt, teils abgebrochen und ruiniert, ja alles wovon wir leben sollen, ist geraubt, geplündert und hinweggenommen.“ [19)]

Die Pest

Nachdem Unkel sich gerade von den Mühsalen des dreißigjährigen Krieges erholt hatte, wütete 1666 die Pest in der Stadt, die hier reiche Ernte hielt. Neben vielen Einwohnern fiel auch der Unkeler Pfarrer der Seuche zum Opfer. Auf dem alten Unkeler Friedhof finden wir daher viele Grabkreuze mit der Jahreszahl 1666.

Schlimme Zeiten für Unkel

Während des 18. Jahrhunderts litt die Unkeler Bevölkerung wieder unter Einquartierungen und Kriegslieferungen für durchmarschierende Truppen. Im Jahr 1743 überwinterte sogar ein französisches Regiment in unserer Region, wobei eine Kompanie in Unkel untergebracht war.

Aber die aufzubringenden Kosten waren erschwinglich. Erst mit den französischen Revolutionskriegen brachen schlimme Zeiten an:

Im Jahr 1789 war in Frankreich die Revolution ausgebrochen und das Königtum abgeschafft worden. Preußen und Österreich verbündeten sich, um die angreifenden Revolutionstruppen abzuwehren. Aber die französischen Truppen besiegten die verbündeten Armeen 1792 bei Valmy und drangen anschließend bis zum Rhein vor. Sie vereinnahmten das linke Rheinufer, während die rechte Rheinseite von kaiserlichen Truppen gehalten wurde. Die kurkölnische Landesregierung hatte beim Herannahen der Franzosen ihren Sitz von Bonn nach Westfalen verlegt und überließ die rheinischen Städte und Gemeinden weitgehend ihrem Schicksal.

In einem Schreiben des Stadtrates von Unkel aus dem Jahr 1814, in welchem er um Steuererlassung bzw. Steuererleichterung wegen der erlittenden Schäden bittet, sind die größten Bedrängnisse aufgeführt. Es heißt dort:

„Anfang 1793 wurden in Unkel und anderen rheinischen Orten Lazarette der österreichischen Truppen eingerichtet. In Unkel wurden die Verwundeten in herrschaftlichen Häusern* untergebracht. Leider brach wenig später das sogenannte „Lazarettfieber“** aus, an dem nicht nur die österreichischen Soldaten, sondern auch viele Unkeler erkrankten und starben.[11)]

Im Jahr 1794 nahmen die österreichischen Truppen ihr Quartier in Unkel. Die geforderten Lieferungen von Lebensmitteln für die Soldaten sowie Stroh und Hafer für die Pferde war eine große Belastung für Unkel und seine Bewohner. Durch die Erhöhung des Brotpreises um ein mehrfaches wurde die Not noch gesteigert. Glücklicherweise geriet der Wein gut, aber er konnte wegen der Sperrung des Rheins für den Handel nur teilweise verkauft werden. Im Jahre 1795 drangen die Franzosen von der anderen Rheinseite auf die diesseitige vor und plünderten Unkel. Sie bemächtigten sich des unverkauften 1794er Weins, erzwangen Beköstigung und erpreßten Gelder. Außerdem nahmen sie das Zugvieh und Fuhrwerke mit, so daß das Land nur mühselig bearbeitet werden konnte. Im Oktober zogen sich die Franzosen wieder auf die linke Rheinseite zurück und die Österreicher besetzten wiederum die rechte Rheinseite. Für Unkel begann nun wieder die Zeit der erzwungenen Fourragelieferungen für die kaiserlichen Truppen. Die Männer mußten außerdem noch Schanzarbeiten leisten.

Im Juni 1796 fand ein zweiter Überfall der Franzosen auf die rechte

---

* *Fronhof, Eschenbrenderhof, Wittgensteinerhof und Herresdorferhof.*

** *Fleckfieber.*

RÉPUBLIQUE FRANCAISE.

ARRÊTÉ

DES

REPRÉSENTANS DU PEUPLE,

Envoyés près les Armées du NORD & de SAMBRE & MEUSE.

Du 27 Thermidor, An 2me de la République Française, une & indivisible

Verordnung

der

Stellvertreter des Volks

bei der Nord, Sambre und Maasarmee vom 27ten Wärmemonat im 2ten Jahre der französischen einigen und untheilbaren Republik. (den 19ten August 1794.)

A BONN,

De l'Imprimerie de J. F. ABSHOVEN.

1794.

Abb. 19: Verordnung 1794

Rheinseite statt, bei dem sich alle Drangsal und Schrecknisse des Vorjahres wiederholten. Sie waren um so größer, als sich die Einwohner Unkels noch nicht von den vergangenen Schäden erholt hatten.

Im August 1796, nach dem Rückzug der Franzosen auf die andere Rheinseite, nahmen die Österreicher wieder Quartier in Unkel, wobei sich die oben erwähnten Drangsale wiederholten.

Im April 1797 besetzten die Franzosen zum dritten Mal die diesseitigen Gebiete. Die Getreide- und Fleischlieferungen an die Truppen sowie die übrigen erzwungenen Abgaben in Natura oder in Geld brachten die Bewohner an den Rand des Hungertodes und zwangen die Stadt Unkel zu ungeheuren Schuldenaufnahme. [20)]

Soweit der Brief des Stadtrates an die nassauische Regierung. Die Unkeler mußten trotzdem ihre volle Steuer zahlen.

Im Frieden von Campo Formio (1797) wurde das linke Rheinufer Frankreich zugesprochen. Als Entschädigung für die nun französischen Ländereien stellte man den enteigneten Fürsten die Gebiete der geistlichen Fürstentümer in Aussicht.

Von 1799 bis 1801 kam es erneut zu Kampfhandlungen im Rheinland - die Festung Ehrenbreitstein kapitulierte wegen Lebensmittelmangel - die durch den Frieden von Luneville (1801) beendigt wurden. In diesem Frieden wurden die Ergebnisse des Friedens von Campo Formio bestätigt und damit die Auflösung der geistlichen Fürstentümer eingeleitet.

Bevor es aber soweit war, hatten die Bewohner die ganze Last der Einquartierungen und Requirierungen der österreichischen sowie der französischen Truppen zu erdulden.

Wie schlimm es der Unkeler Bevölkerung erging, zeigt ein Brief vom 08.03.1799 an den französischen General, in welchem um Erlassung von Kriegszahlungen gebeten wird:

„Bürger General!

Unsere Weinberge sind durch den Frost 1784 verdorben worden. 1789 haben wir nichts geerntet. Von 1784 bis 1799 erhielten wir nie eine **volle** Weinernte. Wir erhielten höchstens den 3. oder 4. Teil einer (normalen) Weinernte. 1785 hat der Hagel alle unsere Früchte* vernichtet. Ebenso war es 1795.

Die Lazarettkrankheit oder die Pest hat uns 400 Menschen geraubt. Sie kostete uns enorme Summen an Medizin und Arztkosten. Für die Fouragelieferungen mußten wir teure Lebensmittel kaufen, da bei uns nicht ge-

---

** Getreide.*

Abb. 20: Ansicht Unkels im Jahre 1805

nügend Getreide wuchs. Da wir nicht in Natura liefern konnten, bezahlten wir manchmal für das Malter Getreide 80 Livres. Wir hatten einen großen Verlust während der drei Rückzüge und der vierAngriffe der Truppen.

Während der ganzen Kriegszeit wurden wir durch die Einquartierungen der Soldaten mehr als belästigt. Während des Krieges mußten wir das 5fache der Friedens-Kontribution zahlen. Wir hätten eine Erholung nötig gehabt. Wir hätten Ihnen gern angeboten, die Kontribution mit geliehenem Geld zu bezahlen, um unseren guten Willen zu zeigen.

Aber wir haben keinen Kredit mehr. Da wir allein von unseren Weinbergen leben, können wir nicht liefern. Wir haben den guten Willen. Kann man nicht die Kontribution oder die Execution* vermeiden?

Dieses Land verliert sonst sein letztes Stück Brot, das ihm sein erbärmliches Leben verlängert.

„Bürger General!

Vielleicht wissen Sie nicht, daß Krankheit, Hunger und Krieg uns an den Abgrund des Elends gebracht haben. Die Weinberge sind in diesem Jahr total erfroren, so daß wir kaum noch Weinberge haben. Die Weinberge sind aber unser einziges Mittel zum Überleben. Sonst gibt es bei uns keinen Handel, keine Viehwirtschaft, Ackerbau oder

---

* *zwangsweise Eintreibung der Gelder.*

sonstiges zum Überleben. Es ist unsere Pflicht, Sie zu informieren und Sie untertänigst zu bitten und im Namen der armen Gemeinde zu überlegen und diese wahren Umstände zu berücksichtigen. Daher bitten wir Sie um die Befreiung von allen Kontributionen und Naturalforderungen der Soldaten.[19]

Gruß und Respekt

1799, 08.03. Die Gemeinde von Unkel, Becker, Sekretär"[21]

Aus späteren Berichten geht hervor, daß die Bitte vergebens war.

Unkel in Nassauischer Zeit (1803-1815)

Das Herzogtum Nassau-Usingen hatte seine linksrheinischen Besitzungen an Frankreich verloren und sollte dafür mit einigen ehemals kurkölnischen Ländereien entschädigt werden. Dies geschah offiziell durch den „Reichsdeputationshauptschluß" am 27.04.1803 zu Regensburg.

Der Fürst zu Nassau aber mochte dieses Datum nicht abwarten und nahm schon im September 1802 von dem ihm zufallenden kurkölnischen Gebieten Besitz. So wurden Linz, Unkel, Erpel, Dattenberg und Lahr nassauisch. Sie bildeten von nun an für 13 Jahre das Oberamt Linz mit Sitz in Linz.

Die neuen nassauischen Bürger mußten nun die bittere Erfahrung machen, daß unter der neuen Regierung ihre bisherigen politischen Rechte und Freiheiten, welche sie unter der Herrschaft der Kölner Kurfürsten innegehabt hatten, bedeutend eingeschränkt wurden. Zunächst wurde Unkel und den übrigen Orten die bisher ausgeübte Gerichtsbarkeit entzogen. Alleiniger Gerichtsort für das Oberamt wurde Linz.

Die Verwaltung, die bisher einen großen Entscheidungsspielraum besessen hatte, wurde durch eine Fülle von gesetzlichen Verordnungen und Verfügungen eingeengt. Manche dieser Verordnungen standen im Gegensatz zur bisherigen kurkölnischen Landesverfassung, obwohl dies laut § 60 des Reichsdeputationshauptschlusses nicht statthaft war. Der Paragraph 60 lautete: „Die politische Verfassung der säkularisierten Landen soll beibehalten werden. Es dürfen keine Nachteile durch die veränderte Landesherrschaft für die Bevölkerung entstehen."

Folgende nachteilige Veränderungen gab es unter der neuen Herrschaft:

Abschaffung der Landesstände

In kurkölnischer Zeit bildeten die Vertreter der Städte des damaligen Kurfürstentums die sogenannten Landesstände. Diese Einrichtung diente als Kontrollorgan gegenüber der kurfürstlichen Landesregierung. Diese demokratische Einrichtung achtete auf die Einhaltung der Rechte und Freiheiten, die den Untertanen in der Landesverfassung zugesichert waren. Außerdem besaßen die Landesstände ein Mitspracherecht bei der Festsetzung der Höhe der jährlichen Steuern. Da es in Nassau-Usingen - im Gegensatz zu Kurköln - noch recht autoritär zuging, gab es die o. a. Institution in diesem Lande nicht. Man dachte auch nicht daran, sie hier einzuführen. Man berücksichtigte auch nicht andere kurkölnische freiheitliche Rechte, sondern übertrug einfach alle nassauischen Gesetze und Verordnungen auf die hinzugekommenen Orte, obwohl dies nach § 60 nicht zulässig war.

Erhöhung und Vermehrung der Steuern

Die Höhe der Simpelsteuer* wurde unter Kurköln von den Landesständen festgesetzt. Die Steuergelder wurden vom Bürgermeister eingezogen. Dieser führte zwei Drittel der Steuern zur Landesregierung ab. Ein Drittel stand für die Stadt zur Verfügung.

Die nassauische Regierung jedoch setzte die Höhe der Steuern selbst fest und bestimmte auch den Verwendungszweck der Steuergelder für die Stadt Unkel. Die Stadtbehörde wurde also in ihrem finanziellen Handlungsbereich stark eingeschränkt. Außerdem gab es in den nassauischen Landen Gewerbesteuern und andere indirekte Steuern, welche zur Kostendeckung der Landesverwaltung beitragen sollten. Für alle gerichtlichen und außergerichtlichen Handlungen oder Bescheinigungen (z. B. Ehe-, Geburts- oder Todesbescheinigung) der Behörde mußte eine Steuerabgabe, die sogenannte Stempelpapier-Steuer, gezahlt werden.

Oberamtliche Vermögensverfügung

Der kurkölnische Untertan hatte über sein Vermögen die freie Verfügung. Eine Veränderung durch Verkauf oder Verpfändung des Eigentums erfolgte lediglich durch ein „Kontrakt-Protokoll" des Unkeler Gerichts.

Der nassauische Bürger jedoch durfte eine Veränderung seines Eigen-

---

* *Anm.: eine variable Grundsteuer*

Abb. 21: Ansicht von Unkel im Jahre 1840

tums nur nach vorheriger Genehmigung durch das Oberamt Linz vornehmen. In dieser Einschränkung des Eigentums sahen die neuen Untertanen eine weitere Minderung ihrer politischen Rechte.

Aufnahme von Neubürgern

In kurkölnischer Zeit erfolgte die Aufnahme eines Neubürgers in der Unkeler Bürgergemeinschaft durch Zustimmung der Bürger. Das gezahlte Aufnahmegeld (12 bis 24 Gulden) floß in die Bürgerkasse.

Unter nassauischer Regierung war für die Aufnahme eines Bürgers die Genehmigung des Linzer Oberamtes erforderlich. Das Aufnahmegeld kam in die oberamtliche Kasse.

Oberamtliche Heiratserlaubnis

Besondere Empörung erzeugte die Anordnung, daß kein Untertan ohne oberamtliche Erlaubnis heiraten dürfe. Unter dem Vorwand, daß in kurkölnischen Landen zu früh geheiratet worden sei, verordnete die nassauische Regierung, daß niemand unter 25 Jahren heiraten dürfe.*

Diese Unterordnung der Ehe unter die oberamtliche Erlaubnis war tatsächlich ein schwerwiegender Eingriff in die Rechte der Kirche, die damals allein Eheangelegenheiten regelte.

* *Verheiratete Männer waren vom Militärdienst befreit und Soldaten waren in dieser Zeit sehr gesucht.*

Oberamtliche Erstellung der Testamente

Nach Auflösung des vormaligen Gerichts in Unkel durften Testamente zunächst durch außergerichtliche Personen (Geistliche, Notare, Stadtschreiber) verfertigt werden. Später aber entzog die nassauische Regierung diesen die Genehmigung hierin. Die Testamente durften nur noch durch das Oberamt Linz erstellt werden. Auch hierin sahen die Unkeler eine Beeinträchtigung ihrer bisherigen Rechte.

So gab es unter der neuen nassauischen Herrschaft mancherlei Einschränkung in politischer und finanzieller Hinsicht, die den Unkeler Bürgern nicht paßten, und für die sie wenig Verständnis aufbrachten. Nachdem eine gemeinsame Beschwerde aller fünf Gemeinden keine Änderung gebracht hatte, blieb nur die resignierende Feststellung:

„So bleibt uns nur das traurige Andenken an die kurkölnische Landesverfassung, welche die Untertanen Jahrhunderte hindurch beglückte und sie vor Willkür, Druck und Mißbrauch der Gewalt beschützte.“ [22)]

Die preußische Zeit (1815-1948)

Die Anfänge

Nach der Vertreibung Napoleons wurden die Rheinlande auf dem Wiener Kongreß am 08.07.1815 dem Königreich Preußen zugesprochen.

Die katholischen Rheinländer standen zunächst der protestantischen preußischen Herrschaft zurückhaltend und ablehnend gegenüber. Besonders gegenüber den preußischen Beamten und dem Militär war man sehr skeptisch. Für Unmut sorgte auch, daß die Verwaltung dieser Gebiete grundlegend nach preußischen Vorstellungen geändert wurde und der katholischen Bevölkerung protestantische Bürgermeister und Beamte vorgesetzt wurden.

Unkel verlor seine Stadtrechte und wurde Sitz einer Bürgermeisterei mit dem Bürgermeister als Verwaltungschef. Unkel gehörte nun verwaltungsmäßig zum neugebildeten Kreis Linz, der aber schon 1822 dem Kreis Neuwied einverleibt wurde. Nun begann für die Bevölkerung nach den bisherigen kriegerischen Ereignissen eine Zeit des Friedens sowie des wirtschaftlichen Aufschwungs.

Zunächst verlangte Preußen eine Bestandsaufnahme der wirtschaftlichen Verhältnisse, um danach die entsprechenden Maßnahmen zu treffen. Die Behörde rügte hiernach die Monokultur des Weinbaus und empfahl den Anbau von Getreide anstelle des Weins, vor allem in der Ebene. Nach den behördlichen Berechnungen fehlten in Unkel:[23)]

Korn	:	1000	Malter (1 Malter = ca. 100 kg)
Weizen	:	52	Malter
Gerste	:	10	Malter
Hafer	:	6	Malter

Obwohl die Unkeler zunächst gegen die Umwandlung der Weingärten in Getreidefelder waren, kamen sie später doch dem Ersuchen nach.

Mittlerweile war Unkel wegen seiner hübschen Lage zum bevorzugten Sommersitz von Kölner Familien geworden, welche die alten Herrensitze und die dazugehörigen Güter aufgekauft hatten. (z. B. Mertens-Schaafhausen, Merkens, Seydlitz u. a.) Ebenso ließen sich viele adlige preußische Offiziersfamilien in Unkel nieder. (z. B. von Schoeler, von Knobelsdorf, Graf Blumenthal)

Durch seine romantische Lage zog es auch Freiligrath nach Unkel, wo er 1839/40 eine unbeschwerte Zeit verbrachte. Durch ihn fanden auch andere Persönlichkeiten der damaligen Zeit ihren Weg nach Unkel. Unter diesen war auch Carl Schlickum, ein bedeutender Landschaftsmaler, der von 1839-1844 in Unkel wohnte. Von hier aus unternahm er seine Wanderungen zur Ahr und zum Mittelrhein. Die zeichnerischen Ergebnisse hiervon finden sich in zahlreichen Ansichtsbüchern.

Freiligrath gibt uns eine anschauliche Beschreibung Unkels:

„Unkel ist ein altertümliches, von Winzern und Ackerbürgern bewohntes Städtlein, halbwegs zwischen dem Siebengebirge und Remagen, am flachen rechten Rheinufer gelegen, gegenüber mäßigen Höhen, an deren Abhang der Basalt bricht und die Rebe sprießt. Das Städtlein hat 800 Einwohner und hat das Glück, einigen pensionierten Offizieren, außerdem auch ein paar reichen Kölnern und etwelchen Engländern zum steten oder zum Sommeraufenthalt zu dienen. Diese haben den guten Krähwinklern schon den Comment beigebracht und man kann tun und lassen, was man will. Die Häuser am Rhein haben wahrhaft eine entzückende Aussicht."

Eine andere Schilderung ist uns von Leopold Kaufmann, der 1848/49 kommissarischer Bürgermeister in Unkel war, erhalten: [24)]

„Das Städtchen Unkel liegt unmittelbar am Rhein, mit dem wundervollsten Blick auf das Siebengebirge, Oberwinter und Rolandseck. Schöne ältere Gebäude geben dem kleinen Ort ein stattliches Aussehen, und Reste der alten Befestigung erinnern noch an die Unsicherheiten früherer Zeiten. Das Innere des Ortes ist reich an alten Häusern, zum Teil aus Fachwerk gebaut, mit hohen Giebeln, deren Nischen die Bilder der Muttergottes oder eines Heiligen schmücken. Die an der Rheinseite gelegenen Häuser gehören meist Kölner Patriziern. Ältere Leute erzählen auch gern von dem lustigen Leben, das Freiligrath mit seinem Freund, dem Landschaftsmaler Schlickum, im Hause des Herrn von Monschaw geführt habe."

Von ihm erfahren wir auch etwas über die Revolution von 1848:

„Der März des Jahres 1848 weckte auch in den Rheinlanden einen gewaltigen Sturm, der plötzlich und ungeahnt Land und Leute durchbrauste. Auf dem Land richtete sich der erste Anprall der Bewegung häufig gegen die Bürgermeister, welche zugleich wohlhabende Gutsbesitzer waren. Diese begüterten Bürgermeister legten meist freiwillig ihr Amt nieder, das dann von jüngeren Beamten vorläufig übernommen wurde. Mich führte das Schicksal auf diese Weise nach Unkel, wo ein braver und begüteter Mann (Bürgermeister Engels) der augenblicklich aufgetretenen Volksstimmung gewichen war. Im Anfange des Monats Mai trat ich auf dem Rathause in Unkel mein neues Amt an. Bald hatte ich die Grenzen meines Reiches durchmessen und dabei erfahren, daß die Bewegung hier wenig in die Tiefe ging, und daß es nicht schwer sein würde, rasch den alten Frieden wiederherzustellen.

Die Winzer aus Unkel gingen bald ruhig und in alten Gleisen ihrer gewohnten Beschäftigung nach.

Die Aufhebung der Moststeuer, die den Weinbau in hohem Grade belästigte, war ihre einzige Forderung, welche bei jeder Gelegenheit laut erhoben wurde; mit der vor wenigen Jahren neu eingeführten Gemeinde-Ordnung war das Landvolk zufrieden. Die öffentliche Stimmung war überhaupt der Landesregierung als solcher nicht zugetan, während alles, was an die frühere deutsche Herrschaft erinnerte, die lebhaftesten Sympathien besaß. Alte Leute sprachen noch häufig von dem milden Regiment des Krummstabes, unter dem man fast gar keine Steuern entrichtet habe." [25)]

So verlief bis zur 2. Hälfte des 19. Jahrhunderts in Unkel alles in gewohnten Bahnen. Erst ab 1870 kam es dann zu politischen und wirtschaftlichen Veränderungen.

Der Kulturkampf

Die katholische Kirche und die Zivilgemeinde waren bei uns jahrhundertelang eng miteinander verbunden. Die Kirche nahm viele Aufgaben wahr, die heute vom Staat ausgeübt werden.

Nach der Reichsgründung 1871 wollte jedoch Bismarck den Einfluß der katholischen Kirche im öffentlichen Leben beseitigen und traf hierzu harte Maßnahmen: Der sog. **„Kanzelparagraph“*** vom 10.12.1871 eröffnete die Reihe der kirchenpolitischen Gesetze. Es folgte 1872 das **„Ausweisungsgesetz“** (Ausweisung der Jesuiten) sowie (später) das Verbot des Jesuitenordens und aller Orden, die nicht der Krankenpflege dienten. Im gleichen Jahr wurde auch das **„Schulaufsichtsgesetz“** erlassen, welches die geistliche Aufsicht über die Schulen aufhob und an ihre Stelle weltliche Inspektoren setzte.

Im Mai 1873 erließ Preußen mehrere kirchenpolitische Gesetze, die als **„Maigesetze“** berühmt/berüchtigt wurden. Im Gesetz vom 11.05.1873 ging es um die (staatliche) Ausbildung und Anstellungen von Geistlichen. Besonders das **Einspruchsrecht** des Oberpräsidenten bei mißliebigen (d. h. nicht staatskonformen) Geistlichen stieß auf großen Widerstand. Das Gesetz vom 12.05.1873 entzog der katholischen Verwaltung die **kirchliche** Disziplinargewalt und unterstellte alle Geistlichen einem **weltlichen** Gerichtshof, der in Berlin eingerichtet wurde. Hierdurch war es möglich, „renitente“ Priester und Bischöfe abzusetzen bzw. zu verhaften.

Das **„Expatriierungsgesetz“** vom 04.05.1874 gestattete es, daß „ungehorsame“ Geistliche des Landes verwiesen werden konnten. Schließlich sorgte das Gesetz vom 22.04.1875 (**„Brotkorbgesetz“**) dafür, daß „renitenten“ Geistlichen das Gehalt gekürzt oder sogar nicht ausgezahlt wurde.[26)]

Selbst das Reichsgesetz, welches die **Zivilehe** einführte und die Beurkundung des Personenstandes in die Hände der weltlichen Behörde legte, war durch den Machtkampf veranlaßt. Da die katholische Kirche sich aber von all diesen harten Maßnahmen nicht unterkriegen ließ, sondern sich nach Kräften wehrte, kam es vor allem im Rheinland zu einem schweren Konflikt zwischen Staat und Kirche, der von dem Arzt und Abgeordneten Rudolf Virchow als „Kulturkampf“ bezeichnet und unter dieser Bezeichnung in die deutsche Geschichte einging.

Unterstützt in ihrem „Kampf“ gegen den Staat wurde die katholische

---

* *Bestrafung „politischer“ Predigten*

Kirche von der **Zentrumspartei**, die 1870 gegründet worden war. Diese neue Partei wurde von allen Schichten der katholischen Bevölkerung gewählt. Vor allem im Rheinland erhielt sie bald eine große politische Bedeutung. Zentrumspartei und katholische Kirche wurden aber als „ultramontan“ d. h. als Anhänger des Papstes angesehen und dementsprechend als „Reichsfeinde“ behandelt.

Auch die **katholische Presse** half der bedrängten Kirche, wo sie nur konnte und stärkte durch ihre Veröffentlichungen den Widerstand der Geistlichkeit.[27)] Als Bismarck merkte, daß er sein Ziel nicht erreichen konnte, lenkte er ab 1878 ein. Ein wichtiger Grund war dabei aber auch der, daß die Staatspartei auf die Stimmen der Zentrumspartei angewiesen war. Erst 1886 wurden durch die **„Milderungsgesetze“** die harten kirchenpolitischen Gesetze aufgehoben. Erleichert wurde das Einlenken auch durch die versöhnende Haltung des neuen Papstes, Leo XIII.[28)]

Auch in Unkel kam es zu einer schweren Auseinandersetzung zwischen der staatlichen Behörde und der katholischen Kirche. Mit dem streitbaren Pfarrer Stolten und Bürgermeister Fransquin (später Bürgermeister von Altrock) vertraten zwei exponierte Vertreter ihre jeweilige Sache.

Anzeige wegen Vergehens wider die öffentliche Ordnung

Der o. a. „Kanzelparagraph“ verbot jedem Geistlichen eine öffentliche politische Stellungnahme. Ein Verstoß gegen diesen Paragraphen sollte mit Gefängnis oder Festungshaft bis zu zwei Jahren bestraft werden. Im Juni 1874 zeigte der Bürgermeister den Unkeler Pfarrer wegen „Vergehens wider die öffentliche Ordnung“ an. Pfarrer Stolten hatte in seiner Predigt am 31.05.1874 einen etwas deftigen Vergleich zwischen Kirche und Staat benutzt. Wegen dieser, den „öffentlichen Frieden gefährdenden“ Predigt, wurde der Pastor zunächst zu drei Tagen Festungshaft verurteilt. Da aber dem Staatsanwalt dies zu milde erschien, legte er Revision gegen das Urteil ein. In höherer Instanz wurde Stolten freigesprochen.[29)]

Auch eine zweite Anzeige wegen Beleidigung - er hatte in seiner Predigt vom 01.01.1886 den „nichtsnutzigen Landrat und den nichtsnutzigen Bürgermeister (von Altrock)“ erwähnt - blieb ohne nachteilige Folgen für den streitbaren Pfarrer. Er mußte allerdings eine Geldbuße von 100 Mark bezahlen.[30)]

Der Entzug der geistlichen Schulaufsicht

Durch das neue Schulaufsichtsgesetz vom 11.03.1872 sollte der katholische Kirche die bisher ausgeübte Schulaufsicht entzogen und von weltlichen Personen durchgeführt werden.

Man suchte nach einem Vorwand und fand ihn schließlich in der Benutzung eines „verbotenen“ Schulbuches. Im Dezember 1874 verbot man durch einen Erlaß die weitere Benutzung der „Heil. Geschichte des alten und neuen Testaments“ von J. J. Schuhmacher mit der Begründung, diese Schulbibel enthalte zuviele antisemitische Äußerungen.

Da Pfarrer Stolten und auch Pfarrer Wurm aus Erpel sich nicht an diesen Erlaß hielten und weiter die o. a. Schulbibel im Unterricht benutzten, wurden sie vom Bürgermeister angezeigt. Mit Verfügung vom 01.07.1875 wurde den beiden Geistlichen daher die Erteilung des Religionsunterrichts verboten und darüberhinaus die örtliche Schulaufsicht entzogen.

Heinrich Stolten erhielt sogar „Hausverbot“ für die Unkeler Schule, so daß der Erstkommunionsunterricht in der kalten Kirche stattfinden mußte. Sogar ein Antrag auf Erteilung des Kommunionsunterrichts im Schulgebäude nach Schulschluß lehnte der Bürgermeister gegen die fünf Stimmen der Ratsmitglieder unter Berufung auf die Regierungsverfügung ab.

Am 18.01.1877 wurde schließlich doch die Erlaubnis zur Haltung des Erstkommunionsunterricht in der Schule nach Schulschluß gegeben. [31)]

Im Jahre 1880 erhielt Pfarrer Stolten wieder die Genehmigung zur Erteilung des Religionsunterrichts in der Unkeler Schule. Die örtliche Schulaufsicht jedoch wurde zunächst vom jeweiligen Bürgermeister ausgeübt. Erst unter dem neuen Pfarrer Scheltenbach (1896) ging die Lokal-Schulaufsicht wieder an die Geistlichkeit. Die Kreisschulinspektion aber blieb in Händen der Zivilbeamten.

Der Entzug der Armenfürsorge

Die Armenfürsorge lag seit „undenklichen Zeiten“ in den Händen der Kirche. Zwar war 1817 eine „Armencommission“ und 1820 eine „Local-Armenverwaltung“ gegründet worden, tatsächlich aber übte der Unkeler Pfarrer und drei Mitglieder des Kirchenvorstands die Armenpflege in Unkel aus.

Durch die Gesetze vom 08.03.1871 wurden die örtlichen (kirchlichen) Armenverwaltungen für aufgelöst erklärt und die künftige Verwaltung des Armenvermögens - in Unkel ca. 6000 Taler - sowie die Armenfürsorge der **zivilen** Gemeinde übertragen. Falls aber die bisherige Armenfürsorge in **alleiniger** kirchlicher Verantwortung seit mindestens

30 Jahren sei, könne sie auch weiterhin bestehen bleiben. (Ausnahmegenehmigung). Am 01.10.1874 forderte Bürgermeister Fransquin die Übergabe sämtlicher Armenpapiere und Obligationen von Pfarrer Stolten, da nun die Gemeindebehörde die Armenfürsorge ausübe. Aber der streitbare Geistliche verweigerte die Herausgabe und berief sich auf die Ausnahmegenehmigung. Es kam nun zu einem langwierigen Prozeß, in welchem schließlich der Pfarrer zur Abgabe der Armenpapiere verurteilt wurde.

Am 03.11.1880 erfolgte dann die Übergabe der Armen-Litteralien an den Bürgermeister. Die Armenfürsorge ging damit an die Zivilbehörde über.[32)]

Die Verweigerung der Kultuskosten

Seit „undenklichen Zeiten" zahlte die Zivilgemeinde an die Kirche die sogenannten „Kultuskosten", d. h. Kosten für die Osterkerze, die Chorsänger, den Kirchenwein, die Kirchenwäsche und ähnliches. Die Bezahlung erfolgte in Naturalien (Wachs, Brot, Wein), wurde aber später durch Zahlung von 38 Mark 7 Silbergroschen abgewickelt. Im Jahr 1873 verweigerte nun der Bürgermeister diese Kultuskosten unter Berufung auf eine Verfügung des Landrats. Diese Verfügung besagte, daß nur dann die Zivilgemeinde diese Kosten übernehmen müßte, wenn die Kirchengemeinde diese nicht zahlen könnte. Da die Unkeler Kirche aber genug Geld habe und dieses Geld aufbringen könne, brauche die Gemeinde nicht zu zahlen. Obwohl die Ratsmitglieder das Recht und die Pflicht zur Zahlung der Kultuskosten ausdrücklich anerkannten, verhinderte der Bürgermeister die Zahlung.

Der mutige Geistliche aber ging vor Gericht und erzwang durch Gerichtsbeschluß vom 21.09.1880 die Zahlung der jährlichen Kosten sowie die Nachzahlung von 229 Mark 40 Pfennig für die versäumten Jahre. [33)]

Die Verweigerung der Orgelkosten

Im Jahr 1866 vereinbarten die Kirchenspielvertretung Unkel/Scheuren (d. h. die Zivilgemeinde) und die Kirchenverwaltung den Neubau einer Orgel in der Unkeler Pfarrkirche.

Die Zivilgemeinde, welche aufgrund überkommener Rechte die Kosten hierfür übernehmen mußte, hatte jedoch noch anderweitige hohe Schulden (Schulbau, Rheinuferausbau) und konnte daher den erforderlichen Betrag nicht aufbringen. Mit Beschluß vom 29.11.1866 einigte man sich darüber, daß die Kirchengemeinde die Kosten des Orgelbaus in Höhe von ca. 1000 Talern zunächst übernehmen solle. Nach Besserung der finanziellen Verhältnisse würde dann die Zivilgemeinde die o. a. Kosten zu einem vereinbarten Termin (ab 1876) in Raten zurückzahlen. Bürgermeister Fransquin aber versäumte es, diesen Beschluß dem Landrat zur Genehmigung vorzulegen. Als 1880, d. h. vier Jahre nach dem vereinbarten Termin, noch keine Rückzahlung erfolgt war, wandte sich der Kirchenvorstand an die Zivilgemeinde und bat um Rückerstattung der vorgestreckten Kosten für den Orgelbau.

Bürgermeister von Altrock, der neue Bürgermeister, jedoch erklärte diesen Beschluß von 1866 für ungültig. Da die Kosten außerhalb des jährlichen Etats lagen, mußte der Beschluß vom damaligen Landrat genehmigt werden, um Gültigkeit zu erlangen. Da dies aber der verstorbene Bürgermeister versäumt hatte, galt er als nicht geschlossen.

Obwohl der Kirchenspielrat aus moralischen Gründen die Bezahlung der 1000 Taler übernehmen wollte, lehnte von Altrock dies ab, so daß die Zivilgemeinde nichts zu zahlen brauchte.[34)]

Beanpruchung der Mitbestimmung über den kath. Friedhof

Da die Zivilgemeinde im Jahr 1857 die Kosten für die Erweiterung des kath. Kirchhofs übernommen hatte,* beanspruchte Bürgermeister von Altrock 1882 die Polizeiaufsicht über den gesamten Friedhof, wozu die Nummerierung der Grabstellen, die Genehmigung von Erbbegräbnisstätten und von Begräbnissen „außer der Reihe" sowie die Anstellung des Totengräbers gehörten. Dies führte zu heftigen Streitigkeiten zwischen Pfarrer und Bürgermeister. Die Angelegenheit wurde schließlich dadurch geregelt, daß das Kirchenvorstandsmitglied Dr. med. Kirchartz 1885 aus eigener Tasche die Unkosten der Friedhofserweiterung in Höhe von 270 Mark bezahlte und so die Ansprüche der Zivilgemeinde zunichte machte. [35)]

Glockenläuten am Sedanstag

Bei Sedan hatte die deutsche Armee am 02.09.1870 den entscheidenden Sieg über die Franzosen errungen. Daher wurde dieser Tag später als Nationalfest feierlich begangen. Zu einer Feier gehörte damals auch das Läuten der Glocken. Pfarrer Stolten aber weigerte sich, die Unkeler Glocken am Sedanstag bzw. am Vorabend des 02.09.1874 läuten zu lassen. Bürgermeister Fransquin ließ daher den Kirchturm gewaltsam erbrechen und die Glocken betätigen. Er begründete dieses Vorgehen

* *Abbruch des alten Rathauses.*

damit, daß die Glocken auch Eigentum der Zivilgemeinde seien, da diese sich an Glockenreparaturen beteiligt habe. Eine Beschwerde des Pfarrers blieb erfolglos. Am 10.02.1878 lenkte der Pfarrer dann mit einem Kompromiß ein, der allerdings den kirchlichen Eigentumsanspruch bekräftigte. Er lautete: „Der Pfarrer ist stets bereit, auf schriftliches Ersuchen die Erlaubnis zum Läuten für jeden außerkirchlichen Zweck zu geben.“ Der Bürgermeister nahm den Kompromiß an und ersuchte in Zukunft „höflichst zur Feier des Sedansfestes das Glockengeläut anzuordnen und die Kosten bei mir zu liquidieren.“

Da der Unkeler Gemeinderat keine Geldmittel für die weltliche Feier mehr genehmigte, ließ von Altrock 1884 eine Kollekte für die Sedansfeier abhalten, um weiterhin dieses Fest in Unkel zu feiern und „die Jugend in Liebe zu Kaiser und Reich zu erziehen.“ Jedenfalls scheint das Abhalten des Sedansfestes viel Unmut in der Bevölkerung verursacht zu haben. In seiner Chronik schreibt von Altrock: „Durch die Sedan- Angelegenheit hat sich der Bürgermeister viele Feinde im ultramontanen Lager gemacht. Diesen schlossen sich persönliche Feinde anderer Färbung an, die dem Bürgermeister, in seinen Bestrebungen, das Beste für die Gemeinde zu fördern, einen schweren Stand bereiteten.“ [36)]

Das Verbot der Verlegung der Fronleichnams-Prozession 1877

Wie sehr das Verhältnis von Kirche und Staat gestört war, möge das folgende Beispiel zeigen:

Wenn am Fronleichnamstag die Prozession wegen schlechten Wetters ausfiel, wurde sie in der Regel am folgenden Sonntag nachgeholt. Im Jahr 1877 aber fiel dieser folgende Sonntag mit dem 50jährigen Bischofsjubiläum des Papstes Pius IX. zusammen. Da die preußische Regierung fürchtete, die Fronleichnams-Prozession könne an diesem Sonntag als Demonstration für den Papst „mißbraucht“ werden, verbot sie mit Schreiben vom 31.05.1877 die eventuelle Verlegung auf diesen Tag. Außerdem wurde jedwede sonstige Feierlichkeit wie Böllerschießen, Feuerwerk, Illumination und Fahnenschmuck in Unkel zur Feier des Papstjubiläums untersagt. Wegen Regens konnte nun tatsächlich an diesem Fronleichnamstag keine Prozession stattfinden. Während aber in anderen Orten (z. B. Rheinbreitbach) die Umzüge trotz Verbot am folgenden Sonntag durchgeführt wurden, fiel die Prozession in Unkel aus. Pfarrer Stolten wollte seinem Widersacher keine Gelegenheit zu einer Anzeige bieten.

Interessant ist der Bericht des Bürgermeisters an den Landrat:

> „Unkel, den 04. Juni 1877
>
> In Gefolge der Verfügung beehre ich mich folgendes zu berichten:

> Öffentliche Aufzüge in den Ortschaften und öffentlichen Straßen, Feuerwerke, Illuminationen, Aufstellen von Reisern oder Bäumen auf den Straßen, Flaggen usw. waren in der Bürgermeisterei für den 03. Juni vorher speziell verboten. Nur in Rheinbreitbach war, wie Ihnen bekannt, eine Prozession gestattet worden.
>
> Es haben sonst in keinem Ort Prozessionen oder öffentliche Aufzüge am 03. Juni stattgefunden. Böllerschüsse sind nirgends abgefeuert, Feuerwerke nirgends abgebrannt worden. Im ganzen verlief alles ruhig. Nur wenige - drei an der Zahl - Hypokriten hatten sich erdeucht, ihre Häuser zu beflaggen, gegen solche ist, resp. wurde das Strafverfahren eingeleitet.“ [37)]

Pfarrer Stolten beschwerte sich wegen dieser Angelegenheit durch mehrere Instanzen. Am 16.04.1878 erhielt er von Berlin die Ablehnung seiner Beschwerde mit der Begründung:

> „Das Verbot der Verlegung der Prozession auf den folgenden Sonntag ist rechtens gewesen, weil diese Verlegung nicht alt hergebracht ist. Bei schlechtem Wetter ist die Prozession zwar öfters auf den Sonntag verlegt worden, aber sie ist auch einige Male ausgefallen. Da die Verlegung also nicht immer stattgefunden hat, gilt sie als nicht hergebracht.“

Der streitbare Pfarrer aber gab nicht auf, sondern legte als letztes Mittel „Recurs“ beim Hohen Haus der Abgeordneten in Berlin ein. Aber ohne Erfolg.

Das Verbot des Zierens von Häusern bei Prozessionen

Am 27.04.1884 ließ Bürgermeister von Altrock bekannt machen, daß das Zieren von Häusern mit Maien (Reisern) bei Prozessionen und Umzügen nur mit polizeilicher Genehmigung erfolgen dürfe. Als Begründung gab er an, daß zu diesem Zweck häufig die jungen Bäume im Wald gestohlen worden seien. Dies wolle man durch diese Maßnahme verhindern.

Entgegen dieser polizeilichen Verordnung wurden am Fronleichnamstag viele Häuser ohne Genehmigung geschmückt.

Daher erneuerte der Bürgermeister am 14.06.1884 diese Verfügung und drohte bei Zuwiderhandlung Strafverfügung an. Kurz vor der Erpeler Kirmes ließ von Altrock durch die Schelle verkünden, daß jedwedes Schmücken der Häuser in Erpel mit Maien oder mit Fahnen bei Strafe von 15 Mark verboten sei. Als der Landrat zufällig an einer Sitzung des Kirchspielrates am 18.06.1884 teilnahm, beschwerte sich der Erpeler Ortsvorsteher Herzmann über dieses Verbot. Der Landrat tadelte den

Bürgermeister vor der ganzen Versammlung und befahl eine Gegenverfügung zu erlassen und das Verbot des Zierens aufzuheben. Am Kirmestag prangte daher Erpel in einem Schmuck wie selten zuvor.

Als wenige Tage später in mehreren (katholischen) Zeitungen Berichte über diesen Vorfall erschienen, vermutete er hinter dieser „Zeitungskampagne“ zwar seinen Widersacher, den Unkeler Pfarrer, hatte aber keinerlei Beweise hierfür. Auf Anraten des Landrates zog er daher eine erstattete Anzeige wieder zurück.[38)]

Die unterlassenen Fürbitten

Durch Erlaß waren die Pfarrer angewiesen, bei persönlichen Anlässen der Kaiserfamilie öffentliche Fürbitten zu halten. Aus Anlaß der 1884 zu erwartenden Niederkunft der Prinzessin Wilhelm von Preußen sollten nun Fürbitten für eine glückliche Niederkunft gehalten werden.

Da Bürgermeister von Altrock das Schreiben aber (auf Ersuchen des Landrats) nicht an Pfarrer Stolten weitergeleitet hatte, weil er ihm mangelnden Patriotismus unterstellte, unterblieben die Fürbitten in der Unkeler Pfarrkirche.

Als der empörte Pfarrer von dieser Angelegenheit erfuhr, verlangte er vom Bürgermeister eine Erklärung für dessen „beleidigendes“ Verhalten. Als dieser in seinem Antwortschreiben mitteilte: „Die Erfahrung hat gelehrt, daß dergleichen Anregungen im patriotischen Sinne zu wirken, bei Ihnen doch vergeblich sind,“ stellte Stolten gegen den Bürgermeister Anzeige wegen „Beleidigung im Amt“.

Doch auch diese Anzeige bzw. Beschwerde wurde zurückgewiesen. Um seine patriotische Gesinnung zu beweisen, gestaltete der Unkeler Pfarrer die verfügte Danksagung für die glückliche Entbindung eines Sohnes der Prinzessin am 14.07.1884 besonders feierlich. [39)]

Wirtschaftliche Veränderungen in Unkel

Durch den Bau der rechtsrheinischen Eisenbahn und die Errichtung des Unkeler Bahnhofs 1870 vollzog sich in Unkel eine große Änderung der Einkommensmöglichkeiten. Während bisher der Weinbau die einzige Erwerbsquelle für unsere Vorfahren gewesen war, gab es nun auch andere Möglichkeiten, seinen Lebensunterhalt zu verdienen.

Im Jahre 1872 gründete Profitlich die „Pelzfabrik“, in der Kaninfelle durch ein besonderes Verfahren veredelt wurden. Hier fanden ca. 60 Arbeiter eine neue Arbeitsstelle. Ihr Tagesverdienst betrug (1891) durchschnittlich 2.50 bis 3.00 Mark. Ebenso entstand 1873 eine Zement-Plattenfabrik der Firma Windscheid Göcke & Companie, die ab 1890 von Paul Schwenzow übernommen wurde und sich ab 1892 „Schwenzow & Co.“ nannte. Hier waren ca. 25 Arbeiter beschäftigt. [40)]

Eine weitere Zementfabrik wurde 1902 von Hermann Joseph Honnef gegründet. Auch hier fanden etliche Unkeler eine Arbeitsstelle. So wurden die natürlichen Reichtümer des Ortes, nämlich Sand und Kies, ausgebeutet und verwertet.

In der kalten Jahreszeit allerdings ruhte die Arbeit in den beiden Zementwerken. Dann wurden die arbeitslosen Männer mit Aufräumungsarbeiten oder Instandsetzungsarbeiten für die Gemeinde beauftragt.

Eine weiter zusätzliche Einnahmequelle stellte der Fremdenverkehr dar, welcher durch den 1882 gegründeten Kur-und Verkehrsverein gefördert wurde, indem man Wege ausbaute bzw. neue Spazierwege erschloß.

Wegen dieser neuen Arbeitsmöglichkeiten gaben viele hauptberufliche Unkeler Winzer ihren unsicheren bisherigen Beruf auf und suchten sich einen anderen Lebensunterhalt. Den Weinbau betrieben sie dann nur noch für den Eigenbedarf.

Die Unkeler Bürgermeister waren immer sehr darum bemüht, die kleine Industrie und Wirtschaft zum Wohle Unkels zu fördern, da sie voraussahen, daß der Weinbau für die Zukunft keine Chancen bieten würde. Leider behielten sie recht, denn Anfang unseres Jahrhunderts bewirkten mehrere Mißernten einen starken Rückgang des Weinbaus in der Bürgermeisterei. (s.: Weinbau in Unkel)

Der 1. Weltkrieg

Als der erste Weltkrieg ausbrach, wurde dies in Unkel - wie überall in Deutschland - mit patriotischer Begeisterung aufgenommen.

Die Reservisten begaben sich per Bahn zu ihren Gestellungsorten. In Unkel wurde eine Landwehrkompanie eingerichtet, welche für die Überwachung der Bahn, des Bahnhofs, der Bahnunterführung, des Bürgermeisteramtes, sowie von Post und Telegrafenstation zu sorgen hatte. Das Christinenstift wurde vorsorglich zu einem Lazarett für mögliche Verwundete eingerichtet. Täglich fuhren viele Truppentransportzüge an Unkel vorbei, aus denen Lieder wie:

„Es braust ein Ruf wie Donnerhall“ oder „Dem Kaiser Wilhelm haben wirs geschworen“ tönten.

Da so viele Männer dem „Ruf des Vaterlandes“ folgten, herrschte bald ein Mangel an Arbeitskräften. Es entstanden Schwierigkeiten bei der

Abb. 22: Rekruten 1917, unter ihnen Heinrich Vollmes (obere Reihe, 2. v. l.)

Bestellung der Felder und Weinberge. Daher mußten alte Männer, Frauen und Mädchen die Feldarbeit erledigen. Sogar Schulkinder erhielten schulfrei, um „ihre Kräfte in den Dienst des Vaterlandes zu stellen“. Wie es damals in Unkel zuging beschreibt Carl Trimborn:

„In Unkel ist es überall still. Man sieht fast nur alte Männer und Kinder. Landsturmleute halten Wache auf Eisenbahnübergängen, am Bürgermeisteramt und an der Schule.“

Abb. 23: Landwehr im Jahre 1914

Später wurden auch russische Kriegsgefangene aus dem Gefangenenlager in Wahn zur Feldarbeit in Unkel eingesetzt.

Mittlerweile war die anfängliche Begeisterung in Resignation umgeschlagen, da der schnell erhoffte Sieg ausblieb und sich die Versorgungslage der Bevölkerung zunehmend verschlechterte. Die Lebensmittel wurden knapp und mußten schließlich rationiert werden. Jeder Ort war auf die eigenen landwirtschaftlichen Erzeugnisse angewiesen. Da Unkel aber zu wenig Ackerland besaß, kam es trotz Lebensmittelkarten zu Engpässen in der Versorgung. Folgende Lebensmittel gab es pro Person:[41)]

Fleisch	:	150 g	in der Woche
Kartoffeln	:	375 g	am Tag

Es gab Wochen, wo es in Unkel weder Brot noch Fett auf Marken zu kaufen gab. Dann mußte man versuchen, dies in den Nachbarorten zu bekommen, da die Lebensmittelmarken im ganzen Kreis Neuwied galten.

Manche Lebensmittel, wie Eier, Margarine, Butter u. a. wurden von der Bürgermeisterei bezogen, und in der alten Schule (Rathaus) nur an Unkeler abgegeben. Der Unkeler Verwaltung gelang es einmal, eine große Menge Kartoffeln zu bekommen, die im Keller des Herrn von Geyer (Unkeler Burg) gelagert wurden und von dort an die einzelnen Familien verteilt wurden.

Da man von den zugeteilten Lebensmitteln nicht leben konnte, waren die Unkeler gut dran, die einen eigenen Garten besaßen, in dem sie das Nötigste anbauen konnten. Auch in der Schule ging man neue Wege: Jeder Schüler der Oberklasse erhielt eine bestimmte Fläche des Schulgartens zugewiesen, die er selbst mit Gemüse und Salat bepflanzen konnte. Der Ertrag wurde dann dem Schüler überlassen.[42)]

Da die meisten Männer „im Feld“ waren, die Familien aber ernährt werden mußten, waren viele Frauen und die größeren Mädchen gezwungen, in Fabriken zu arbeiten. Neben der „Pelzfabrik“ in Unkel waren es vor allem die Geschoßfabrik in Siegburg und die Munitionsfabrik in Troisdorf, die vielen Arbeit boten.

Für die vielen Arbeiterinnen der Siegburger und Troisdorfer Fabrik verkehrten zu bestimmten Zeiten besondere Züge von Linz nach Siegburg, die von der Bevölkerung „Pulverzüge“ genannt wurden.

Durch die Berufstätigkeit der Mütter geriet in vielen Familien das Familienleben aus der Ordnung. Die Kinder waren sich selbst überlassen; das älteste Kind mußte kochen und die Hausarbeit verrichten. Hinzu kam der Mangel an Lebensmitteln, unter dem vor allem die Kinder litten.

Um wenigstens den Kindern zu helfen, gründete Pfarrer Dr. Schwamborn 1916 einen „Verein zum Besten der Armen", der Geld für Lebensmittel sammelte. Von dem Geld wurde dann eine „Kinderspeisung" ins Leben gerufen, der später eine „Volksküche" folgte. Hierdurch erhielten die Bedürftigen eine tägliche warme Mahlzeit. Außerdem wurde auch Heizmaterial für die Armen abgegeben.

Um die ungeheuren Kosten des Krieges zu finanzieren, wurden Kriegsanleihen gezeichnet. Während die beiden ersten Anleihen hauptsächlich vom Großkapital getätigt wurden, waren bei den drei folgenden Anleihen auch kleinere Beiträge des einfachen Bürgers gefragt. Helfer gingen von Haus zu Haus und halfen bei der Erklärung und Zeichnung der Kriegsanleihen. So kamen in Unkel 126 000 Mark zusammen, die sich aus vielen kleinen Beiträgen zusammensetzten, von denen die Verleiher aber keinen Pfennig wiedersahen. Trotz aller Schwierigkeiten war der Glaube an den Sieg noch ungebrochen. Der Chronist schrieb:

„Unsere Helden dringen immer weiter in das Feindesland ein und erringen immer neue Siege. Blicken wir auch mit Vertrauen und Zuversicht bei diesen glänzenden Waffentaten in die Zukunft, so gedenken wir doch auch in Stille der Toten. Der Schnitter Tod hat in Unkel reiche Beute unter den Jünglingen und Männern, die zur Verteidigung unseres Vaterlandes hinausgezogen waren, gehalten." [43)]

Es starben (laut Totenzettel in der Schulchronik):

Niederee, Josef, Jüngling	(1892-1914)
Mand, Franz Josef, Jüngling	(1889-1914)
Grenzhäuser, Anton, Jüngling	(1886-1914)
Hausen, Genesius	(1894-1915)
Euskirchen, Wilhelm, Postbote	(1889-1914)
Manns, Johann, Jüngling	(1891-1915)
Muß, Heinrich, Jüngling	(1892-1915)
Weingartz, Jakob, Jüngling	(1893-1915)
Mohr, Wilhelm	(1884-1915)
Müller, Heinrich	(1883-1915)
Euskirchen, Max Josef	(1881-1915)
Niedecken, Johann, Jüngling	(1892-1916)
Mürl, Eduard, Jüngling	(1890-1915)
Profitlich, Otto	(1887-1916)
Weber, Philipp Josef	(1888-1914)
Scheider, Nicolaus	(1891-1916)
Runkel, Jakob, Postbote	(1893-1916)
Hembach, Andreas Josef	(1891-1916)
Möckel, Hans Erich	(1893-1916)

Weitere Kriegstote in Unkel waren:[44)]

Aschenbrender, Josef	1914	Bilstein, Wilhelm	1915
Grenzhäuser, Josef	1918	Heinen, Engelbert	1918
Hartmann, Andreas	1915	Klein, Ferdinand	1914
Manns, Karl	1915	Mollberg, Wilhelm	1915
Müller, Johann	1915	Muss, Heinrich	1915
Muss, Hubert	1918	Nelles, Arnold	1918
Nelles, Peter	1917	Niedecken, Johann	1918
Niedecken, Josef	1918	Oster, Wilhelm	1915
Richarz, Heinrich Josef	1918	Runkel, Heinrich	1914
Runkel, Jakob I	1918	Scholt, Johann	1914
Weber, Anton	1914	Weber, Heinrich	1918
Weber, Wilhelm	1917	Weinberg, Wilhelm	1918
von Werner, Ludwig	1916		

Insgesamt forderte der erste Weltkrieg 44 Todesopfer.

Mit dem Ende des Krieges endete auch die Kaiserzeit. Ehe aber eine neue demokratische Regierung die Herrschaft übernehmen konnte, kam es zu Unruhen in ganz Deutschland und auch in Unkel. Die Bürgermeisterchronik vermerkt hierzu: „Am 11.11.1918 erschienen junge Burschen aus Erpel und Rheinbreitbach - verstärkt durch Kölner Elemente - und riefen einen Soldatenrat aus, der nun in Unkel das Sagen habe. Diese „Soldaten“, die mit Waffen und Kölner Ausweisen ausgestattet waren, traten der Bürgerschaft aufrührerisch entgegen und hinderten die Bürger an der Wahl eines neuen Bürgermeisters. Am nächsten Tag stellte es sich heraus, daß es sich um Kölner Radaubrüder sowie einige schlimme Erpeler Gesellen handelte, deren Anweisungen dann niemand Folge leistete. Am 17.11.1918 wurde dann der „Arbeiter-Bürger- und Solatenrat“ ausgerufen, der aber in Unkel wenig Bedeutung erlangte.“

Am 19. Januar 1919 fanden dann in Unkel erstmalig allgemeine freie und geheime Wahlen statt. In der Unkeler Gemeinde-Vertretung erhielten:

Zentrum	:	405	Stimmen
Bürgerschaftsliste	:	182	Stimmen
SPD	:	94	Stimmen
		681	Stimmen

Dies ergab folgende Sitzverteilung im Gemeinderat Unkel:[45)]

Zentrum :	8 Sitze
Bürgerschaftsliste :	3 Sitze
SPD :	1 Sitz

Die kommenden Jahre lasteten schlimm auf dem deutschen Volk. Lehrer Wies schildert die Situation so: „Das deutsche Volk ist müde, krank und verdrossen. Die Sorge um Nahrung, Kleidung und Obdach lasten schwerer auf ihm, als in den letzten Kriegsjahren. Das ist wirklich keine gute Jahresbilanz. Was kann Hilfe bringen? Nur die innere Umkehr, die Änderung des eigenen Selbst! Mehr Pflichtbewußtsein! Gott läßt sinken, aber nicht ertrinken!" (Schulchronik: Notiz vom 01.01.1920)
Zu allem Überfluß kam auch noch das Hochwasser. Am 01.01.1920 floß der Rhein in Unkel zusammen: Unkel war eine Insel. Da wenig später Frost einsetzte, war das Wasser am Dreikönigstag wieder von den Straßen verschwunden, um dann am 16.01.1920 mit erneuter Gewalt zu erscheinen. Nun reichte das Hochwasser bis zum Unteren Markt (Kaufhaus Mies).

Durch dieses zweimalige Hochwasser wurden in Erpel beträchtliche Schäden angerichtet. In der Bürgermeisterei Unkel wurde der Schaden auf 750 000 Mark geschätzt.[46)]

Überteure Zeiten

Der Sommer 1921 war ungewöhnlich heiß und trocken. Es wurden Temperaturen von 50 Grad und mehr (in der Sonne) gemessen. Die Folge davon war, daß auf den Feldern und in den Gärten alles buchstäblich verbrannte. Hülsenfrüchte und Sommergemüse gab es fast gar nicht. Auch die Kartoffeln litten unter der anhaltenden Trockenheit. Erst im August fiel wieder etwas Regen.

Ein Vorteil dieses heißen Sommers war ein enormer Fremdenverkehr in Unkel. Alle Fremden-Betten waren bis auf den letzten Platz belegt, so daß die Wirte und Pensionen auf Privatbetten zurückgriffen und den Unkeler Bürgern ein zusätzliches Einkommen verschafften.

Da der Winter sehr früh (Anfang November) einsetzte, das Brennmaterial in Unkel aber äußerst knapp war, (2 Zentner pro Person) litt die Bevölkerung sehr unter der Kälte.

Lehrer Wies beschreibt die Stimmung am Jahreswechsel 1921/22 so: „Was wird das neue Jahr uns bringen? Wird das deutsche Volk daran zerbrechen? Ein Teil unseres Volkes ist ja innerlich

Abb. 24: Geld der Inflationszeit 1923

nahe fast zermürbt. Aber Hoffnungslosigkeit führt zu Tatenlosigkeit. Darum heißt es hiergegen mit aller Kraft Front zu machen. Nur das Volk ist verloren, das sich selbst aufgibt. Deutschland hat drei schwere Jahre hinter sich. Ob die kommenden Jahre nicht noch schwerer werden, muß die Zukunft lehren.“

Das Jahr fing gut an. Der Sommer war zwar verregnet, brachte aber einer guten Ertrag von Obst, Hülsenfrüchten, Gemüse und Kartoffeln. Die Getreideernte dagegen ließ sehr zu wünschen übrig. Die Traubenernte der frühen Sorten erfolgte bereits Mitte September, da wegen des anhaltenden Regens eine starke Fäulnis der Beeren eintrat.

Gegen Ende des Jahres aber machten sich schon die Vorboten einer Inflation bemerkbar. Lehrer Wies schrieb unter dem 24.10.1922: „Gegenwärtig befinden wir uns in einer gerade unerhört teuren Zeit. Der Dollar steht augenblicklich 4418 Mark. Damit ist die Mark um das ca. 1000- fache des Friedenswertes gesunken. Für Stück wurden schon 10.000 Mark gezahlt. Alle Finanzpositionen der Reichsregierung sind durch diesen Valutastand völlig über den Haufen geworfen“.

Die amtlichen Berliner Fruchtpreise betrugen:

1 Zentner Weizen	:	9.500	-	9.800	Mark
1 Zentner Roggen	:	8.800	-	9.200	Mark
1 Doppelznt. Weizenmehl	:	24.500	-	28.800	Mark
1 Zentner Kartoffeln	:	650	-	700	Mark

Die Nahrungsmittelpreise betrugen:

1 Freibrot (ohne Marken)	:	200 Mark
1 Pfund Rindfleisch	:	240 Mark
1 Pfund Schweinefleisch	:	350 Mark

Sonstige Preise:

1 Herrenanzug	:	15.00 - 20.000 Mark
1 Paar Schuhe	:	4.00 - 5.00 Mark

Solche Preise konnten nur ganz Reiche oder Schieber bezahlen. Für einen Normalbürger waren diese Dinge unerschwinglich. Daher der Stoßseufzer des Chronisten: „Wer kann solche Summen aufbringen? Was angesichts solch teurer Zeiten uns die Zukunft noch bringen mag, weiß Gott allein!“

Es sollte aber im kommenden Jahr noch schlimmer kommen! Der Versailler Vertrag hatte dem Deutschen Reich Reparationen (Wiedergutmachungszahlungen) in zunächst unbekannter Höhe auferlegt. Innenpolitische Schwierigkeiten führten mehrfach dazu, daß das Deutsche Reich mit der Lieferung von Sachgütern (Holz, Kohle u.a.) in Verzug geriet. Deswegen hatten französische Truppen zunächst (1921) das Gebiet um Düsseldorf und Duisburg besetzt. Als dann im Januar 1923 ein weiterer Rückstand bei der Lieferung von Telefonstangen erfolgte, diente dies als Vorwand für die Besetzung des Ruhrgebiets und Teile des Rheinlands durch französische Truppen. Daraufhin rief die Reichsregierung unter Cuno den „passiven Widerstand“ in den besetzten Gebieten aus. Arbeiter, Angestellte und Beamte, die sich dem

Abb. 25: Plakat des Widerstands gegen die Rheinlandbesetzung

Widerstand anschlossen, wurden von den Franzosen entlassen und ausgewiesen.

So wuchs die Zahl der Arbeitslosen ins Unermeßliche. Die Reichsregierung unterstützte die Erwerbslosen durch die sogenannte „Rhein-Ruhrhilfe“. Die arbeitsfähigen Männer wurden gegen eine geringe Unterstützung zu gemeinnützigen Arbeiten herangezogen. Auf diese Weise entstanden der Fahrweg durch das Hähnebachtal nach Bruchhausen, die beiden Lehrerdienstwohnungen neben dem Rathaus (Cunoburg) sowie der Übungsturm für die Feuerwehr auf dem Schulhof, der allerdings erst später fertiggestellt wurde.

Auch in Unkel wurde der Besetzung des Rheinlandes in einer Trauerfeier gedacht. Am 14.01.1923 fand anläßlich des „nationalen Trauertages“ der französischen Besetzung eine Versammlung auf dem Unteren Markt statt. Der Schulchronist berichtet: „Nach dem Hochamt um 11.00 Uhr huben die zwei einzigen Glocken, die der Krieg uns noch von unserem ehemaligem stolzem Geläut gelassen hat, für eine 1/4 Stunde zu einem wehmutsvollem Trauergeläute an. Unterdessen versammelte sich, gemäß vorheriger öffentlicher Bekanntmachung in ernster Stimmung, die gesamte Unkeler Bevölkerung. Auch der Pfarrer mit dem Kirchenvorstand. Der Männergesangverein „Condordia“ eröffnete die Feier mit dem Lied „Sturmbeschwörung“. Hiernach verlas der Bürgermeister den „Aufruf des Reichspräsidenten an des deutsche Volk“. Nun trug ein Schüler das Gedicht „Wir Rheinländer“ vor. Hiernach hielt der Bürgermeister Decku eine tiefempfundene Rede. Darin führte er aus: „Ein Schrei der Entrüstung geht heute aus Millionen von Kehlen durch alle deutschen Gaue und dieser Schrei muß in der ganzen Welt gehört und verstanden werden. Vier Jahre haben wir die Schmach und die Knechtschaft ertragen. Vier Jahre haben unsere Frauen und Kinder hungern und darben müssen. Vier Jahre herrschten farbige Kolonialsoldaten am Rhein, lebte dort eine fremde Soldateska auf unsere Kosten. Vier lange Jahre haben wir Übermenschliches getragen. Aber noch soll des Elends nicht genug sein. Der Franzose marschiert aus nichtigem Grunde weiter nach Deutschland hinein, zur Hauptschlagader unseres Industriegebiets, nach der Ruhr.

Wir erheben flammenden Protest gegen diese Vergewaltigung unseres Vaterlandes, denn mehr können wir nicht tun, da unsere Waffen zerbrochen am Boden liegen. Wir wollen aber nicht rasten, bis der letzte Feind den heiligen deutschen Boden verlassen hat. **Unsere Kinder sollen als freie Deutsche in einem freien Deutschland leben!**“

Hiernach sangen alle, wie aus einem Munde, mit spontaner Begeisterung und entblößten Hauptes" Deutschland, Deutschland über alles". Damit hatte die würdige Trauerkundgebung ihr Ende erreicht. Der Bericht schildert deutlich die damalige Stimmung der Unkeler bzw. der rheinischen Bevölkerung.[47)]

Die Rede des Bürgermeisters hatte allerdings Folgen: Am 14.6.1923 wurde Bürgermeister Decku und der Gemeinde-Empfänger Lohoff von den Franzosen verhaftet und sofort nach Bonn zur Untersuchungshaft gebracht, wo sie ca. 6 Wochen im Gefängnis blieben.

Der passive Widerstand an Rhein und Ruhr kostete das Deutsche Reich aber Unsummen an Unterstützungsgelder. Man beschaffte sie, indem man Papiergeld druckte, ohne daß eine (Gold)-Sicherung vorhanden war. Als Folge wurde die ohnehin schwache Mark immer wertloser. Für eine Goldmark erhielt man am 07.09.1923 10 Millionen Papiergeld.

Am Beispiel eines Brotes sei die Inflation aufgezeigt:

Ein **1 kg Roggenbrot** kostete: (nach Ebeling)

	1913	26	Pfennig
	1917	45	Pfennig
	1921	3,90	Mark
Januar	1923	250, –	Mark
Juni	1923	1428, –	Mark
August	1923	69,00, –	Mark
September	1923	1.500.000, –	Mark
Oktober	1923	1.743.000.000, –	Mark
November	1923	201.000.000.000, –	Mark

Da Deutschland finanziell am Ende war, verkündete **Gustav Stresemann** am 26.9.1923 das Ende des „Ruhrkampfes", so daß die Arbeit wieder aufgenommen wurde. Als wichtigsten Schritt leitete er nun die notwendige Neuordnung der Finanzen ein: Die wertlose Mark wurde durch die Währungsreform von 15.11.1923 durch die **Rentenmark** und später durch die **Reichsmark** ersetzt. (1 Billion Papiermark = 1 Rentenmark)

Außerdem gelang Stresemann die Senkung der Reparationskosten von ursprünglich 269 Milliarden Goldmark auf 132 Milliarden Goldmark. (Bezahlbar bis 1988).

Durch diese finanzielle Neuordnung und die **Verständigungspolitik** Stresemanns begann allmählich der wirtschafliche Aufschwung Deutschlands, zuvor aber mußten die Rheinländer noch eine andere Gefahr bekämpfen: Den Separatismus.

Die Separatisten in Unkel

Am 21.10.1923 war in Aachen die „Freie und unabhängige Republik Rheinland“ ausgerufen worden. Ziel dieser „Rheinischen Republik“ war die Loslösung des Rheinlands vom Deutschen Reich und die Bildung eines eigenen, an Frankreich angelehnten Staates. Die französische und belgische Besatzung unterstützten diese Bewegung, da sie in ihr Konzept paßte. Die rheinische Bevölkerung aber bekämpfte die „Separatisten“ und vertrieb sie schließlich. Wie dies geschah, erfahren wir recht anschaulich in dem Buch von Klaus Friedrich: „Separatistenherrschaft am Rhein“ von 1931 und der Unkeler Schulchronik.

In der Nacht zum 12.11.1923 rückten die Separatisten in Unkel ein, nachdem sie zuvor die Umgegend unsicher gemacht hatten. Sie besetzten das Rathaus, wo sie ihr Hauptquartier errichteten. Bei der Besetzung des Rathauses wurden sämtliche Schränke und Schubladen geöffnet und nach Akten gesucht. Aber auch sonstige Dinge, die man verwerten konnte, nahm man mit.

Die „Rheinsoldaten“ verlangten Quartier und Beköstigung und wurden hierzu in den „Unkeler Winzerverein am Markt“ gebracht. Der alte Gastwirt Engelbert Euskirchen mußte die „Gäste“ beköstigen, welche sich anschließend in den Gästezimmern häuslich niederließen. In den Geschäften „requirierte“ man nach „Kriegsbrauch“ einfach gegen „Gutscheine“.[48)]

Auf den Gütern Haanhof und Hohenunkel wurden mehrere Stück Vieh gewaltsam mitgenommen und in Unkel geschlachtet.

Besonders aber suchten die Rheinbündler Waffen. Zum Glück hatte Severin Schreiner eine Menge abgelieferter Waffen, die auf dem Speicher des Rathauses lagerten, kurz vorher in einem unbenutztem „Regensarg“ versteckt.

Am nächsten Morgen standen vor dem Rathaus und der Schule Posten der Separatisten. Diese Posten waren „schmuddelige Subjekte, wie alle ihre Artgenossen“.

Die Sonderbündler verhängten eine nächtliche Ausgangsperre über Unkel: Ab 19.00 Uhr durfte niemand mehr auf die Straße. Für einige Tage herrschten nun in Unkel die Separatisten. Sie stießen aber überall in der gesamten rheinischen Bevölkerung auf Widerstand und Verachtung. Man bezeichnete sie als Landesverräter, da sie für die Loslösung der Rheinlande vom Deutschen Reich und Angliederung an Frankreich eintraten.

Obwohl die Unkeler Bevölkerung sehr erregt über das unverschämte

Verhalten der „Rheinsoldaten“ war, wagte niemand aktiven Widerstand. Nur die jungen Burschen überlegten, wie sie etwas gegen die „Volksbeglücker“ unternehmen können. Endlich bot sich beim Abzug der Truppen nach Honnef, wo mittlerweile das Hauptquartier der Separatisten war, eine günstige Gelegenheit: Bei der Fahrt nach Honnef mußten die Lastwagen der Sonderbündler eine Steigung am Ortseingang von Rheinbreitbach passieren. Hier wäre eine Möglichkeit, den Separatisten einen Denkzettel zu verpassen. Eine Anzahl Jugendlicher aus den Nachbarsorten hatte sich daher mit Knüppeln und Pflastersteinen - einige auch mit Jagdflinten - bewaffnet und erwartete in der Dunkelheit am Ortseingang von Rheinbreitbach die Lastwagen der „Landesverräter“. Als man von weitem die Scheinwerfer der beiden Autos sah, versteckte man sich in den Gärten der Villa „Stephan“. Als die Fahrzeuge ihr Tempo wegen der Steigung verlangsamen mußten, wurden sie mit einem Steinhagel überschüttet. Daraufhin feuerten die Sonderbündler blindlings in die Gärten. Da die Jugendlichen der Feuerkraft der Separatisten unterlegen waren, flüchteten sie wenig später in die Dunkelheit. Drei Rheinbreitbacher Burschen, die von den „Rheinsoldaten“ ergriffen wurden, erlitten schwere Mißhandlungen.

Mittlerweile hatten die Separatisten aus Honnef telefonisch Verstärkung herbeigerufen, mit deren Hilfe sie nun Rheinbreitbach durchsuchten und auch mehrere Jugendliche festnahmen und nach Honnef mitführten.

Als sie später erfuhren, daß auch Unkeler an der Aktion beteiligt waren, marschierten 200 „Rheinsoldaten“ nach Unkel, wo sie gegen 23.30 Uhr eintrafen. Sie erbrachen das Rathaus und stürmten das Haus des Eisenbahners Gottfried Küsters, dessen Söhne Gottfried und Heinrich an dem Rheinbreitbacher Überfall teilgenommen hatten. Da sie diese nicht vorfanden, nahmen sie den Vater und noch zwei andere Männer als Geisel mit, als sie nach Honnef zurückfuhren.

Inzwischen hatte sich zwischen Honnef und Aegidienberg der Widerstand der Bevölkerung organisiert. In der Nacht vom 15. zum 16. November kam es zur „Abwehrschlacht im Siebengebirge“, bei der die Separatisten eine vernichtende Niederlage erlitten und von der Bildfläche verschwanden.[49)]

Der Kommentar des Chronisten am Ende des Jahres 1923 Lautete: „Mit dem Jahr 1923 geht ein Jahr zu Ende, das uns Rheinländern viel, viel Unangenehmes gebracht hat!“[50)]

Die Unannehmlichkeiten aber sollten noch nicht beendet sein. Der Winter war nämlich außerordentlich streng. Da keine Brandvorsorge getroffen worden worden war, besaßen die Unkeler kein Brennmaterial. In ihrer Not zogen sie in den Wald und schlugen sich Holz, ohne

Rücksicht auf die Umwelt. Lehrer Wies schreibt: „Die schöne und romantische Unkeler Schweiz erkennt man nicht mehr wieder. Es sieht aus, als habe der Krieg darin gehaust.“

Es gibt aber auch Erfreuliches zu berichten: Am 22.6.1924 beteiligten sich die Junggesellen der Bürgermeisterei Unkel im Rahmen der „Rheinischen Literatur- und Buchwoche“ an den „Heimatspielen“ in der Messehalle in Köln-Deutz. Die Fähndelschwenker der 6 Junggesellenvereine der Bürgermeisterei zeigten vor großem Publikum ihr Können. Die Winzerinnen und Winzer in ihnen schmucken Trachten ergänzten das Bild. Im Anschluß an die Vorführung kredenzten die Winzerinnen den Gästen Unkeler Wein aus den historischen Zinnkrügen. In der Pause bot der Unkeler Winzerverein den Besuchern Unkeler Rotwein an. Diese Veranstaltung war ein voller Erfolg und eine gute Werbung für den Fremdenverkehr.[51)]

Noch waren nicht alle Spuren des Hochwassers von 1920 beseitigt, da wurde Unkel wiederum von einer neuen Hochwasserwelle erfaßt. Am 5.11.1924 wurde Unkel wieder zu einer Insel und blieb es für mehrere Tage. Nutznießer waren wiederum die Schulkinder, die zusätzlich schulfrei hatten.

Zwei Jahre später am 21.12.1926/1.1.1927 wurde Unkel wieder vom Hochwasser heimgesucht. Leidtragende waren vor allem die Bewohner des Seeches, die von der Umwelt abgeschnitten waren. Heister war besonders bedroht, da sich das Wasser am Damm zur Burg Vilszelt staute. Nur durch einen Durchbruch konnte eine Katastrophe verhindert werden. Der Damm wurde dann noch im gleichen Jahr durch eine Flutbrücke ersetzt.

Am 1.6.1927 wurde in Unkel das Strandbad eröffnet. Es besaß Umkleideräume und Toiletten und sorgte mit seiner gepflegten Anlage dafür, daß das wilde „schamlose“ Baden im Rhein aufhörte. Auch für den Fremdenverkehr war es von großem Nutzen. Dem Kur-und Verkehrsverein Unkel war es zu verdanken, daß die Zahl der Dauer– und Tagesgäste stetig zunahm, „nicht immer zum Besten der allgemeinen Moral“, wie Pfarrer Vaassen schrieb.

Ein Rückschlag für die Winzer erfolgte am 14.5.1928. Durch einen ungewöhnlich starken Frost erfroren ca. 70 Prozent der Weinstöcke. Die Folge hiervon war eine minimale Weinernte und die Aufgabe von ca. zehn Hektar Weingärten.

Am 10.12.1929 wurde in Unkel die Fortbildungsschule für Mädchen gegründet. Nach Abschluß der Volksschule besuchten die Mädchen jeweils an zwei Tagen in der Woche die Schule, die im Paxheim untergebracht war. Hier erhielten sie Unterricht in Theorie und Praxis der Hauswirtschaft. Die Lehrerin Frl. Floß unterrichtete 40 Mädchen in zwei Gruppen.

Am 1. Juli 1930 war es soweit, die Besetzung des Rheinlandes war vorbei. Man feierte die Befreiung der Rheinlande von der Fremdherrschaft mit einem Freudenfeuer auf dem Stux. „Nach 12 Jahren endlich wieder frei!"[52)]

Unkel in der Zeit deu Nationalsozialismus

Aber inzwischen hatte sich anderes Übel breitgemacht: die Arbeitslosigkeit. Verursacht durch die Weltwirtschaftskrise mußten immer mehr Erwerbslose bei den Arbeitsämtern „stempeln" gehen. Die Arbeitslosigkeit steigerte die Unzufriedenheit der Deutschen und machte sie anfällig für den Radikalismus. Hitler verstand es, die Bevölkerung durch Versprechung wie: „Arbeit und Brot" sowie „Nationale Wiedergeburt Deutschlands" für sich zu gewinnen. In Unkel wurde Ende 1930 eine Ortsgruppe der NSDAP gegründet. Ortsgruppenführer war Johann Eikerling. Die Partei besaß allerdings 1932 erst ganze sieben Mitglieder.

Der Kommentar zu den politischen Vorgängen in Deutschland zum Jahresende von 1932 lautete: „Das deutsche Volk und die Kirche gehen mit großen Sorgen in das Jahr 1933 hinein. Neben politischen Sorgen bedrückt vor allem das Anwachsen der Gottlosigkeit und der Sittenlosigkeit." Die Wahl Hitlers zum Reichskanzler am 30.1.1933 kommentierte der Unkeler Pfarrer mit: „Oh weh!"[53)]

Wie überall in Deutschland, so gab es auch in Unkel Anhänger, Mitläufer und Gegner des Nazi-Regimes. Die folgende Liste gibt Auskunft über die Zahl der Mitglieder der NSDAP in Unkel:[54)]
Anzahl der Mitglieder der NSDAP von Unkel 1932-1944

Jahr	1932	1933	1934	1935	1936	1937	1938
Mitglieder	7	50	59	64	67	118	120
Anteil der Bevölkerung	0,4%	2,8%	3,3%	3,5%	3,7%	6,5%	6,6%

Jahr	1939	1940	1941	1942	1953	1944
Mitglieder	128	169	217	224	227	233
Anteil der Bevölkerung	7%	9,0%	11,0%	12,0%	12,5%	14,4%

Nach der Machtübernahme Hitlers wurde der Unkeler Bürgermeister

Abb. 26: Hitler überfällt Polen

Decku zur Aufgabe seines Amtes gezwungen, da er den Nationalsozialisten nicht genehm war. Neuer – ehrenamtlicher - Bürgermeister wurde Major a.D. Hartdegen. Ebenso wurden im Laufe des Jahres alle diejenigen (demokratisch gewählten) Gemeinderatsmitglieder zum Rücktritt gezwungen, die sich nicht dem Nationalsozialismus unterordnen wollten. An ihre Stelle traten „verdiente" Parteigenossen, die vom Landrat ernannt wurden.

Nachdem so die Verwaltung und der Gemeinderat unter der Kontrolle der Nazis stand, begann der Kampf gegen die Kirche: Gottesdienste in Unkel wurden durch Auswärtige gestört. Teilnehmer von Prozessionen wurden belästigt. Ab 1937 wurden Prozessionen durch den Ort verboten, da sie angeblich den Verkehr behindern würden. Kommentar von Pfarrer Vaassen hierzu: „Man will den Bezeugungen des katholischen Glaubens entgegegentreten!"[55)]

Um die katholische Jugend am sonntäglichen Kirchgang zu hindern, wurden zu diesem Termin andere Veranstaltungen der Jugend gelegt, z.B. Sportveranstaltungen, Kinovorstellungen usw.

Die Straßen- und Haussammlungen der Caritas, die in Unkel immer ein gutes Ergebnis erzielten, wurden verboten. Es durfte nur noch in der Kirche für die Caritas gesammelt werden.

Großes Ärgernis in Unkel erregte es, daß in der Schulstraße das schlimmste Hetzblatt der Nazis, „Der Stürmer" , in einem Fenster ausgehängt war. Dieses Blatt, daß voller Haß gegenüber der Kirche und den Juden war, konnte so von der vorbeikommenden Schuljugend gelesen werden.

Im Jahr 1937 sorgte die Verhöhnung eines Kreuzes in Königswinter für Aufregung der Katholiken Unkels. Dort hatte jemand geschrieben: „Deutscher dulde nicht, daß dein Ideal am Kreuze stirbt!". Darunter stand: "Wer dieses Schild entfernt, der stirbt!"

Es erging auch eine Verfügung, Kreuze aus der Schule zu entfernen, „da sie hier nichts verloren hätten". Im gleichen Jahr wurde Pfarrer Vaassen auf das Bürgermeisteramt vorgeladen, um sich wegen einer Predigt zu rechtfertigen. Er hatte in der Predigt erwähnt, daß ein Redner bei einer SA-Versammlung gesagt habe: „In 10 Jahren wird es in Unkel keine Kreuze mehr geben". Da dies den Tatsachen entsprach, sollte der Pfarrer aussagen, welcher (unzuverlässige) SA-Mann ihm dies hintertragen habe. Der Pfarrer aber weigerte sich den Namen zu nennen. Da die Gestapo von dem Vorfall nicht benachrichtigt wurde, verlief die Angelegenheit im Sande.

Der mutige Geistliche prangerte in seiner Osterpredigt von 1933 die

Verunglimpfung des Jüdischen Friedhofs durch den Sohn eines Nazis und seiner Freunde an. Diese Tat wurde als ein „dummer Jungen-Streich“ abgetan. Wie unangenehm dieser Vorfall aber war, zeigt ein Schreiben des Landrat Reppert an die Verwaltung: „Dies war eine belanglose Tatsache, die nicht wert ist, das Interesse von Männern zu erwecken. Trotzdem hat der Ortsgeistliche diese Gelegenheit benutzt, um sich, in der mit vielen Fremden gefüllten Kirche, in gehässiger Weise über den Fall auszulassen, so daß jeder Hörer den Eindruck gewinnen mußte, es handle sich um ein Attentat gegen den Judenfriedhof.

Im Anschluß an diese Predigt soll sich eine wahre Völkerwanderung nach dem Judenfriedhof begeben haben, um die „grauenvollen Verwüstungen“ anzusehen. Es bestand die größte Gefahr, daß durch die zahlreichen Fremden der Vorfall in die Presse und damit ins Ausland gelangte und dadurch zu einer schweren Schädigung der deutschen Interessen führen mußte. Meiner vorgesetzten Dienstelle werde ich über die verwerfliche Handlungsweise des Geistlichen berichten.“[56)]

Später wurde Pfarrer Vaassen noch dreimal von der Gestapo in Koblenz wegen seiner Predigten verhört (20.11.1937, 20.1.1939 und am 9.5.1940 M). Außerdem wurde bei ihm an 4.2.1938 ein Hausdurchsuchung vorgenommen. Er kam aber noch mit einem Verweis bzw. mit einem verschärfter Verweis davon.

Als er am 3.12.1941 starb und am 6.12.41 begraben wurde, erhielten die Schulkinder kein schulfrei, um am Begräbnis teilzunehmen. Dennoch waren viele Schulkinder bei dem Begräbnis anwesend: Sie hatten sich in der Pause einfach davongeschlichen, wofür sie später streng bestraft wurden.

Der 2. Weltkrieg

Am 11.12.1941 fielen die ersten Bomben auf Unkel. Viele Brandbomben kamen auf dem Rheinbüchel, der damals noch kaum besiedelt war, nieder. Ein junger Offizier, der auf Heimaturlaub war, wurde getötet. Am 2.6.1942 fielen wiederum Brandbomben auf Unkel, ohne großen Schaden anzurichten.

Am 25.6.1942 wurden die Glocken, die 1925 neu angeschafft worden waren, vom Turm geholt und “dem Krieg geopfert“. Auch das “Armsünder-Glöckchen“ wurde abmontiert, aber wegen seines hohen Alters nicht abgeliefert, sondern nach Scheuren in die Kapelle gebracht, da Scheuren seine beiden Glocken auch abgeben mußte und daher ohne Geläut war. Im Jahre 1943 waren die ersten gefallenen Soldaten Unkels zu beklagen.

Abb. 27: Blick von der Erpeler Ley auf die Ludendorff-Brücke

Abb. 28: Die zerstörte Remagener Brücke

Es waren: Adolf Menden, Philip Honnef, Franz Lothar von und zu Hoensbroech, Heinz Sass, Peter Gomber. Mathias Schumacher.

Während die Bombenangriffe bisher nur sporadisch waren, nahmen sie im Herbst 1944 drastisch zu. Wegen der Fliegerangriffe wurde die Volksschule für unbestimme Zeit geschlossen. Gottesdienste und andere Veranstaltungen wurden eingeschränkt.

Vikar Lüger schreibt in der Scheurener Chronik: „13. Oktober: Die englischen Tiefflieger trieben heute wieder sehr stark ihr Unwesen. Sie beschossen mit Bordwaffen die ein-und ausfahrenden Züge. Eine Bombe fiel auf das Geleise in der Nähe der nördlichen Unterführung. Der Zugverkehr wurde für kurze Zeit unterbrochen. Durch den Luftdruck wurden in Scheuren viele Schreiben zertrümmert. Es kam jedoch niemand zu Schaden.[57)]

29. Oktober: Heute am Sonntagmorgen wurde wieder von englischen Tieffliegern ein Zug beschossen. Vier Personen wurden ernstlich verletzt. Das Stallgebäude des Fuhrunternehmers Euskirchen wurde bei dieser Gelegenheit in Brand geschossen und brannte fast restlos aus.

28. Dezember: Um die Mittagszeit erfolgte ein Fliegerangriff auf Erpel und Remagen. Viele Häuser wurden wurden zerstört. Es sind sechs Tote zu beklagen.

29. Dezember: Fliegerangriff auf Heister. Wieder um die Mittagszeit. Mehrere Häuser wurden zerstört. Fünf Tote wurden gezählt.

31. Dezember: Gestern und heute wurde die Brückengegend bei Erpel und Remagen erneut angegriffen. Die Bevölkerung ist nun gewarnt und rechnet in der Mittagszeit mit den Fliegern.

Durch Bomben waren die Wasser- und Lichtleitungen beschädigt, so daß während des ganzen Dezembers Unkel ohne Licht und ohne Wasser auskommen mußte.

1. Januar 1945: das neue Jahr hat gut begonnen. Heute um die Mittagszeit warfen die feindlichen Flieger eine Anzahl Bomben auf Erpel-Remagen. Zum Glück sind keine Toten zu beklagen.

2. Januar: Wieder um die Mittagszeit wurden Erpel und Remagen von Fliegern angegriffen. Es war der schwerste Angriff, den die Brückenorte bisher erlebten. Erpel soll 400 Obdachlose durch die Bombadierung bekommen haben. Es waren glücklicherweise keine Toten zu beklagen. Die Bevölkerung hatte einen guten Schutz im Tunnel der Eisenbahn und in einem Bergwerkstollen gefunden.

9. Januar: Nach langer Zeit erhielt Unkel endlich wieder Licht und Wasser.

28. Januar: In der Scheurener Kapelle fand eine Doppeltaufe während des Fliegeralarms statt. Der Angriff galt der Erpeler Brücke, die getroffen wurde.

9. Februar: Linz wurde von den Fliegern heimgesucht. Es entstanden schwere Schäden. Es wurde berichtet, daß in Kripp viele Menschen umgekommen sein sollen.

11. Februar: Bomben fielen auf Unkel. Keine Toten. Sehr viele Scheiben wurden zertrümmert. Die meisten Bomben fielen in den Rhein, Mancher Unkeler hat sich Fische im Rhein geholt, die von den Bomben getötet worden waren.

14. Februar: Erpel, Unkel und Scheuren mußten wieder mit den Bomben „Bekanntschaft" machen. Wenn auch keine Toten zu beklagen waren, so war doch der Schaden an Häusern, Fenstern und Dächern beträchtlich.

25. Februar: Während der Acht-Uhr-Messe erschienen Tiefflieger und beunruhigten die Bevölkerung. Nachdem zwei Bomben auf die Bahngleise an der zweiten Unterführung gefallen waren, wurde die hl. Messe abgebrochen. Die Messen wurden von nun an in der Morgen- oder Abenddämmerung gefeiert, weil man dann verhältnismäßig sicher vor Fliegern war.

Im Monat Februar waren Unkel und Scheuren 15 Tage ohne Licht und Wasser.

2. März: In Unkel und Scheuren fielen Bomben. In Unkel wurde das Haus Steiner, Linzer Straße getroffen: Vier Tote in diesem Haus. In Scheuren wurden zwei Kinder verschüttet. Sie konnten nur tot geboren werden.

3. März: Die Not und Bedrängnis der Bevölkerung wurde von Woche zu Woche stärker. Die Fliegertätigkeit nahm immer stärker zu. Es „regnete" wieder Bomben auf Unkel. Die deutsche Wehrmacht arbeitete fieberhaft an einem Eisenbahntrajekt bei Rheinbreitbach und Oberwinter. Dieses Projekt wurde heftig von Fliegern bekämpft. Es gab 19 Tote unter den Ostarbeitern, die an dieser Stelle eingesetzt waren. Der Düsseldorfer Dampfer „Goethe", der als Unterkunft- und Lazarettschiff eingesetzt war, wurde versenkt.

5.3.1945: Die Reste der deutschen Westarmee, die zurückfluteten, kamen nach Unkel. Sie waren arm in Ausrüstung und Kleidung. Sie erregten mehr Mitleid als Furcht.

7. März: Die deutschen Truppen zogen sich in großer Unordnung auf das rechte Rheinufer zurück. Ein paar zusammengewürfelte Kampftruppen versuchten, in Unkel und Scheuren Stellungen zu bauen.

Abends kam die Nachricht, daß die Amerikaner die Erpeler/Remagener Brücke besetzt hätten. Die Bevölkerung zog sich daher von den Straßen in die Keller zurück."[58)]

So weit der Bericht von Pater Lueger.

Die Besetzung Unkels

Als der Untergang des 3. Reiches unabwendbar war, „bereinigte" man Protokolle und Chroniken von Unkel und vernichtete verfängliches Aktenmaterial.

Am 7.3.1945 wurden die Geheimakten des Amtes Unkel auf direkten Befehl des Landrats Dr. Reppert verbrannt. Dies geschah in letzter Minute, denn die Amerikaner standen schon von der Tür. Am 7. März 1945, kurz nachdem ein Marschbataillon, von Adenau kommend, in Unkel eingetroffen war und hier Quartier suchte, begann der Beschuß durch amerikanische Streitkräfte der Armee des General Patton von der gegenüberliegenden linken Rheinseite her.

Am frühen Nachmittag stieß eine kleine amerikanische Panzereinheit über die noch intakte Rheinbrücke nach Erpel vor und nahm die Ortschaft Erpel ein. In der Nacht zum 8.3.45 brachten die Amerikaner schwere Waffen über die Brücke nach Erpel. Die Pfarrchronik berichtet hierüber: „Wie konnten die Amerikaner die Brücke ungehindert passieren? Warum wurden sie nicht beschossen? Liegt Verrat, Sabotage oder Kriegsmüdigkeit vor? Wahrscheinlich Letzteres."

Die deutsche Verteidigung bestehend aus zusammengewürfelten Restkommandos (Maschinengewehre, Pakgeschütze, Angehörige der Luftwaffe und dergl...) wich in Richtung Bruchhausen und Unkel zurück.

Am 8.3.1945 kam es zu Kämpfen der beiderseitigen Artillerie. Gegen 18.00 Uhr rückten die Amerikaner in Unkel ein. Zuvor jedoch hatten sie einige Verluste hinnehmen müssen: Östlich der Perschbrücke hatte eine Panzerabwehrkanone Stellung bezogen. Als nun die Amerikaner Unkel über die Umgehungsstraße von Osten angreifen wollten, schoß die Pak drei Panzerspähwagen ab. Da das Geschütz keine weitere Munition hatte, stürzten die Soldaten die Pak die Bahnböschung hinunter und zogen sich in Richtung Bruchhausen zurück. Durch den Abschuß der drei Fahrzeuge wurde der Vormarsch der Amerikaner etwas verzögert. Gegen 18.00 Uhr hatten die Amerikaner den Ortsteil Unkel eingenommen. Die deutschen Truppen hatten sich nach Scheuren zurückgezogen, wo sie sich im Ort verschanzten. Die Einwohner Unkels wurden aufgefordert, ihre Häuser zu verlassen und sich ins Christenstift oder in das Paxheim zu begeben.[59)]

Hier verbrachte die Bevölkerung - mit wenigen Ausnahmen - die kommenden Nächte. Die Kampfhandlungen ruhten während der Nacht, die amerikanischen Truppen quartierten sich in den leerstehenden Häusern ein. Am nächsten Morgen drangen die Amerikaner in Richtung Scheuren weiter vor. Weil hier von einigen Soldaten noch Widerstand geleistet wurde, beschossen die Amerikaner den Ort. Beinahe wäre es in Scheuren zu einer Katatstrophe gekommen: Ein blutjunger deutscher Soldat ging trotz des heftigen Protests zahlreicher Scheurener neben der Kapelle mit seiner Panzerfaust in Stellung. Als nun ein Panzer die Scheurener Straße hochfuhr, schoß der Soldat auf den Panzer - und verfehlte ihn. Der Panzer erwiderte das Feuer und tötete den Soldaten. Gott sei Dank entstanden für die Scheurener Bevölkerung aus dieser Verzweiflungstat keine Nachteile. Da sonst kein Widerstand mehr geleistet wurde, stießen die amerikanischen Truppen noch weiter nach Rheinbreitbach und bis zum Abend sogar bis Honnef vor.[60)]

Kurze Zeit nach der Besetzung Scheurens wurde die Bevölkerung aus den Kellern geholt und streng kontrolliert, da man nach deutschen Soldaten suchte. Anschließend wurden die Bewohner wieder in die Keller geschickt, um auf neue Anweisungen zu warten. Am Abend wurde die gesamte Bevölkerung Scheurens zusammengerufen und in der Kapelle interniert. Die Männer wurden im Haus der Familie Theodor Korf untergebracht. Die Maßnahme wurde damit begründet, daß noch Häuserkämpfe stattfinden könnten und dann die Bevölkerung Schaden nehmen könnte.[61)]

Man verbrachte eine schreckliche Nacht. Das Allerschrecklichste aber war der Augenblick, als der Jugendliche Alex Schmitz mit mehreren Schüssen im Rücken tot im Winkel aufgefunden wurde. Die Amerikaner hatten ihn am Nachmittag ohne Grund aus der Kapelle geholt und dann später erschossen. Warum dies geschah, blieb ungeklärt.

Mittlerweile hatten die Amerikaner auch die Ortschaft Bruchhausen eingenommen, nachdem die Umgegend dort hart umkämpft war. Es gab hier viele Gefallene auf deutscher sowie auf amerikanischer Seite. In den ersten Tagen der Kampfhandlungen gab es keine Möglichkeit, die überall herumliegenden Gefallenen zu bergen oder zu begraben. Es wurden daher von der amerikanischen Truppe Bergungskolonnen eingesetzt, welche auf allen Straßen und Wegen und im angrenzenden Gelände die Toten aufsammelten, mit LKWs abtransportierten und an unbekannter Stelle bestatteten.

So blieben nur diejenigen Toten zurück, welche an unübersichtlichen Stellen lagen. Diese wurden bis zu 14 Tagen später von den Einwohnern auf ihrem Friedhof begraben.

Nachdem die Kampftruppen weitergezogen waren, durften viele Einwohner in ihre Häuser zurück. In vielen Wohnungen waren die Möbel, die Wäsche und Hausgeräte durcheinandergewirbelt. Am schlimmsten war es dort, wo die Amerikaner Hitlerbilder oder Nazibücher vorgefunden hatten.

Wie die Amerikaner im Unkeler Rathaus hausten, beschreibt Bürgermeister Hartdegen in einem Bericht über die Besetzung Unkels:

„Am 8. März 1945 gegen Abend Kämpfe bei Unkel und dann die Besetzung des Rathauses von Unkel. Das anwesende Personal des Rathauses wurde von amerikanischen Soldaten aus dem Rathaus ausgewiesen und mußte mit den Einwohnern des Ortes Unkel die Nacht im Christinenstift verbringen. Da das Rathaus von den Besatzungstruppen beschlagnahmt wurde, war ein Verweilen des Personals auf dem Rathaus nicht mehr möglich. Daher wurden in den nächsten Tagen die notwendigsten Akten und Einrichtungsgegenstände in das gegenüberliegende Haus, Linzerstraße 1, unter sehr erschwerenden Bedingungen gebracht.

Zu bemerken ist, daß sämtliche Schränke und Pulte erbrochen wurden. Am Mittwoch dem 28.3.1945 wurde festgestellt, daß bei zwei Stahlschränken der Amtskasse die Türen aufgebrochen waren. Hierin befanden sich die Rechnungsbelege und Kassenbücher. Der Geldschrank der Amtskasse ist jedoch noch verschlossen und muß derselbe zur Öffnung aufgeschweißt werden, wodurch derselbe nicht mehr brauchbar sein kann. Zwei eiserne Geldschränke sind auf der rückwärtigen Seite mit Gewalt aufgebrochen worden, was nach Abzug der Truppen festgestellt wurde.

Gebäudeschäden: verschiedene Türen, Fensterrahmen beschädigt, ein Teil der Scheiben fehlt. Vorgarteneinfriedigung, Mauerwerk und Holzzaun teilweise zerfahren, Zaun niedergerissen und zum Teil verbrannt. Closettanlage teilweise verstopft.

Mobilarschäden: Die Einrichtungsgegenstände des Sitzungssaales, der Amtskasse und der 11 Amtszimmer haben schwer gelitten und sind zum größten Teil nicht mehr verwendbar.

Einrichtungsgegenstände sind teilweise zerschlagen und liegen haufenweise auf dem Hof.

Sämtliche Beleuchtungskörper, Telefone und Telefonanlagen sind entfernt und nicht mehr vorhanden. Wandschmuck, Bilder, Karten sind von den Wänden abgerissen.“[62)]

Soweit ein Bericht des Bürgermeisters Hartdegen vom 30.3.1945.

Wie Leni Mecke die Besetzung Unkels durch die Amerikaner erlebte, beschreibt sie anschaulich in ihrer (unveröffentlichen) „Familienchronik". Sie mußte sich in dieser schwierigen Zeit um ihre beiden Eltern sowie um die alte Gräfin Bothmer kümmern.: „Am 28.12.1944 und den darauffolgenden Tagen wurde unser Heimathaus in Erpel durch Sprengbombenabwurf zerstört. Nach langen Irrfahrten fanden wir am 4.3.1945 bei der Gräfin Bothmer wieder eine Heimat, d.h. sie räumte uns, da sie mit meiner Großmutter, Frau Präsident Heimsoeth, jahrelang befreundet gewesen war, ihr Schlafzimmer aus, damit wir mit unseren eigenen Möbeln aus der Erpeler Ruine hineinziehen konnten. Die Küche durften wir mitbenutzen. Am 6.3. kam ich abends mit meinen letzten Sachen von Linz, da funkte die Artillerie bereits sehr unheimlich in unsere Gegend. Wir mußten auch öfters bei Fliegeralarm in den Keller, der recht unzulänglich war und wenig Sicherheit bot.

Abends saßen wir dann in der warmen Küche bei einem Kerzenstümpfchen, plauderten von alten, glücklichen Zeiten.

Am 7.3.1945 hieß es plötzlich: „Spähtrupps der Amerikaner sind auf der linken Rheinseite. Die Erpeler Brücke soll gesprengt werden!" Daraufhin verließen alle übrigen Mieter der Gräfin das Haus unter dem Vorwand, der Keller sei nicht sicher genug. Da saß ich nun ganz allein mit den drei alten Leuten in dem großen Haus. Am nächsten Morgen erschien Herr Gehrs und berichtete: „Die Amerikaner sind in Erpel über die Brücke. Sie stehen schon in Heister!" Nicht umsonst hatten wir bereits in der Nacht das unheimliche Pfeifen der Granaten und das fortwährende Geknatter von Maschinengewehren gehört. Ich hatte die Nacht größtenteils im Keller auf Liegestühlen mit meinen drei Alten verbracht. Gottlob befanden sich noch etwas an Lebensmittelvorräten im Haus. Unter großer Angst kochte ich in der Küche eine kräftige Mittagsuppe, die ich dann meinen drei Alten im Keller servierte. Sie hatten einen guten Appetit.

Es gab nur noch selten Gefechtspausen, in denen ich mich in die Küche wagen konnte. Der Schlachtenlärm kam immer näher. In der Luft waren dauernd Flieger.

Am Spätnachmittag sah ich vom Fenster aus den ersten amerikanischen Panzer über den Feldweg am Rhein daher hoppeln. Als er zu schießen begann, betete ich, daß sich keine deutschen Soldaten im dichten Gestrüpp des gräflichen Parks verschanzt haben möchten. Am Nachmittag erzählte uns Frau Overlohskamp, daß die Amerikaner noch in Scheuren kämpfen würden. Die Artillerie hätte Häuser an der Umgehungsstraße in Brand geschossen.

Am anderen Morgen waren die Feinde da. Als ich nach oben kam, fand ich zu meiner Überraschung die Hausfür offen. Als ich vorsichtig nachschaute, sah ich zwei Amerikaner mit gezücktem Seitengewehr durch den Garten auf das Ausgangstor zugehen. Sie hatten die Villa für unbewohnt gehalten. Um die Mittagszeit erschien dann die erste Abordnung und durchsuchte das Haus nach Waffen. Alle halbe Stunden wiederholte sich dies mit anderen Soldaten. Sie erkundigten sich nach den Wasserverhältnissen und sagten: „Quartier für Offiziere!" Das wäre ja nicht so schlimm gewesen. Doch gegen 16.00 Uhr erschien ein Auto mit einem deutschsprechendem Offizier, der uns in ruppiger Form mitteilte: „In anderthalb Stunden müssen Sie aus dem Haus verschwunden sein! Am nächsten Tag können Sie den Rest ihrer Sachen abholen." Mir ahnte schon Schlimmes und ich verstaute in meiner Handkarre alles was ich dort unterbringen konnte. Nun brauchten wir ein neues Quartier. Nach längerem vergeblichen Suchen erhielten wir dann im Paxheim ein Unterkommen. Auf Ernich und Unkelstein waren inzwischen Batterien aufgefahren und der Artilleriebeschuß war ununterbrochen und die Ohren zerreißend. Im Pax mußten unsere Senioren zunächst auf der Diele warten, bis ihnen ein Zimmer angewiesen wurde. Wir mußten trotz des Ernstes der Situation lachen, als die 78 jährige Gräfin erklärte, nicht mit meinem Vater allein in einem Zimmer schlafen zu wollen, da die Leute sonst reden würden. Schließlich aber gab sie nach. Unser Abendessen war: Pellkartoffeln und Karottensalat. Wir aßen es von den Deckeln unserer mitgebrachten Kessel, denn im Paxheim gab es an diesem Abend nur einen Becher heißen Kaffee. In der Nacht nahm der Artilleriebeschuß zu. Wir waren einige Male im Keller. Am nächsten Morgen wurde ich mit meinen Alten aus dem Zimmer hinausgesetzt und mußte gegenüber ein leeres Zimmer ohne Ofen beziehen. Da wir die meiste Zeit aber sowieso im Keller verbrachten, richteten wir uns hier mit dem Allernotwendigsten ein. Hier war es warm und trocken. Vor allem aber hörte man des entsetzliche Geknatter (der Waffen) nicht so sehr. Während der „Ausgehstunde" versuchte ich, aus dem Haus der Gräfin einen wichtigen Koffer und Lebensmittel zu holen. Aber man ließ mich nicht in das Haus. Mittlerweile erkrankte die Gräfin und starb wenig später an einem Herschlag: Die ganze Aufregung war doch zu viel für sie gewesen. Kurz danach eine neue Aufregung: Die Amerikaner hatten das Paxheim beschlagnahmt und alle übrigen mußten das Haus daraufhin verlassen. Mit Sack und Pack, Kissen und Decken: zogen wir um. Nur die tote Gräfin und ihre Sachen mußten wir zurücklassen. Clary von Hobe räumte uns Dreien das Arbeitszimmer ihres Mannes als Schlafstube ein. Im Haus herrschte eine schreckliche Enge. 87 Personen mit ihrem notwendigsten Gepäck waren hier einquartiert. Unter anderem die Nonnen (mit ihren Vorräten), die im Saal wohnten.[63)]

Es dauerte noch gut zehn Tage, bis ich die Erlaubnis erhielt, in das Haus der Gräfin zu gehen. Natürlich sah es in dem Haus nicht besser aus, als in allen von den Amerikanern beschlagnahmten Villen am Rhein. Aber ich habe selten einen derartigen Greuel der Verwüstung gefunden wie hier. Die Möbel lagen übereinander, des ganze Haus lag über und über voll von zerissenen Briefen, Büchern, zerbrochenen Weinflaschen und Scherben sowie Reste des Eingemachten.

Trotzdem fand ich in einer Kellerecke noch eine große Anzahl Weckgläser mit Eingemachtem, die ich auf mein Kärrchen lud und zu von Hobes Keller transportierte.

Inzwischen war die Leiche der Gräfin in einer Stunde, in der Ausgehverbot herrschte, in aller Stille in ihrem Familiengrab auf dem evangelischen (heute: städtischen) Friedhof beigesetzt worden. Leider ohne Sarg, da unsere Bemühungen um einen Sarg gescheitert waren.

Nachdem die Villa im Juli 1945 von der Besatzung freigegeben worden war, fand ich dort eine vorläufige Bleibe".[64)]

Soweit Leni Meckes „Familienchronik".

Verschiedene Häuser aber wurden von den Amerikanern beschlagnahmt. Die Einwohner der betreffenden Häuser wohnten entweder im Paxheim, im Christinenstift oder bei anderen Familien. Die Bevölkerung hatte zwei Stunden Ausgangszeit (morgens und abends je eine Stunde), in der sie das Nötigste beschaffen konnte. Da Unkel aber nun vor der deutschen Artillerie beschossen wurde, mußte man weiterhin im Keller kampieren. Da die deutsche Artillerie aber nur mit kleinem Kaliber schoß, waren die Gebäudeschäden gering.

Am 16. März gaben die Amerikaner endlich die Erlaubnis, die gefallenen Soldaten sowie die Ziviltoten auf dem Unkeler Friedhof zu begraben. Teilweise wurden sie ohne Sarg begraben, weil Särge fehlten.

Am 31.3.1945 gab die Besatzungsmacht die beschlagnahmten Häuser zurück.

Nachdem die Front sich weiter nach Westen verlagert hatte, begann man mit den Aufräumungsarbeiten. Vor allem die Scheurener Straße hatte stark unter dem Beschuß gelitten. Etliche Häuser waren unbewohnbar geworden. In Unkel dagegen waren die Schäden gering.

Am 1. April feierte man in Dankbarkeit das Osterfest. Weil die Schule noch zunächst geschlossen bleiben mußte, erhielten die Kinder in der Kirche täglich eine Stunde Religionsunterricht. So waren sie wenigstens für eine Stunde von der Straße weg.[65)]

Folgende Personen ließen im 2. Weltrieg ihr Leben:

1941

Fels, Hans Wolfgang
Gohr, Ferdi
Hess, Paul
von Hobe, Cord
Knaup, Heinrich
Laubenthal, Josef
Lichtenberg, Richard
Mohlberg, Josef
Schreiner, Karl I
Teeuwen, Josef

1942

Eich, Peter Wilh.
Franzmann, Heinrich
Fuchs, Josef
Hesse, Josef
Kretschmer, Herm.
Lindlohr, Michael
Brangenberg, Jos.
Seifen, Heinz
Schmitz, Hubert
Schnatwinkel, Alfred
Schreiner, Hans
Thelen, Leonhard
Wien, Heinz Kurt
Wierig, Andreas
Witle, Werner

1943

Compart, Hans
Fuchs, Severin
Gomber, Peter
v. Hoensbroech,Franz L.
Menden, Adolf
Müller, Heinz
Sass, H.
Schlief, Simon
Schmitz, Joh. Jos.
Schumacher, Mathias
Witte, Fritz
Johannes, Thomas

1944

Arenz, Franz
Aufdermauer, Martin
Billstein, Jos.
Brahm, Karl
Braun, Kaspar
Degen, Walter
Euskirchen, Josef
Federhenn, Jakob
Flach, Fritz
Grünen, Kurt
Holländer, Hans
Honnef, Johann
Hoppen, Barthel
Knopp, Hans Jos.
Lindlohr, Ferdi
Mürl, Heinrich
Nüllen, Anton
Pax, Andreas
Profitlich, Joh.
Rivet, Richard
Schmitz, Karl Hubert
Schreiner, Josef
Schreiner, Karl II
Stöcker, Ernst
Werneyer, Richard

1945

Both, Wilhelm
Buchmüller, Heinrich
von Eckern, Theo
Elmerich, Konstantin
Gellrich, Robert
Hattingen, Wolfgang
Hess, Albert
Hülshorst, Gerhard
Köhler, Wilhelm
Königstedt, Wilhelm
Mönch, Martin
Muss, Franz
Ockenfels, Hans
Prause, Max
Sonntag, Clemens
Schmitz, Karl Jos.
Scholz, Emil
Stöcker, Hans
Wahn, Christian
Winkelbach, H. Josef
Korf, Wilhelm

1939-1945

Dambeck, Rudolf
Dubler, Heinrich
Eiselt, Waldemar
Euskicrhen, Engelbert
Fuchs, Johannes
Hildebrand, Johannes
Von Hobe, Dietrich
Imhof, Leonhard Adolf
Klein, Josef
Korf, Franz
Krings, Ernst
Lenarz, Johannes
Lindemann, Willi
Matonia, Gerhard
Mohr, Mathias
Müller, Hans
Reuter, Heinrich
Schmidt, Peter
Schwarz, Hubert Josef
Steiner, Hermann
Wingen, Adolf
Wulfertange, Jan
Wolff, Johann

Opfer der Heimat
1939-1945
(Ziviltote)

Engels, Peter,
May, Helga
Müller, Johann
Müller, Severin
Richarz, Anna
Richarz, Maria
Severin, Aloys
Schmidt, Wilhelm
Schmitz, Alex
Schürmann, Marliese
Steiner, Franz
Steiner, Hans
Steiner, Johanna
Steiner, Margarete
Stuch, Christian
Thomas, Christian
Bueren, Franz
Klau, Paul
Lausberg, Klaus
Mohr, Willy
Mürl, Max
Pregel, Max
Schwarz, Anton

Die Nachkriegszeit

Nach der Kapitulation am 8. Mai 1945 gingen Millionen von Soldaten in Gefangenschaft. Bei Remagen-Sinzig wurde ein großes Gefangenenlager errichtet. Hier mußten die Soldaten tagaus und tagein, bei gutem und bei schlechtem Wetter im Freien zubringen. Von Erpel aus konnte man sehen, wie viele Männer zusammenbrachen und aus dem Lager fortgeschafft wurden. Hunger und Krankheit machte ihnen sehr zu schaffen. Die Bevölkerung half durch Sammeln von Lebensmitteln und Decken.

Unkel, das seit Anfang März ohne Strom war, erhielt am 9. Juli wieder elektrisches Licht. Die Lage normalisierte sich. Hauptsorge war nun die Ernährung.

Am 22. Juli wurde unter großer Anteilnahme der Bevölkerung das Schulkreuz wieder in die Schule getragen. Es sollte wieder seinen Ehrenplatz in der Schule haben. Es wurde in einen kleinen Prozession abgeholt und in einer Feierstunde in der Klasse des Schulleiters aufgehängt.[66)]

Nach dem Abzug der Amerikaner Ende Juli rückten französische Truppen in Unkel ein. Das besiegte Deutschland wurde nun in vier Besatzungszonen eingeteilt. Während Honnef unter englische Verwaltung kam, gehörte Unkel zur französischen Besatzungszone.*

Am 12. Oktober wurde die Schule wieder eröffnet. Das Schulgebäude war wenig beschädigt, aber es war nur Mobilar für zwei Klassen vorhanden. Unterrichtet wurden 288 Schüler in sechs Klassen von drei Lehrern. Der Unterricht mußte daher schichtweise erfolgen. Am 11.11. ging nach langer Zeit wieder ein Martinszug durch Unkel, auf dem Stux brannte wieder das Martinsfeuer.

Da die meisten Städte Deutschlands durch Bomben zerstört in Trümmern lagen, war die Volkswirtschaft zusammengebrochen. Besonders in den beiden ersten Nachkriegswintern, die extrem kalt waren, herrschte bitterste Not an Brandmaterial und Lebensmitteln. Obwohl die Nahrungsmittel rationiert waren (Lebensmittelkarten) reichten diese nicht zum Leben. Wer überleben wollte, mußte nicht benötigten Schmuck oder andere Wertgegenstände bei den Bauern gegen Lebensmittel eintauschen (hamstern). Da die Reichsmark praktisch wertlos war, wurden Butter, Eier, Speck, Schinken und Zigaretten zur Ersatzwährung.

Zur Linderung der größten Not erhielten die Schulkinder ab dem 21.9.1948 eine Schulspeisung, die durch amerikanische Spenden ermöglich wurde. Täglich wurden 100 Liter Suppe im Christinenstift für

---

** Aus dieser französischen Zone entstand am 30.8.1946 das neue Bundesland Rheinland-Pfalz.*

die Kinder gekocht. Es gab wöchentlich zweimal Hülsenfrüchte, einmal süße Suppe, Nudeln und Kakao mit Brötchen. Alle 14 Tage erhielt jedes Kind eine kleine Tafel Schokolade. Diese Schulspeisung war von großer Wichtigkeit für die Jugend Unkels, und sie rettete sicherlich manches Leben.[70)]

Von großer Bedeutung für Deutschland war die Währungsreform vom 21.6.1948. Jede Person erhielt zunächst 60 „Deutsche Mark" im Umtausch 1:1. Die übrigen Beträge in alter Reichsmark wurden später im Verhältnis 1:10 umgetauscht. Nun waren auf einmal wieder Waren in den Läden, die gegen die harte DM gekauft werden konnten, so daß ab 1950 die Rationierung von Lebensmitteln eingestellt werden konnte.

Inzwischen hatten die USA (ab 1948) begonnen, mit umfangreicher Wirtschaftshilfe (Marshall-Plan) die drei Westzonen (Tri-Zone) zu unterstützen. Hierdurch wurde der Wiederaufbau der 1949 gegründeten Bundesrepublik Deutschland beschleunigt und das sog. „Wirtschaftswunder" eingeleitet.

III. Unkel und der Rhein

Die Unkeler Rheinpromenade

Wenn man heute über die schöne Unkeler Rheinpromenade spaziert, ahnt man nicht, mit welchen Schwierigkeiten ihre Errichtung verbunden war. Die Gemeinde mußte große finanzielle Opfer zu ihrem Bau aufwenden. Der Ausbau des Rheinufers vor Unkel erstreckte sich daher über viele Jahre.

Auf alten Ansichten z.B. von Janscha/Ziegler kann man erkennen, daß das Rheinufer vor Unkel flach war. Davor befanden sich zahlreiche Sandbänke. Ein ähnliches Rheinufer finden wir heute noch im Bereich vom Gefängnisturm bis zum Kanuheim. Nach jedem Hochwasser wurde etwas von der Uferböschung abgetragen, wozu besonders die Dampfschiffe mit ihrem Wellenschlag beitrugen.*

Beim Hochwasser von 1845 passierte es dann: Teile der Stadtmauer direkt vor der Kirche stürzten durch Unterspülung ein, so daß „die Gebeine der Verstorbenen zum Vorschein kamen". Nachdem die Mauer auf Kirchspiel-Kosten repariert worden war, bemühte sich der Gemeinderat (Kirchspielrat) um eine bessere Befestigung des Rheinufers, um Vorfälle ähnlicher Art zu verhindern. Aber die Rheinprovinz lehnte mehrere Anträge hierzu ab.

Erst im Jahre 1859 erfolgte ein Kostenvorschlag durch die Preußische Wasserbau-Inspektion. Für die Befestigung des Rheinufers vom Turm bis zum Fronhof wurden 7.500 Taler veranschlagt, in der damaligen Zeit eine ungeheure Summe. Da sich Unkel außerdem durch den Neubau der Schule (heutiges Rathaus) mit 3000 Taler verschuldet hatte, konnte man diese Summe unmöglich aufbringen. Die Rheinbau-Verwaltung erklärte sich schließlich 1866 bereit, die Kosten für die Uferbefestigung bei normalem Wasserstand (Pegelstand bis 12 Fuß) zu übernehmen. Die Unkeler aber hätten gern eine höhere Ufermauer von 20 Fuß Pegelstand gehabt. Diese Erhöhung aber hätte die Gemeinde zahlen müssen, wozu sie aber kein Geld hatte. Man beschloß daher, das Angebot des Staates anzunehmen und später die Ufermauer auf Gemeindekosten zu erhöhen.

Im Jahr 1867 erfolgte nun der Ausbau des Rheinufers vom Turm bis zum Fronhof in der Höhe des Pegelstands von 12 Fuß. Die Kosten hierzu betrugen ca. 4.500 Taler, welche die Rheinprovinz übernahm.[1)]

** Alten Unkelern ist der „abgefallene Weg" noch ein Begriff.*

Abb. 29: Rheinpromenade mit Blick auf das Siebengebirge

Abb. 30: Rheinpromenade: Ehemalig Gemeindebleiche

Abb. 31: Fährnachen mit gesetztem Segel

1870 erfolgte dann der Ausbau der erhöhten Rheinufermauer (Pegelstand 20 Fuß) entlang der Gemeindebleiche (Turm-Kirchgasse). 1873 schließlich wurde auch das Ufer von der Bleiche bis zur Untersten Gasse (Kirchgasse-Fronhof) erhöht. Die Kosten für die Kirchspielgemeinde betrugen 2.500 Taler. Sie wurden durch den Verkauf von Unkeler Wald aufgebracht. Sofort nach Fertigstellung der Rheinpromenade begann man mit dem Anlegen einer Allee von Lindenbäumen, die heute den Schmuck der Rheinanlage bilden. Nun endlich war Unkel gründlich vor dem Rhein geschützt. Die letzten Baumaßnahmen fanden 1962 statt, als unter Bürgermeister Daniel Vollmer die ehemalige Gemeindebleiche durch ein Mäuerchen gesichert und das Rheinufer vom Paxheim bis zum Fronhof durch eine Abschlußmauer verschönt wurde.

Die Unkeler Fähre

Die erste Erwähnung einer Unkeler Fähre im Jahre 1110 weist auf deren Bedeutung hin. Zunächst besaß das Stift Maria ad Gradus die Fährgerechtsame. Später kam die „halbe Fahr Unkel"* in den Besitz des Orgelfonds und trug so zum Unterhalt des Unkeler Organisten bei. Bekannt wurde diese „halbe Fahr" durch das Orgelwerk des ehemals in Unkel wohnenden Komponisten Tilo Medek: „Unkeler Fahr". Die an-

* *Fährrecht vom rechten auf das linke Rheinufer.*

Abb. 32: Fährnachen bei der Überfahrt

dere Fährgerechtsame „Unkelstein“* war im 19. Jahrhundert in staatlichem Besitz.

Um die Jahrhundertwende teilten sich mehrere Anpächter diese Fährrechte. Es waren: Gottfried Siebertz, Ernst Euskirchen, Balthasar Mohlberg und J.H. Wallbröhl.

Die Überfahrt erfolgte mit dem Fährnachen. Dies war ein sehr langer Kahn, der auch mit einem Segel versehen werden konnte. Für die Handhabung dieses Nachens waren zwei Personen erforderlich: Der Kahnführer lenkte und der Kahngehilfe ruderte.

Die Fährleute versahen auch den Kahndienst zu den Dampfschiffen. Da Unkel nämlich eine Zeit lang ohne Landebrücke für Dampfer war, mußten die Fahrgäste sowie das Stückgut mit dem Kahn zu dem im Strom ankernden Schiff gefahren werden. Als 1900 eine Gehaltserhöhung abgelehnt wurde, kündigten die „Zubringer“. Da Unkel aber auf die Verbindung zu den Raddampfern angewiesen war, suchte man einen neuen Kahnführer für diese Aufgabe. Joseph Vollmer aus Rheinbreitbach erklärte sich am 17.3.1900 bereit, das Anfahren an die Schiffe zu übernehmen, wenn er einen jährlichen Zuschuß von 100 Mark erhalten würde. Ebenso erklärte er sich zur Übernahme der Reinigung des Rheinufers vom Turm bis zum Frohnhof bereit. So kam die „Fährmannsfamilie“ Vollmer nach Unkel. Neben seiner Tätigkeit als Zubringer übte er auch den Fährdienst aus.[2)]

** Fährrecht vom linken auf das rechte Rheinufer.*

Abb. 33: Unkeler Rheinpromenade 1925 mit Motorbootfähre

Die Motorbootfähre

Am 30.1.1906 teilten Joseph Vollmer und Gottfried Siebertz dem Unkeler Gemeinderat mit, daß sie bereit seien, „ein Motorboot zur Hebung des Verkehrs, sei es zur Überfahrt, resp. zur Ausfahrt auf dem Rhein" anzuschaffen. Dies sei aber nur möglich, wenn die Gemeinde sie in den ersten Jahren mit einem laufenden Betrag unterstützen würde. Da der Rat zustimmte und eine jährliche Zahlung von 250 Mark als Zuschuß anbot, (Vertrag vom 9.4.1906) kauften die beiden Männer das gebrauchte Motorboot „Prinz Eitel Friedrich" für 700 Mark.

Nachdem beide Schiffer eine Prüfung zur Führung eines Motorbootes abgelegt hatten und das Schiff auf seine Fahrsicherheit überprüft worden war, konnte der Fährbetrieb in Unkel mit dem Motorboot ausgeübt werden. Die Überfahrt erfolgte halbstündlich. Die höchste zulässige Fahrgastzahl betrug 67 Personen. Der Preis für eine gewöhnliche Fahrt betrug 10 Pfennig.

1910 ist Joseph Vollmer als alleiniger Besitzer des Motorbootes aufgeführt. Im gleichen Jahr erhielt auch Joseph Müller (Nicots Jupp) aus Unkelbach einen Fahrschein zum selbständigen Führen eines Motorbootes. Mit dem Motorboot unternahm Vollmer auch Ausflüge in die Umgebung , wodurch eine weitere Einnahmequelle entstand. Durch den Bau der Dampferanlegestelle 1909 war nämlich inzwischen seine Zubringertätigkeit entfallen.

Abb. 34: Die heutige Motorbootfähre. St. Niolaus

Während des 1. Weltkrieges wurde der Fährbetrieb wieder mit dem Fährnachen durchgeführt, da Joseph Vollmer zum Heeresdienst einberufen worden war. Nach seiner Rückkehr aus dem Krieg nahm er mit seinem Motorboot, das nun in „Christine" umbenannt worden war, den Fährverkehr wieder auf.

Im Jahre 1925 kaufte Joseph Müller das Motorboot „Maria" (Höchstpersonenzahl: 47), nachdem er vorher eine „Motorbootlandebrücke" am Unkeler Ufer errichtet hatte. Er erhielt die Genehmigung, Ausflugsfahrten im Bereich der Strecke von Andernach bis Köln-Niehl zu machen.[3)]

Mit den beiden Motorbooten hatten die beiden Schiffer mittlerweile die altmodischen Nachen der übrigen Fährpächter verdrängt, so daß sich schließlich Joseph Vollmer und Joseph Müller den Fähr- und Ausflugsverkehr teilten.

Im Jahre 1926 machte der Sohn Wilhelm Vollmer (Vollmers Willem) seinen Fahrschein und trat in das Geschäft des Vaters ein. Neben der Personenschiffahrt war der Fischfang mit dem „Schocker" ein guter Verdienst, der erst mit dem Tode von Joseph Vollmer 1948 aufgegeben wurde.

Nach dem 2. Weltkrieg brachte die Fähre noch einmal gute Verdienste ein, als sämtliche Unkeler zum Sammeln von Bucheckern auf die andere Rheinseite übersetzten.

Später ließ sowohl der Fähr- als auch der Ausflugsverkehr stark nach, so daß der Verdienst kaum noch zum Lebensunterhalt ausreichte.

Seit dem Tode von Wilhelm Vollmer im Jahre 1976 wird daher die Fähre von Unkel nur nebenberuflich betrieben. Peter Vollmer und Manfred Bohnert sorgen werktags für eine zweimalige Überfahrt, an Sonn- und Feiertagen für eine viermalige Überfahrt.

Die Landebrücke

Im Jahre 1883 erhielt Unkel eine Landebrücke für Dampfschiffe der Köln-Düsseldorfer Gesellschaft. Hierdurch wurde nicht nur der Personen- sondern auch der Güterverkehr in Unkel stark gefördert. Als 1888 die Brücke starke Schäden aufwies, die Gemeinde diese Schäden aber nicht sofort behob, gab die Gestellschaft die Landebrücke auf. Unkel war nun ohne Landebrücke und wurde wieder Kahnstation.

Um die Jahrhundertwende unternahm die Ortsgemeinde große Anstrengungen, um wieder eine Anlegebrücke zu bekommen. 1907 erhielt Unkel die Erlaubnis der Rheinstrombauverwaltung zum Bau einer Brücke. Es dauerte aber noch zwei Jahre bis diese endlich in Gebrauch genommen werden konnte.

Am 25.7.1909 war es soweit: Zur festlichen Einweihungsfeier der Landebrücke erschien der Dampfer „Niederwald“, der mit Böllerschüssen und Musik begrüßt wurde. Nach den Feierlichkeit nahmen 200 Unkeler unter Führung des Bürgermeister Biesenbach und Gemeindevorsteher Euskirchen an der Einweihungsfahrt nach Andernach teil.

Vorher hatte es Schwierigkeiten wegen des Standortes und wegen der Statik der Brücke gegeben. Nachdem diese Schwierigkeiten beseitigt waren, schien eine Verzögerung der Fertigstellung wegen des Baus des notwendigen Brückenkopfes unvermeidlich. Aber der Unkeler Unternehmer H.J. Honnef behob kurzfristig dieses letzte Hindernis, so daß die Anlegestelle termingerecht fertiggestellt werden konnte. Die Gesamtkosten beliefen sich auf 24.000 Mark.

Der Chronist beschrieb die Brücke so: „Wer jetzt per Schiff Unkel erreichen will, findet eine stattliche, bequeme Brücke, auf der er sicher zum laubumgürteten Ufer gelangen kann. Die Firma Schaubach und Grämer in Koblenz-Lützel hat ihre Aufgabe vortrefflich gelöst. Auf einem pierartigen massiven Vorbau ruht das eine, auf zwei starken großen Pontons das andre Ende der Landungsbrücke, die rechts und links durch bewegliche Balken gesichert ist. Die beiden Pontons federn in Puffern, so daß es nie zu harten Stößen kommen kann. Die Ketten, die die Brücke sichern, wiegen allein 70 Zentner. Die Brücke reicht weit hinaus über das „Stille Wasser“ hinweg bis an den treibenden Strom. Kurz

Abb. 35: Alte Agentur mit Wartehäuschen

Kurz gesagt: Man hat es hier mit einem Bau zu tun, der vorbildlich für andere neue Landebrücken sein will".[4)]

Die Unkeler waren sehr stolz auf ihre Landebrücke, von der sie sich großen wirtschaftlichen Nutzen versprachen. Sie erhofften vor allem eine Steigerung des Personen- und Güterverkehrs. Hierzu schrieb der Chronist: „Vom 25.7.1909 an halten alle Tourenschiffe in Unkel. Möge Unkel auch in den weitesten Kreisen jene Wertschätzung finden, die es längst verdient hat und mit seiner Schwesterstadt Linz blühen und gedeihen am alten Vater Rhein! Der Fremdenstrom, der sich bisher am Siebengebirge in beängstigender Weise staute, kann nun auch abfluten zu den nicht minder schönen Partien diesseits und jenseits der Erpeler Ley. Hoffentlich zeigt man sich hier den Anforderungen einer neuen Zeit gewachsen"!

Zunächst betrieb die Gemeinde Unkel die Anlegebrücke in eigener Regie. Im Jahre 1927 jedoch verkaufte sie die Landebrücke an die Köln-Düsseldorfer-Gesellschaft, in deren Besitz sich die Brücke auch heute noch befindet.

Die Agentur

1921 übernahm Albert Hinze die Agentur der KD und hatte sie viele Jahre lang inne.

Als Agentur und Wartehaus diente zunächst eine Wellblechhütte. Später wurde an ihrer Stelle ein Betonbau mit einer öffentlichen Toilette errichtet.

Das Hochwasser

Wie alle Orte am Rhein, so wurde (und wird) Unkel vom Hochwasser heimgesucht. Da der alte Ortskern aber auf einer Anhöhe liegt, verlief dies in alten Zeiten meistens glimpflich.

Als aber um die Jahrhundertwende die Bebauung über die Stadtmauern hinausging, und die Grundstücke im Seeches und in der Bahnhofstraße bebaut wurden, mußten die Bewohner dieser Gebiete die schmerzliche Erfahrung des Hochwassers machen.

Wenn nämlich der Koblenzer Pegelstand über 8,40 m. steigt, (Andernach 9,30 m) geschieht etwas für Auswärtige Unbegreifliches: Der Rhein nimmt seinen ehemaligen Flußarm wieder ein. Er verläßt bei Erpel sein Flußbett, bahnt sich einen Weg durch die Felder, umfließt Unkel und vereinigt sich nördlich von Unkel wieder mit dem Hauptstrom. Unkel ist dann für kurze Zeit eine Insel. Für Kinder und Nichtbetroffene ist dies ein Erlebnis- für die vom Hochwasser Heimgesuchten jedoch eine bittere Erfahrung. Solche großen Hochwasser waren: 1784, 1845, 1920, 1926, 1947, 1955, 1970, 1983, 1988 und 1993.

Ein gefährliches Hochwasser bedrohte 1926 die Gemeinde Heister. An dem Damm, der zum Bahnübergang Vilszelt führte, staute sich das

Abb. 36: Hochwasser 1926 in der Bahnhofstraße

hinter Erpel herfließende Hochwasser und drohte Heister zu überfluten. Nur durch das Durchstechen des Dammes wurde eine Flutkatastrophe verhindert. Man zog aus diesem Ereignis sofort die Konsequenz und ersetzte wenig später den Damm durch eine Flutbrücke.

Abb. 37: Karte für den Rheinübergang 1929

Ebenso wie das Hochwasser konnte auch das **Rheineis** schwere Schäden verursachen. Treibende Eisschollen stauten sich in der scharfen Krümmung bei Unkel, froren bei starkem Frost zusammen und wurden zu Standeis, Zuletzt war der Rhein bei Unkel im Jahre 1929 zugefroren. Man konnte durch einen markierten Weg auf die andere Rheinseite gelangen, was auch von Jung und Alt wahrgenommen wurde.

Nicht vergessen darf man die abenteuerliche Fahrt von vier Unkeler Burschen (Daniel Vollmer, Johann Vollmer, Josef Flohr und Heinrich Küsters), die sich 1929 auf einer Eisscholle von Unkel bis nach Köln treiben ließen.

Schlimme Folgen jedoch hatte es, wenn durch das Standeis Wasser aufgestaut wurde und beim Brechen des Eises sich die Eis- und Was-

Abb. 38: Rheinübergang 1929

Abb. 39: Älteste Hochwassermarke in der Pützgasse

sermassen über das Land ergossen. Dann kam es zu dem gefürchteten **Eishochwasser**, das unermeßliche Schäden anrichtete.

Das größte Hochwasser aller Zeiten im Jahre 1874 war ein solches Eishochwasser, beim dem die Eisschollen des hochwasserführenden Rheins allein in Köln-Mülhheim über 161 Häuser total zerstörten und weitere 100 beschädigten. (Binnenschiffahrts-Nachrichten Nr. 5 von 1979)

Dank des Gefängnisturms und der Stadtmauer hielten sich die Schäden in Unkel in Grenzen. Eine Vorstellung des extremen Wasserstandes gibt uns die älteste Hochwassermarke Unkels in Bogen der Pützgasse.

Wegen der großen Menge von Phosphaten und sonstigen Chemikalien, die der Rhein mitführt, ist eine Eisbildung **heute** nicht mehr möglich.

Die Unkelsteine

Während heute die Unkelsteine nur selten zu sehen sind, war dies früher nicht der Fall. Bis zur Sprengung durch die Franzosen waren sie nämlich eine Sehenswürdigkeit.

Im „Denkwürdigen und nützlichen rheinischen Antiquarius" von 1776 heißt es: „Im Rheinstrom bei Unkel befindet sich ein Felsen oder großer Stein, welcher Unkelstein benahmet wird. Wenn lustige Gesellschaften hinunter- oder hinauffahren, springt des öfteren ein munterer Reisender aus dem Schiff auf diesen Stein, darauf ein oder zwei Gläser Wein auf die Gesundheit seiner Reisegefährten austrinket und sodann hinten in das Schiff wieder hineinsteiget".[8)]

Eine anschauliche Beschreibung der (gesprengten) Unkelsteine gibt Aloys Schreiber ca. 1818 in seinem „Handbuch für Reisende am Rhein": „Dem Städtchen (Unkel) gegenüber, am linken Rheinufer erhebt sich ein

Abb. 40: Unkelsteine 1985 (Foto von Hans Götte)

Abb. 41: Ansicht Unkels mit den Unkelsteinen

Berg, der einen unausschöpflichen Vorrat an großen Basaltsteinen enthält, an welchen man schon seit Jahrhunderten bricht. Die Säulen ziehen unter der Erde hin, bis ungefähr in die Mitte des Rheins, nur stecken einige so tief, daß man ihre horizontalen Abschnitte nur bei niedrigem Wasser durchscheinen sieht. Andere zeigen sich näher an der Oberfläche des Wassers, und andere regen gewöhnlich über dieselben hervor. Unter diesen zeichnet sich der sogenannte „**Kleine Unkelstein**“ aus, eine Gruppe, die mit den übrigen am Ufer hinlaufenden Säulen, sichtbar zusammenhängt. Eine größere, mächtigere Gruppe, der **Große Unkelstein**, stand ehemals auf derselben Linie im Rhein in einer Entfernung von 55 Fuß* vom Ufer. Da er auch bei höchstem Wasserstand sichtbar war, konnte man ihn schon von weitem sehen, und folglich war er für die Schiffahrt ungefährlich. Deswegen hätte er vielleicht Schonung verdient. Da er aber die Herabfahrt der großen Holzflöße etwas behinderte, wurde er von den Franzosen (ca 1805) gesprengt. Die kleinen Gruppen können bei hohem Wasser von leeren Schiffen überfahren werden. Für beladene Schiffe bleibt nur das Ausweichen übrig. Da dies nicht immer gelingt, sind die Unglücksfälle an dieser Stelle nichts Seltenes“.[9]

So weit diese beiden zeitgenössischen Berichte.

---

* *ca. 20 m.*

Das Niedrigwasser

Weniger schädlich für die Bewohner Unkels war (und ist) das **Niedrigwasser**. Bei extremen Niedrigwasser wurden (werden) sogar die Unkelsteine wieder sichtbar, wie das Foto von Hans Götte aus dem Jahre 1985 zeigt.

Das Baden im Rhein

Was waren das für Zeiten, als man noch im Rhein baden konnte! Manche Unkeler sind noch im Rhein geschwommen und erinnern sich an das alte Unkeler Strandbad. Aber nur die ganz alten Einwohner wissen, daß es bei uns auch eine schwimmende Badeanstalt gab. Im Jahre 1847 hatten die Herren Hubert Seydlitz, Oberst von Steinäcker, Dr. Willing und andere prominente „Neu-Unkeler“ den Antrag gestellt, auf ihre Kosten ein schwimmendes Badehaus mit 4 Zimmern errichten zu dürfen. Der Antrag wurde von der Behörde genehmigt, so daß am 28.6.1848 die Abnahme des Badehauses durch den Schwimmeister Haller staatfand.

Das Badehaus sollte ursprünglich seinen Standort vor der Gemeindebleiche bekommen. Da sich diese Stelle aber als ungünstig erwies, erhielt es seinen endgültigen Platz oberhalb des „grauen Turms“, etwa in Höhe der (späteren) Villa Blumenthal.

Wie sah so eine schwimmende Badeanstalt aus? Es war ein Holzhaus, das auf Pontons schwamm. In Inneren befand sich ein Bassin, welches nach unten durch ein Drahtnetz abgesichert war. Hier konnte man nach Bezahlen von 2 1/2 Silbergroschen (genannt: Kastenmännchen) - ein Preis, den nur reiche Unkeler aufbringen konnten - ein Bad im Rhein nehmen. Mitglieder der „Badegesellschaft“ konnten sogar für 7 Taler (dem Wochenlohn eines Arbeiters) eine Abonnementkarte erwerben.[10)]

Während nämlich die einfachen Unkeler öffentlich im Rhein badeten, war dies für eine „Standesperson“ unmöglich. Hauptsächlich für diese also war das schwimmende Badehaus gedacht.

Selbstverständlich war der Besuchs der Badeanstalt nur nach Trennung der Geschlechter möglich: „Frauenzimmer“ konnten von 7.00 Uhr bis 9.30 Uhr und von 11.00 Uhr bis 12.30 Uhr das Bad benutzen. Den Männern stand das Badehaus von 5.00 Uhr bis 7.00 Uhr und von 12.30 Uhr bis 21.00 Uhr zur Verfügung. Nach Voranmeldung und gegen Aufpreis konnte man sogar nachts ein Bad nehmen. Diese schwimmende Badeanstalt bestand - nach Aussage einiger alter Unkeler - noch bis zum 1. Weltkrieg. Sie bot vor allem den „Standespersonen“, die zur Erholung in Unkel weilten, die Gelegenheit im Rhein zu baden.

Abb. 42: Das alte Unkeler Strandbad

Abb. 43: Das Unkeler Freibad

Das Strandbad

Die einfachen Unkeler Bürger badeten also kostenlos im Rhein. Durch Polizeiverordnung vom 22.5.1881 wurde darauf hingewiesen, daß zum Baden nur die dafür bestimmten Stellen, nämlich oberhalb Unkels (Villa Schäling) und unterhalb des Ortes (Seeches) benutzt werden durften. Das Baden zwischen Turm und Fronhof war polizeilich verboten

Ein Problem für die „moralischen" Unkeler war das Umkleiden. Dies wurde 1905 durch den Kur-und Verkehrsverein gelöst, der am Badestrand oberhalb Unkels eine Bade-Ankleidehütte aufstellen ließ. Im Jahre 1909 wurde eine weitere Ankleidekabine errichtet. Von ihr führte sogar ein betonierter Gang zum Wasser. Die Überreste des Ganges sind noch vorhanden. Dieser Platz heißt im Volksmund auch heute noch „altes Strandbad".

Im Laufe der Jahre kam es immer wieder zu Beschwerden der Lehrer und des Pastors über das „schamlose Treiben" der Jugend, welche ohne Trennung nach Geschlechtern miteinander im Rhein badete und manchmal sogar in Badekleidung den Leinpfad entlang lief. Besonders mutige Jugendliche benutzten trotz Verbots sogar die Dampfer-Anlegestelle als Badegelegenheit.

Um dieses „unmoralische" Verhalten zu ändern, führte man 1917 getrennte Badezeiten für die Geschlechter ein: Weibliche Personen durften von 9.00 Uhr bis 16.00 Uhr, männliche von 16.00 Uhr bis 22.00 Uhr am Rhein baden. Aber auch diese Lösung brachte keine Änderung, da die Jugendlichen sich über diese Anordnung hinwegsetzten.

Schließlich wurde von der Schule angeordnet: Die Schülerinnen benutzen die obere und die Schüler die untere Badeanstalt. Aber auch der Erfolg dieser Anweisung dürfte zweifelhaft gewesen sein.

Abhilfe wurde schließlich durch die Errichtung des Unkeler Strandbades geschaffen, das am 1.6.1927 eröffnet wurde. Hier gab es An- und Auskleideräume, getrennt für Damen und Herren. Badewärter J. Winkelbach kümmerte sich um den Badebetrieb. Nun besaß Unkel endlich ein richtiges Strandbad und das „wilde" Baden hörte auf. Eine Verordnung verbot ausdrücklich das Baden an anderen Stellen als dem Strandbad.[11)]

Das Bad tat seine Dienste bis in die fünfziger Jahre. Wegen der starken Verschmutzung des Rheins aber blieben immer mehr Besucher des Strandbades aus, so daß es schließlich wegen Unrentabilität geschlossen wurde und leerstand.

Der neugegründete Unkeler Kanuclub nützte die günstige Lage des ehemaligen Bades, pachtete es 1959 und baute es für seine Zwecke so um, wie es sich auch heute noch darstellt.

An die Stelle des Strandbades trat 1964 das schöne Unkeler Freibad, das allen genügend Gelegenheit für Sport und Freizeit bietet.

IV. Fortschritt und Technik in Unkel

Straßen in Unkel

Die Landstraße

In kurkölnischer Zeit führte die **Hauptverkehrsstraße** (Heerweg) an Unkel vorbei. Ihr Verlauf entsprach ungefähr der heutigen Eisenbahnlinie. Zu der „Straße“ bzw. zu den Weinbergen führten verschiedene Feldwege, die später zur Bruchhausener Straße, Schulstraße und Freiligrathstraße (Schmiedgasse) wurden. Die Hauptverbindung nach Scheuren war der „Kirchweg“ (Alter Kirchweg), der dann 1870 durch die Eisenbahn von Scheuren abgetrennt wurde.

Eine Flurkarte Unkels aus dem Jahre 1768 zeigt uns genau die damaligen Wege und Pfade auf. Die Karte gibt uns auch Auskunft über den Wein- und Ackerbau unseres Städtchens in der damaligen Zeit. Die Weinbaufläche erstreckte sich von den Berglagen bis zum Rhein. Südlich von Unkel herrschte Ackerbau. Nur in der „Persch“ befand sich Wiesenland.

Die kürzeste Verbindung nach Erpel führte über den „Pfortenweg“ (Linzer Straße) und das Heisterer Feld. Man konnte aber auch parallel hierzu den Hohen Weg und die „Laach“ benutzen.

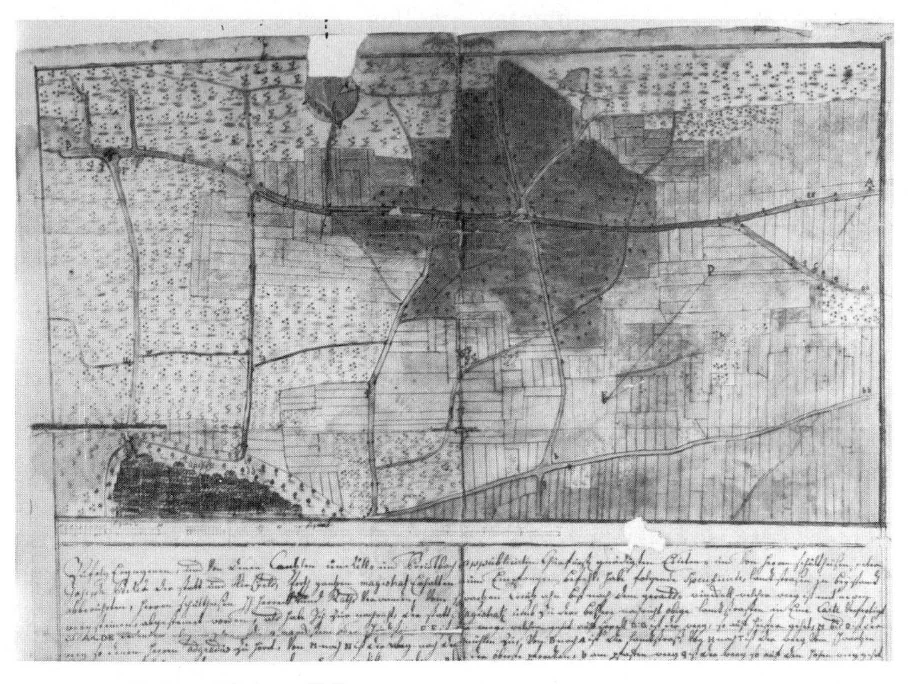

Abb. 44: Alte Flurkarte Unkels von 1768

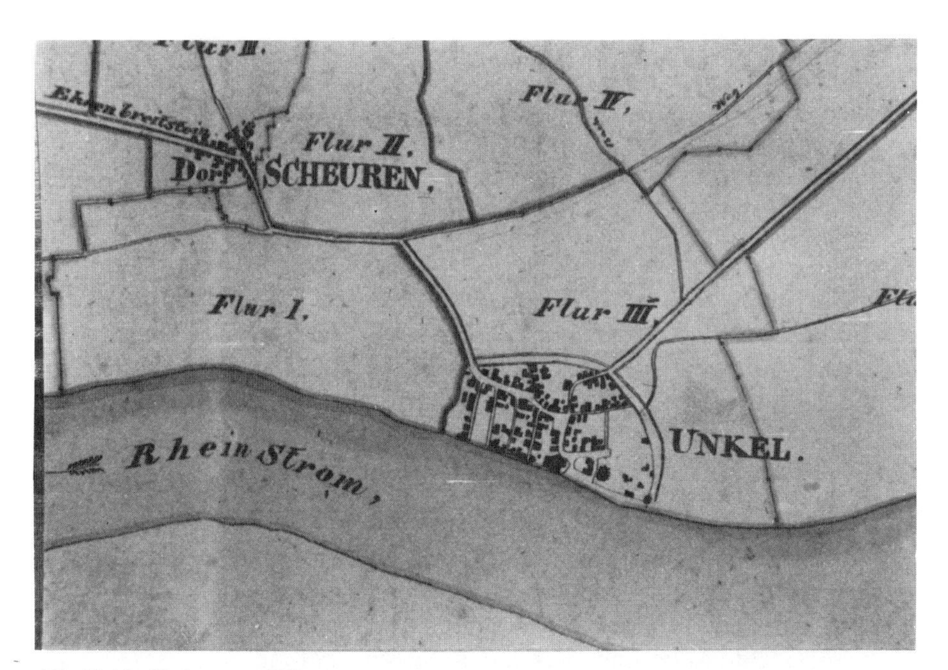

Abb. 45: Alte Flurkarte von 1830

Als 1815 Unkel preußisch wurde, hielt es die damalige Behörde für vorteilhafter, wenn die Landstraße durch den Ort führte. Also wurde der Verlauf unserer Landstraße abgeändert und ab etwa 1923 durch Unkel hindurchgeleitet. Am unteren Stadttor verließ die „Provinzial-Landstraße“ den Ort und führte durch die heutige Bahnhofstraße sowie die Scheurener Straße an der Kapelle vorbei nach Rheinbreitbach.

Da die beiden Stadttore bei der Durchquerung unseres Städtchens hinderlich waren, wurden sie 1823 auf Abbruch verkauft und abgerissen.

Fast hundert Jahre verlief die Landstraße in dieser Weise. Nach dem Bau der beiden Eisenbahnunterführungen im Jahre 1913 leitete man die Landstraße vor dem Bahnhof vorbei, bis sie an der „großen“ Unterführung die Eisenbahn unterquerte und über die Siebengebirgsstraße auf die alte Provinzialstraße stieß. Jetzt führte der Verkehr nicht mehr an der Scheurener Kapelle vorbei durch den Ort. Die Ortsdurchfahrt durch Unkel aber blieb weiterhin bestehen. Mit dem zunehmenden Autoverkehr in unserem Jahrhundert aber wurde die Durchfahrt durch Unkel immer beschwerlicher und man suchte nach Lösungen.

Im Jahre 1932 standen zwei Varianten zur Debatte: eine „große“ Umgehung durch die Weinberge (heutige B 42) oder eine „kleine“ Umgehung von der Bruchhausener Straße zur Fritz-Henkel-Straße. (Ortsumgehung: Kamener Straße von 1992) Man entschied sich für die „große“ Umgehung, die auch wenig später (1933) gebaut wurde.[1)]

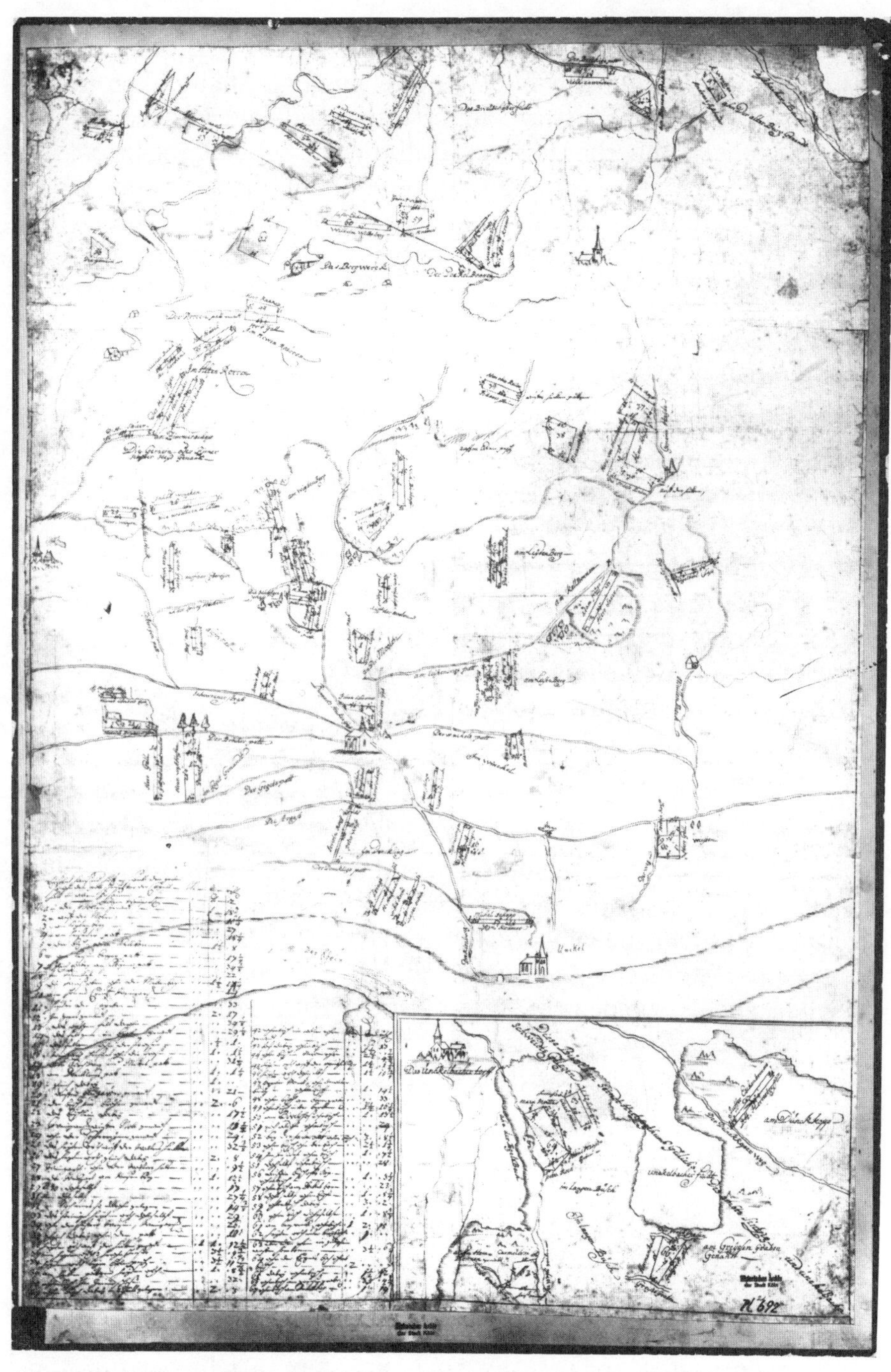

Abb. 46: Alte Flurkarte mit Besitz des Kölner Karmeliterklosters aus dem 18. Jahrhundert (Rhein. Bildarchiv Nr. 62 128)

Die innerörtlichen Straßen

Bis ins vorige Jahrhundert bildete der ehemalige Stadtgraben (heute: Grabenstraße, Pantaleonstraße und Turmstraße) die Grenze der Bebauung Unkels. Innerhalb dieses Halbrundes befanden sich ca. 100 Häuser. Die „Straße" (Frankfurter Straße) durchquerte den Ort in Nord-Süd-Richtung. Alle übrigen Gassen mündeten auf sie: Kirchgasse, Pützgasse, Saurgasse (Vogtsgasse), Lüttlingsgasse, (Lühlingsgasse) und die Unterste Gasse (Von-Werner-Straße) führten von ihr zum Rhein.

Über die Schmiedgasse (Freiligrathstraße) gelangte man zu den Weinbergen. Der südliche Ortseingang befand sich an der „Oberen Porz" (heute: Neue Post), der nördliche an der „Unteren Porz" (heute: Volksbank).

Ein Fußweg führte von der Lehngasse über den Hohen Weg und die „Laache" nach Erpel.

Das erste Gebäude, das außerhalb des Stadtgrabens gebaut wurde, war die neue Schule (heute: Rathaus), welche 1855 errichtet wurde. Ab 1880 setzte dann die Bebauung außerhalb des Ortskerns entlang der Provinzialstraße d. h. an der Bahnhofsstraße sowie an der Linzer Straße ein.

Ebenso errichtete man verschiedene Villen im Seeches und in der Freiligrathstraße.

Nach dem 2. Weltkrieg entstanden dann in Unkel und Scheuren völlig neue Wohngebiete (Rheinbüchel, Seeches, Scheuren-Nord), wodurch viele neue Straßen gebaut wurden. Herrn Kemp ist es zu verdanken, daß diese neuen Straßen Namen erhielten, die in einem Bezug zur Geschichte Unkels standen. Dies waren einmal Personen, die in Unkel lebten wie: Eschenbrender, Herresdorf, Loewe, Kaufmann, Bothwell oder alte Flurbezeichnungen, wie: Denklich, Jägert, Bröcher u. a.

Die Pfädchen in Unkel

In früheren Zeiten wurde jedes Fleckchen Erde landwirtschaftlich genutzt. Daher führten außerhalb Unkels nur einige breite Feldwege über die Fluren.

Die meisten Verbindungen und Zugänge zu den Feldern bestanden daher aus Pfädchen (Päddchen). Viele dieser Pfädchen verschwanden oder wurden in diesem Jahrhundert zu Straßen ausgebaut. Nur wenige Pfädchen bestehen noch. Um Unkel herum - parallel zum ehemaligen

Abb. 47: Pützgasse um 1900

Stadtgraben - gibt es noch ein ursprünglich zusammenhängendes Pfädchen, das nur an einigen Stellen unterbrochen ist.

Von den in Nord-Süd-Richtung verlaufenden Pfaden ist nur noch das „Schulpfädchen" übriggeblieben. Zur ehemaligen „Schindskuhl" führt noch das „Schindskuhlpfädchen". Aus vielen Pfaden, die auf der Flurkarte von 1768 aufgeführt sind, entstanden in neurer Zeit breite Straßen. z. B. Eschenbrender Straße, Auf dem Dom und viele andere.

Bleibt zu hoffen, daß die noch bestehenden Pfädchen erhalten bleiben und nicht einer Flurbereinigung zum Opfer fallen.

Unkeler Straßennamen und ihre Herkunft

Unkeler Straßen erhielten ihren Namen von alten Flurbezeichnungen (Flur), von Persönlichkeiten (Pers.), Lagebezeichnungen (Lage), Ortsnamen (Ort), Bergen des Siebengebirges (Sieb.) sowie Sonstigem. (Sonst.)

Name		**Erklärung**
Alten Rhein, Am	(Lage)	Ehemaliges Flußbett des Rheins
Amselweg	(Sonst.)	Vogelname
Backesweg	(Lage)	Weg am ehemaligen Backhaus
Baesacker	(Flur)	Acker
Bahnhofstraße	(Lage)	Straße am Bahnhof
Beethovenstraße	(Pers.)	Komponist Beethoven
Bergstraße	(Lage)	Straße zum Berg
Bierwirth-Str.	(Pers.)	1. Evangelischer Pfarrer Unkels
Bleiche, An der	(Lage)	Wiese zum Bleichen der Wäsche
Blumenthal-Graf-Str.	(Pers.)	Adelige Familie
Bothwell, von Str.	(Pers.)	Julie von Bothwell (s. S. 258)
Bruchhausenerstr.	(Ort)	Straße nach Bruchhausen
Brücherweg	(Lage)	Weg am Broich , d.h. sumpfige Wiese
Brückenweg	(Lage)	Weg an der Brücke
Carl-Loewe-Staße	(Pers.)	Komponist Carl Loewe (s. S. 258)
Corneliaweg	(Pers.)	Schwester Cornelia
Denklich, Im	(Flur)	Alte Flurbezeichnung
Dom, Auf dem	(Lage)	Sicht auf die Apollinariskirche
Drachenfelsstraße	(Sieb.)	Berg im Siebengebirge
Droste-Hülshoff-Str.	(Pers.)	Dichterin des 19. Jahrhunderts (s. S. 253)
Eschenbrenderstr.	(Pers.)	Unkeler Familie (s. S. 240)
Finkenweg	(Sonst.)	Vogelname
Frankfurter Str.	(Ort)	Stadt

Franz-H. -Kemp-Str.	(Pers.)	Heimatforscher und Archivar
Freiligrathstraße	(Pers)	Dichter F. Freiligrath (s. S. 255)
Fritz-Henkel-Str.	(Pers)	Industrieller (s. S. 260)
Graben, Am	(Lage)	Ehemaliger Stadtgraben
Günther-Lauffs-Prom.	(Pers.)	Unkeler Industrieller (s. S. 276)
Heisterer Ley	(Lage)	Am Heisterer Berg
Heisterer Straße	(Lage)	Ortsteil Heister
Hohen Weg, Am	(Flur)	Hochwasserfreier Weg nach Erpel
Herresdorferstraße	(Pers.)	Adelige Familie (s. S. 242)
Honnefer Straße	(Ort)	Stadt Bad Honnef
Horsberg, Im	(Flur)	Alte Flurbezeichnung
Jaegert, Auf	(Flur)	Alte Flurbezeichnung
Joseph-Vaassen-Str.	(Pers.)	Pfarrer Vaassen (s. S. 267)
Joseph-St.-Str.	(Pers.)	Heiliger Joseph
Kamener Straße	(Ort)	Partnerstadt Unkels
Kaufmannweg	(Pers.)	Unkeler Bürgermeister
Kapellenstraße	(Lage)	Straße an der Kapelle
Karolingerstraße	(Pers.)	Fränkisches Herrscherhaus
Kellborn, Im	(Flur)	Brunnen
Kelter, Am	(Lage)	Am Kelterhaus
Kiesweg, Alter	(Lage)	An der ehemaligen Kiesgrube
Kirchstraße	(Lage)	Straße an der Kirche
Kirchweg, Alter	(Lage)	Früherer Kirchspielweg (Scheuren)
Kreuzbüchel	(Flur)	Erhebung (Büchel)
Lehngasse		
Linzer Straße	(Ort)	Stadt Linz am Rhein
Lohrbergstraße	(Sieb.)	Berg im Siebengebirge
Löwenburgstraße	(Sieb.)	Berg im Siebengebirge
Lühlingsgasse		
Marienfelsstraße	(Lage)	Blick auf Schloß Marienfels
Merowingerstraße	(Pers.)	Fränkisches Herrscherhaus
Nachtigallenweg	(Sonst)	Vogelname
Ölbergstraße	(Sieb.)	Berg im Siebengebirge
Pantaleon, St.-Straße	(Pers.)	Pfarrpatron Unkels
Petersbergerstraße	(Sieb.)	Berg im Siebengebirge
Persch	(Flur)	Alte Flurbezeichnung
Pösten, Im	(Flur)	Alte Flurbezeichnung
Prälat-Schwamborn-Str.	(Pers.)	Unkeler Pfarrer (s. S. 265)
Pützgasse	(Lage)	Straße am Brunnen (Pütz)
Rheinbüchel, Auf dem	(Flur)	Erhebung am Rhein
Sand, Auf dem	(Lage)	Sandiger Boden
Schaaffhausen-Str.	(Pers.)	Bewohnerin Unkels (s. S. 251)

Scheurener Str.	(Ort)	Straße nach Scheuren
Schulstraße	(Lage)	Straße an der Schule
Schröterkreuz, Am	(Lage)	Altes Wegekreuz
Sebastianusstraße	(Pers.)	Pfarrpatron Heisters
Siebengebirgsstraße	(Sieb.)	Siebengebirge
Turmstraße	(Lage)	Straße am Gefängnisturm
Vogtsgasse	(Pers.)	Franz Vogts (s. S. 247)
Werner-Von-Str.	(Pers.)	Familie von Werner
Winkel, Im	(Flur)	Alte Flurbezeichnung
Winzerweg	(Lage)	Weg der Winzer zu den Weinbergen
Wolkenburgstraße	(Sieb.)	Berg im Siebengebirge

Trinkwasserversorgung

Der Brunnen oder Pütz

Bis zur Mitte des 18. Jahrhunderts holten die Unkeler ihr Trinkwasser am Brunnen (Pütz). Einer dieser Brunnen stand in einer Rheingasse, die nach ihm den Namen „Pützgasse" erhielt. Mit Hilfe einer Seilwinde wurde ein Eimer in den Brunnen hinabgelassen, mit Wasser gefüllt und wieder hochgezogen. Dieser Vorgang war natürlich zeitraubend. Daher erzählten sich die Wartenden den neuesten Dorfklatsch.

Die Stadt Unkel hatte für die Instandhaltung des Brunnens zu sorgen.

Abb. 48: Alter Brunnen (Pütz) nach einem Stahlstich

Sie übernahm die Kosten für die Reparatur des Seils, des Eimers und des Schieferdachs.

Einmal im Jahr wurde der Brunnen gründlich gesäubert, woran sich die gesamte Brunnengemeinde beteiligte. Anschließend wurde dann gefeiert.

In Unkel gab es sogar einen „Brunnenmeister", der für seine Arbeit 9 Gulden im Jahr erhielt.

Die Pumpe

Im Jahr 1759 wurde dann-für damalige Zeiten - eine große technische Neuerung eingeführt. An die Stelle des altmodischen Brunnens traten die fortschrittlichen Pumpen.

Statt des mühseligen Drehens der Seilwinde genügte jetzt ein Heben und Senken des Pumpenschwengels - und das Wasser lief in den bereitgestellten Eimer.

Diese Bequemlichkeit erforderte allerdings auch eine häufigere und kostspieligere Wartung.

Außer der heute noch vorhandenen Pumpe in der Pützgasse, die 1988 unnötigerweise „saniert" wurde, gab es noch eine „Vierzehn - Nothelfer - Pumpe", deren Standort in der Nähe des Christinenstiftes vermutet wird.

Abb. 49: Alte Pumpe in Unkel von 1759

Die Wasserleitung

Mit Beschluß vom 06.08.1890 wurde vom Unkeler Gemeinderat der Auftrag zur Anlage einer „Quellwasserleitung“ an die Firma Rudolf Haag in Köln vergeben. Gleichzeitig mit dem Bau der Trinkwasserleitung erfolgte auch eine „Bachwasserleitung“ (Industriewasserleitung). Die Quellfassung für das Trinkwasser befand sich im Flurbezirk „Im Hähnen“ im Ursbachtal (heute: Hähnebachtal). Das Bachwasserbassin lag oberhalb des Wasserfalls, wo man heute noch gut dessen Überreste erkennen kann.

Die gesamte Anlage kostete 44.000 Mark - für damalige Zeiten eine sehr hohe Summe.

Um 1900 waren in Unkel fast alle Haushalte an die Trinkwasserleitung angeschlossen. Der „Wasserzins“ (Wassergeld) wurde anfangs als 100% der Gebäudesteuer erhoben. Später bezahlte man eine Pauschale, die nach der Gebäudegröße, der Personenzahl und der sanitären Einrichtungen in 8 unterschiedlichen Klassen eingeteilt war. Sie reichte von 4 Mark pro Jahr bis 40 Mark jährlich. Großabnehmer besaßen seit 1896 eine Wasseruhr und bezahlten 0,15 Mark/cbm für das Trinkwasser.[2)]

Das Industriewassergeld richtete sich nach der Anzahl der Wasserhähne. Der 1. Wasserhahn kostete 20 Mark/Jahr, der 2. Kran kostete 15 Mark/ Jahr und jeder weitere Kran wurde mit 12 Mark im Jahr bezahlt.

Abb. 50: Einweihung des Wasserfalls 1902

Da bei Trockenheit öfters Wassermangel herrschte, erschloß man 1908 zwei neue Quellen : nämlich „Im Källborn“ und „Im Fuckenbörnchen“. Ebenso errichtete man 1909 einen neuen Hochbehälter, der 60 cbm Wasser faßte.

Eine Statistik von 1911 zeigt für Unkel und Scheuren einen Wasserverbrauch von ca. 90 cbm/Tag gegenüber einer Förderungsmöglichkeit von 120 cbm/Tag.

Da der Wasserdruck allein durch das natürliche Gefälle erzeugt wurde und daher sehr niedrig war, entschloß sich der Unkeler Gemeinderat am 26.07.1912 zum Ankauf einer „Pumpenanlage mit Benzolmotor“ (8 PS), die dann am 11.06.1913 angeschafft und in der Brunnenanlage „Im Källborn“ aufgestellt wurde.

Nun war genügend Trinkwasser sowie ein ausreichender Wasserdruck vorhanden.

Die nächsten 15 Jahre blieb der Wasserverbrauch konstant. Wie sparsam unsere Vorfahren mit dem Trinkwasser umgingen, zeigt ein Bericht aus dem Jahre 1926: Die Unkeler und Scheurener Einwohner kamen mit 91 cbm/Tag aus. (Im Vergleich: 1987 verbrauchte Unkel/Scheuren dagegen 883 cbm /Tag).

Der gesamte Wasserbedarf der Bürgermeisterei Unkel betrug 1926: 282,5 cbm /Tag. (Im Vergleich: 1987 waren es durchschnittlich 2085 cbm /Tag.)

Folgende Wassermengen wurden 1926 verbraucht.[3)]

Bruchhausen	32,5 cbm
Erpel	62 cbm
Heister	12 cbm
Orsberg	15 cbm
Rheinbreitbach	70 cbm
Scheuren	23,5 cbm
Unkel	67,5 cbm
Summe	282,5 cbm

In dieser Größenordnung blieb der Trinkwasserbedarf längere Zeit. Nach dem 2. Weltkrieg jedoch kam es zu einer starken Erhöhung des Wasserverbrauchs. Durch die rege Bautätigkeit verdoppelte sich die Einwohnerzahl. Mit dem Wohlstand stieg die Zahl der sanitären Anlagen, der Waschmaschinen und der Geschirrspüler. Durch diese Einrichtungen und Geräte erhöhte sich der Wasserverbrauch um ein Vielfaches. Die bisherigen Wasserquellen reichten nicht mehr zur Wasserversorgung aus. Daher wurden Tiefbrunnen mit einer Tageskapazität von je ca. 1000 cbm/ Tag errichtet. Diese Tiefbrunnen bezogen ihr Wasser aus dem Grundwasser des Rheins (Rheinuferfiltrat). Durch die Sandoz-Katastrophe im Jahre 1986 wurden die Mängel solcher Tiefbrunnen offenbar, da deren Wasser während der Giftwelle des Rheins nicht benutzbar war. Unkel zog die Konsequenz aus diesem Vorfall, gab die „Wasser-Selbstversorgung“ auf und schloß sich dem Honnefer Wasserverbund an.

Abfall- und Abwasserbeseitigung

Abfallbeseitigung

Die Abfallbeseitigung ist erst ein Problem unserer Nachkriegszeit. Vorher nämlich haben die Unkeler Einwohne ihre Abfäller selbst entsorgt: Papier- und Holzabfälle wurden im Ofen verbrannt, die Asche als Dünger auf das Feld gestreut. Blechdosen wurden als Behälter für Nägel oder sonstige Dinge weiterverwendet. War ein Gegenstand derart verbraucht, daß man ihn nicht mehr weiter verwenden konnte, so wurde er in die „Schindskuhle“ gebracht. Die ehemaligen Sand- und Kiesgruben wurden auf diese Weise wieder verfüllt. (Nicht alle Tennisspieler wissen, daß sie auf einer ehemaligen Müllkippe spielen.) Eine Müllabfuhr war daher bis 1950 überflüssig. Mit Beginn des deutschen Wirtschafts-

Abb. 51: Saubermann Hans Krings mit seinem Müllwagen

wunders, der Erfindung von Plastik und der Einwegflasche sowie der Abschaffung des Kohleofens jedoch begann die Produzierung von Müll in großen Mengen, so daß eine Müllabfuhr erforderlich wurde.

Hans Krings rüstete seinen Transporter daher mit einem Aufsatz für Müll aus und betätigte sich von 1950 bis 1960 nebenberuflich als „Saubermann" Unkels, Scheurens und Heisters.

Seine Beifahrer waren Max Weinberg und Franz Hirzmann. Für seine Dienste erhielt Herr Krings zunächst monatlich 189 Mark, zuletzt 328 Mark.[4)]

Von 1960 bis 1966 übernahm die Firma Gielsdorf aus Remagen die Müllbeseitigung.

Von 1966 bis 1979 war es die Firma Günther Konietzny (Güko) aus Alfter, die für die Sauberkeit Unkels sorgte. Ab 1979 ging die Müllabfuhr in die Kompetenz der Kreisverwaltung über und wurde von dort aus zentral geregelt.

Seit 1989 gibt es im Kreis Neuwied die „grüne" Mülltonne, in die Papier und andere wiederverwertbare Abfälle deponiert werden sollen. Am 01.02.1993 wurde die „braune" Mülltonne eingeführt. In ihr werden kompostierbare Abfälle gesammelt.

Die anfallenden Müllmengen sind inzwischen so riesig geworden, daß man nicht mehr weiß, wo man den Müll lagern soll. Daher heißt die Lösung: Müll vermeiden!

Abwasserbeseitigung

Im September 1989 begann die Verbandsgemeinde Unkel mit der Kanalisierung derjenigen Straßen, die noch ohne Kanal waren. Gleichzeitig wurde eine Transportleitung für die Abwässer von Linz nach Unkel-Nord gebaut.

Nach langen Vorarbeiten war der Abwasserverband Unkel/Linz gegründet worden mit dem Ziel, eine zentrale Kläranlage in Unkel zu errichten, dort die Abwässer zu klären und gesäubert in den Rhein zu leiten. Bis dahin nämlich flossen die Abwässer noch ungeklärt in den Rhein.

Die Abwässerbeseitigung ist ebenso wie die Abfallbeseitigung ein Problem der Nachkriegszeit; das heißt unseres Wohlstandes. Bis ca. 1950 war das „Plumpsklo" die gängigste Toilette bei uns. Man saß auf einem Brett mit einer Öffnung, die mit einem Deckel zu verschließen war. Das kleine und das große „Geschäft" plumpsten im freien Fall in die Grube. Die Jauche (Puddel) wurde einmal jährlich ausgefahren, um damit die Felder zu düngen. In früheren Zeiten wurden die Fäkalien von öffentlichen Gebäuden (z. B. Schule, Armenhaus) sogar gegen eine geringe Gebühr „verkauft".

Mit dem Bau der Wasserleitung im Jahre 1890 bestand auch in Unkel schon die Möglichkeit, sich ein Wasserklosett einzurichten. Aber nur einige reiche Neubürger und Gastwirte konnten sich ein WC leisten. Im Jahre 1914 gab es in Scheuren neun Wasserklosetts, in Unkel sogar 33 WCs. Aber davon waren allein 13 im Paxheim bzw. Christinenstift in Benutzung. Diese WCs wurden übrigens nicht mit Trinkwasser, sondern mit Industriewasser (Bachwasser) gespült.[5)]

Nach dem 2. Weltkrieg fand dann das Wasserklosett bei uns allgemeine Verbreitung. Zunächst benutzte man häufig noch eine Toilette, die zwar das Aussehen eines WCs hatte, aber ohne Wasser funktionierte. Mit der Modernisierung der sanitären Anlagen, der Waschmaschinen und dem Geschirrspüler wuchs die Abwassermenge um ein Vielfaches. Da in Unkel in den meisten Bezirken keine Kanalisation vorhanden war, wurden die Abwässer durch das private „Drei-Kammer-System" entsorgt.

Im Jahre 1954 begann man in Unkel mit der Kanalisierung der Frankfurter Straße, andere Straßen folgten. 1992 war die Kanalisierung Unkels abgeschlossen.

1993 mit der Fertigstellung der Kläranlage in Unkel-Nord ist ganz Unkel an die Kanalisation angeschlossen und die Abwässer der Stadt werden geklärt dem Rhein zugeleitet.

Abb. 52: Kanalisation 1954 in der Hauptstraße

Licht in Unkel

Die Öllampe

Eine der ältesten Lichtquellen der Menschheit ist die Öllampe. Schon die alten Griechen und Römer füllten Olivenöl in ein Gefäß und führten durch dessen Hals einen gedrehten Wolldocht, der das Öl ansaugte. Der brennde Docht verbreitete ein ausreichendes Licht. Bis ins vorige Jahrhundert war auch bei uns die Öllampe, allerdings mit einem hohen Fuß, noch in Gebrauch. In neuerer Zeit sind diese Lichtquellen wieder als „Partylampen" in der Mode.

In der katholische Kirche hat sich das „ewige Licht" als Öllampe bis heute gehalten.

Die Kerze

Ebenso alt wie die Öllampe ist die Kerze aus Wachs oder Talg. Sie war wohl für unsere Vorfahren die häufigste Lichtquelle. An Werktagen wurde die billigere Talgkerze benutzt, die allerdings unangenehm roch. An Sonn- und Feiertagen brannte die angenehm riechende Wachskerze.

In der Kirche ist die Kerze noch im häufigen Gebrauch.

Die Petroleumlampe

Vor etwa 100 Jahren kam die Petroleumlampe aus Amerika zu uns. Man füllte das aus Erdöl gewonnene Leuchtöl in einen Glasbehälter und legte einen Baumwolldocht hinein, den man mit Hilfe einer Schraube höher und niedriger drehen konnte. Durch einen, über den brennenden Docht gestülpten Glaszylinder und einen Spiegel erhielt man nun ein ziemlich helles Licht. Diese Petroleumlampen leisteten vor allem während des 2. Weltkrieges bei Stromausfall gute Dienste.

Die Gaslampe

Gegen Ende des 19. Jahrhunderts hatte man den „Glühstrumpf" erfunden, welcher durch Gas, das aus Kohle gewonnen wurde, zum Leuchten gebracht wurde. Diese Gasleuchten sorgten vor allem in Großstädten für die Beleuchtung der Straßen.

In Unkel gab es bis 1900 keine Straßenbeleuchtung - und ebenso kein elektrisches Licht in den Häusern - weil zu dieser Zeit noch keine Elektrizität in Unkel vorhanden war. Da man aber in Unkel nicht rück-

Abb. 53: Gaswerk in Unkel (Plan). Seitenansicht

Abb. 54: Gaswerk in Unkel (Plan). Vorderansicht

ständig sein wollte, beschloß der Gemeinderat, ein Gaswerk zu errichten. Dieses Gaswerk sollte Gas für die Straßenbeleuchtung sowie für die Beleuchtung einiger Privathäuser liefern.

Am 18.08.1904 erhielt die Gemeinde Unkel von der Provinzialregierung in Koblenz die Genehmigung zur Verlegung der Gasleitung in Unkel. Am 01.04.1905 wurde durch die Firma Michiels, Brohl eine Acetylen-Beleuchtungs-Anlage für 20.000 Mark errichtet. Diese Anlage bestand aus einem Wohnhaus sowie dem „Karbidhaus". Als Betreiber der Anlage wurde Pantaleon Richarz gewonnen. Die Anlage in der (heutigen) Winzerstraße lief bis 1914 gut. Die Unkosten (Ankauf des Karbid) hielten sich in Grenzen.[6)]

Die monatlichen Beleuchtungskosten für die Gemeinde betrugen ca. 70 Mark. Immer mehr „herrschaftliche" Privatleute und Wirte wünschten und erhielten Gasanschluß.

Durch den Ausbruch des 1. Weltkrieges aber entstanden Schwierigkeiten bei der Karbid-Versorgung: Karbid wurde teuer und knapp. Folglich erhöhten sich die Gaspreise.

Inzwischen (1914) wurde Unkel auch mit Elektrizität versorgt. So kam es, daß immer mehr Privat- und Geschäftsleute auf die Gasversorgung verzichteten und sich der Elektrizität zuwandten.

Am 01.01.1919 wurde schließlich der Betrieb eingestellt. Die Einrichtungen der Gasanlage wurden am 09.03.1920 an die Firma Paulmann & Heyde in Heilbronn für 5.000 Mark verkauft. Die Gebäude wurden später niedergerissen, so daß heute nichts mehr an das ehemalige Gaswerk in der Winzerstraße erinnert.[7)]

Der elektrische Strom

Im Jahre 1913 begann man in Unkel mit den Vorarbeiten für die elektrische Beleuchtung. 1914 war das Beleuchtungsnetz erstellt. Die Häuser der Geschäftsleute und die Villen der Herrschaften wurden als erste mit Strom versorgt. Die übrige Bevölkerung schloß sich erst im Laufe der Zeit an.

Die Elektrizität diente damals nur für Leuchtzwecke. Der Verbrauch war daher dementsprechend gering. Im Jahre 1918 beleuchteten 38 elektrische Straßenlampen das nächtliche Unkel, 1938 waren es schon 83 Lampen.

Nach dem 2. Weltkrieg stieg mit dem Wohlstand auch der Stromverbrauch um ein Vielfaches. Heute geht ohne Strom nichts mehr. Wie abhängig man von der Elektrizität heute ist, merkt man erst, wenn der Strom einmal für kurze Zeit ausfällt.

Abb. 55: Unkeler Hof, nebenamtliche Poststelle von 1850 - 1876

Die Post in Unkel

In kurkölnischer Zeit besaß Unkel keine eigene Poststelle, sondern wurde von der Thurn- und Taxischen Postanstalt in Remagen mitversorgt.

Während der französischen Besetzung des linken Rheinufers von 1794 - 1814 mußten die Unkeler sogar ihre Post in Uckerath abholen bzw. dorthin bringen.

Nachdem die Rheinlande 1815 preußisch geworden waren, wurde die Linzer Postanstalt für Unkel zuständig.

Erst im Jahre 1846 erhielt Unkel eine eigene „Postexpedition", deren - nebenamtliche - Betreuung dem Steuereinnehmer Bux übertragen

Abb. 56: Kaiserliches Postamt am Oberen Markt von 1891 - 1906

Abb. 57: Altes Postamt in der Bahnhofstraße 1906 - 1986

Abb. 58: Neues Postamt in der Linzer Straße

wurde. 1850 wurde die Verwaltung der Unkeler Poststelle dem Gastwirt Clasen übertragen, in dessen Haus sich nun die Postexpediton befand (heute: Unkeler Hof)

Als 1858 die linksrheinische Bahnstrecke von Rolandseck nach Koblenz fertiggestellt wurde, erhielt Unkel seine Post von Rolandseck zugestellt.

Erst als 1870 mit der Eröffnung der rechtsrheinischen Bahnlinie Beuel - Neuwied unser Unkel einen eigenen Bahnhof erhielt, wurde alle Post über den Bahnhof Unkel abgewickelt. Der Unkeler Postverkehr nahm nun so zu, daß eine nebenamtliche Betreuung nicht mehr ausreichte. Daher wurde ab 1876 ein hauptamtlicher Postverwalter in Unkel eingesetzt. Leiter des Unkeler Postamtes wurde 1878 Wilhelm Nußbaum.

Im gleichen Jahr erhielt die Post eine Telegraphen-Betriebstelle. Seit dem 10.01.1891 befand sich das - inzwischen - kaiserliche Postamt am „Oberen Markt“ im Haus „Schwan“, welches die Postbehörde von dem Unternehmer Hermann Joseph Honnef gemietet hatte. (heute: Schlecker)

1898 wurde Unkel an das Fernsprechnetz angeschlossen.

Am 01.04.1906 zog die Post dann in die Bahnhofstraße 10 um, wo H. J. Honnef eigens für die Post ein Gebäude errichtet hatte. Ca. 80 Jahre sollte die Post in diesem Gebäude verbleiben.

Im Jahre 1934 wurde dann der Fernsprechbetrieb von Handvermittlung auf Selbstwähldienst umgestellt.[8)]

Aus Rationalisierungsgründen wurde das Postamt Unkel 1955 dem Postamt Linz unterstellt und verlor somit seine Selbständigkeit. Da das Postgebäude an der Bahnhofstraße im Hochwassergebiet lag, wurde durch häufiges Hochwasser der Postbetrieb in den letzten Jahren empfindlich gestört. Daher errichtete die Post 1986 an der Frankfurter Straße/Pantaleonstraße ein modernes Gebäude, das nicht besonders an diese Stelle paßt. Zu bedauern ist jedoch, daß wegen des Neubaus ein schönes alten Fachwerkhaus abgerissen werden mußte.

Der Bahnhof in Unkel

Nachdem die linksrheinische Eisenbahn von Rolandseck bis Koblenz 1858 eröffnet worden war, traf man Vorbereitungen für den Bau der rechtsrheinischen Bahnstrecke von Beuel nach Neuwied. Im Jahre 1863 fanden in unserem Raume Verhandlungen über die Streckenführung und über den Grundstückserwerb hierfür statt. Diskussionen mit der Rheinischen Eisenbahngesellschaft gab es 1867 wegen der Bahnstation zwischen Honnef und Linz: Die drei Gemeinden Rheinbreitbach, Unkel

Abb. 59: Unkeler Bahnhof ca. 1910

und Erpel beanspruchten jeweils einen eigenen Bahnhof für sich. Die Eisenbahngesellschaft wollte ursprünglich keine Haltestelle bewilligen. Nach Protest des Bürgermeisters und des Landrats erhielt schließlich Unkel (und später auch Erpel) die gewünschte Station.

Der Unkeler Bahnhof wurde gebaut und am 02.07.1870 durch die Behörde polizeilich abgenommen. Bürgermeister Fransquin beschreibt ihn in der Chronik so: „Auf der rechtsrheinischen Eisenbahnstrecke gibt es keinen Bahnhof, der eine schönere Lage hat, als der Unkeler Bahnhof. Der Anblick des ungefähr 3/4 Meilen von ihm entfernten Siebengebirge ist imposant. Ebenso ist seine Lage an der Unkel-Bendorfer-Straße und in der Nähe des Rheins für den Verkehr sehr zwecksmäßig. Der (Fremden-)Verkehr hat sich auch seit der Errichtung des Bahnhofs sehr gehoben."

Die Strecke war zunächst nur eingleisig befahrbar. Die Züge hatten eine Reisegeschwindigkeit von 23 km/h und brauchten von Neuwied bis Bonn 112 Minuten, wobei auch das zeitraubende Übersetzen mit dem Trajekt von Oberkassel nach Bonn einbegriffen war. Für die Strecke Neuwied - Ehrenbreitstein benötigte der Zug 33 Minuten.

Das Hochwasser von 1882, bei dem der Bahnkörper unterspült wurde bzw. die Schienen an vielen Stellen überflutet wurden, veranlaßte die preußische Regierung - die Rheinstrecke war 1880 verstaatlicht worden - die gesamte Strecke höher zu legen und damit hochwassersicher zu

Abb. 60: Unkeler Bahnhof ca. 1960

machen. Desgleichen wurde die Strecke nun zweigleisig ausgebaut.

In Unkel wurde auch der Bahnhof höher gelegt, was man noch an den inneren Treppenstufen erkennen kann.

Im Jahre 1913/14 wurden Um- und Erweiterungsbauten am Unkeler Bahnhof vorgenommen.[9)]

Da die Dampflokomotive nicht mehr die erforderliche Leistung für diese Rheinstrecke erbringen konnte, wurde 1962 die gesamte Strecke durch die Elektrizifierung modernisiert. Heute ist die Zahl der Züge, die täglich die Strecke befahren, so groß, daß sie nicht mehr gesteigert werden kann. Daher plant die Bundesbahn eine Strecke für schnellfahrende Züge von Köln nach Frankfurt, deren Linienführung aber den Protest der Umweltschützer auf den Plan ruft.

Die Unterführungen

In Unkel überquerte man bis 1913 die Eisenbahn an einem Schienenübergang in Höhe des Winzervereins.

Mit der Erweiterung des Unkeler Bahnhofs sollte 1909 auch eine Unterführung den Straßenverkehr entlasten. Diese Unterführung war nördlich des Bahnhofs (etwa in Höhe des Güterbahnhofs) vorgesehen. Dabei hätte aber das Schröterkreuz sowie das Heiligenhäuschen von

Abb. 61: Schienengleicher Bahnübergang um 1910

Abb. 62: „Kleine Unterführung" 1992

1666 versetzt werden müssen. Ebenso sollte in Höhe des Winzervereins eine Fußgänger-Unterführung gebaut werden. Nach Protest und zahlreichen Einwendungen wurde die große Unterführung (Höhe: 3,80 m) dann weiter nach Norden verschoben und an den „Pöstenweg" angebunden. Die kleine Unterführung wurde nach Beschwerden der Fuhrunternehmer und des Fabrikanten Schwenzow so gebaut, daß sie auch mit Fuhrwerken befahrbar war. (Höhe: 2, 50 m)

Im Jahre 1913 wurden die beiden Unterführungen dann fertiggestellt. Der Lauf der Provinzialstraße änderte sich nun: Sie führte von der Bahnhofstraße durch die Siebengebirgsstraße unter der großen Unterführung zur (heutigen) Honnefer Straße.[10)]

Die elektrische Kreisbahn

In den letzten Jahren wurde ein Anschluß Unkels an die Straßenbahnlinie Bad Honnef-Bonn diskutiert, weil dann Bonn günstiger mit öffentlichen Verkehrsmitteln zu erreichen sei.

Schon vor ca. 100 Jahren hat man sich hierüber Gedanken gemacht: Eine elektrische Bahn von Honnef nach Linz sollte unter der Trägerschaft des Kreises Neuwied gebaut werden, um die Verkehrssituation bei uns zu verbessern.

Am 13.12.1895 wurde der Vorschlag zu Erbauung einer elektrischen Straßenbahn von Honnef nach Hönnigen (vielleicht auch bis nach Neuwied) vom Kölner Regierungspräsidenten mit Wohlwollen aufgenommen. Am 06.03.1908 erklärte eine Kommission den Plan einer elektrischen Bahn von Honnef nach Hönnigen für ausführbar. Am 03.10.1911 wurden der Unkeler Verwaltung die Pläne für den Bau der Kreisbahn von Honnef nach Linz vorgelegt. Die Behörde sollte im Rahmen der Vorplanung die Streckenführung überprüfen und etwaige Änderungswünsche äußern. Eine Offenlegung jedoch sollte noch nicht erfolgen.

Zwei Wochen später fand eine Besprechung mit den Ortsvorstehern der Bürgermeisterei statt, wobei die Pläne erörtert wurden. Gegen die geplante Linienführung, die hauptsächlich entlang der Provinzialstraße (alte B 42) führen sollte, wurden seitens der Unkeler Verwaltung keine besonderen Einwände erhoben. Durch Indiskretion erfuhr dann die Öffentlichkeit von der Planung sowie von den hohen Kosten der geplanten Kreisbahn, was für Unruhe unter der Bevölkerung sorgte.

Am 23.juni.1913 erfolgte dann die schriftliche Einverständniserklärung der Gemeinden Rheinbreitbach und Unkel zu der vorgegebenen Trassenführung.

Die Strecke in Rheinbreitbach verlief durch die Josephstraße zur Provinzialstraße, auf der Provinzialstraße bis Scheuren, Siebengebirgsstraße bis zur großen Unterführung und weiter bis zum Bahnhof Unkel. Über die Bahnhofstraße - Grabenstraße - Linzer Straße - an Heister vorbei (neue B 42) nach Erpel. Am Rhein vorbei ging es dann nach Linz, wo die Bahn zunächst an der Landebrücke der KD enden sollte.

Nachdem die Linienführung geklärt war, mußte man sich mit der Spurbreite der elektrischen Bahn befassen. Am 17.Dezember.1913 entschied man sich nach langen Beratungen für eine Schmalspurbahn, da nur eine solche die Provinzialstraße mitbenutzen durfte.

Am 30.Januar.1914 lagen die endgültigen Pläne für den Bau der Bahn vor. Man hätte mit dem Bau beginnen können, wenn nicht durch den 1. Weltkrieg eine Verwirklichung verhindert worden wäre.[11)]

V. Das Bildungswesen in Unkel

Schulen in Unkel

Der Schulunterricht war in früheren Zeiten in der Hauptsache eine Angelegenheit der Kirche. Die Pfarrer bemühten sich neben der religiösen Unterweisung auch um die Unterrichtung der Kinder in Lesen, Schreiben und Rechnen. Später setzten sie Lehrer ein und sorgten für ein Schulhaus, sowie für den Unterhalt des Lehrers. In Unkel war das Amt des „Magisters" bis 1870 mit dem Küsteramt verbunden. Manchmal besorgte der Lehrer auch das Amt des Gerichtsschreibers.

Der älteste in Unkel bezeugte Lehrer war Friedrich Crupeus (Krupp), der im Jahre 1598 für seine Dienste als Schulmeister und Gerichtsschreiber 26 Taler zu 52 Albus erhielt.

Weitere Schulmeister in Unkel waren: Peter Arweiler (1607), Wilhelm Antoni und sein Sohn Bertram Antoni (1721-1770), Anton Fuchs (1783), Pantaleon Fuchs (1812). Das Einkommen des Lehrers bestand neben dem freien Wohnen und der Nutzung einiger Gartenflächen aus dem Schulgeld der Kinder. Dieses Schulgeld betrug 1823 jährlich 1 Taler 2 Silbergroschen pro Schüler. Es gab aber auch öfter Ermäßigung, wenn Geschwister die Schule besuchten oder die Eltern kein Geld für den Schulbesuch aufbringen konnten. So erhielt der Lehrer der Knabenschule für das Jahr 1823 die Summe von 28 Talern 14 Silbergroschen für die Unterrichtung von 35 Jungen.[1)]

Die Knabenschule

Die älteste uns bekannte Schule befand sich nord-östlich der Unkeler Kirche. Zur Unterscheidung von der Mädchenschule erhielt sie später den Namen „Knabenschule". Sie war bis 1855 in Benutzung und stand nach der Übersiedlung in die neue Schule (heutige Rathaus) lange Zeit unbewohnt. 1891 kam sie in den Besitz der Pfarrgemeinde. Später diente sie als Aufbewahrungsort für die Feuerwehrgeräte. Im Jahre 1913 wurde sie dann zwecks Erweiterung des Friedhofs abgerissen.

Die Mädchenschule

Die ledige Elisabeth Bender, Tochter des Gerichtsschreibers Bender, hatte in ihrem Testament bestimmt, daß nach ihrem Tode mit ihrem Erbe eine Mädchenschule in Unkel errichtet werden sollte. Viktar Net-

Abb. 63: Ehemalige Knabenschule (Zeichnung: Juchem)

Abb. 64: Ehemalige Mädchenschule

tekoven errichtete daher am 30.12.1814 als ihr Testamentsvollstrecker eine Stiftung zur Unterrichtung der weiblichen Jugend Unkels. Das Stiftungsvermögen in Höhe von 2000 Reichstalern wurde in gerichtlichen Pfandverschreibungen angelegt. Die Zinsen hiervon (ca. 100 Taler jährlich) dienten als Gehalt für die Schullehrerin, „welche die Kinder armer Eltern von Unkel, Scheuren und Rheinbeitbach unentgeltlich, den Kindern vermögender Eltern aber gegen das gewöhnliche Schulgeld Unterricht im Lesen, Schreiben und Rechnen sowie in Stricken, Nähen und Zeichnen erteilen sollte.“

Die Ernennung der Lehrerin erfolgte auf Vorschlag des Stiftungsausschusses.

Im Jahre 1816 mietete dann das Kirchspiel Unkel das geräumige Haus des verstorbenen Schultheiß Becker*. Mit 150 Talern wurde dann dort eine Mädchenschule sowie eine Wohnung für die Lehrerin errichtet.[2)]

Diese Mädchenschule war bis 1855 in Betrieb. Nach der Übersiedlung in die neue Schule (heutiges Rathaus) wurde das Haus privat genutzt. Heute befindet es sich im Besitz der Familie Karl-Heinz Kaiser. Es bleibt noch anzumerken, daß für damalige Zeiten eine Mädchenschule etwas sehr Fortschrittliches war.

Die Schule an der Grabenstraße (heute: altes Rathaus)

In Unkel bestanden also Anfang des 19. Jahrhunderts zwei Schulen. Im Jahre 1823 besuchten 35 Knaben aus Unkel und Scheuren im Alter zwischen 6 und 12 Jahren die Knabenschule und 44 Mädchen aus Unkel, Scheuren und Rheinbreitbach die Mädchenschule.

Da die beiden Klassen aber im Laufe der Zeit stark anwuchsen, und der Schulraum nicht mehr ausreichte, war man zu einem Neubau gezwungen, der dann am 17.09.1855 am Südeingang von Unkel (früher: Grabenstsraße, heute: Pantaleonstraße bzw. Linzer Straße) errichtet wurde. Das Gebäude, in dem sich auch eine Lehrerwohnung befand, war für damalige Zeit sehr fortschrittlich. Es kostete 3000 Taler. Während des Kulturkampfes (1871-1886) erfolgte die Loslösung des Schulunterrichts von der kirchlichen Schulaufsicht. Der jeweilige Bürgermeister wurde nun mit der Aufsicht über die Schule betraut. Ebenso wurde ab 1870 die Elementarschulstelle von der Küsterstelle getrennt.

Das Jahresgehalt für den Lehrer betrug nun 230 Taler, dazu kam noch das freie Wohnen in der Lehrerwohnung sowie genügend Brandholz für

* *Er war der Schwager der Juffer Bender gewesen*

Abb. 65: Ehemalige Schule an der Grabenstraße

die Schule und die Wohnung. Das Reinigen der Schule wurde darüber hinaus noch mit 5 Talern vergütet.

Ab jetzt zahlten die Schüler kein Schulgeld mehr.

Gegen Ende des vorigen Jahrhunderts stieg die Zahl der Schüler auf 172 (1896) und danach sogar auf 231 Schüler, so daß 1899 eine dritte und 1905 eine vierte Lehrerstelle eingerichtet wurde.[3)]

Die Schule an der Schulstraße

Durch den enormen Zuwachs an Schülern war nun zu wenig Platz in der Schule und man suchte nach einer Lösung. Da ein Anbau nicht genehmigt wurde, die Stadt aber auf der heutigen Schulstraße ein großes Grundstück geschenkt bekommen hatte, plante man hier einen Schulneubau. Die Baukosten in Höhe von 40.000 Mark wurden durch den Verkauf von Ländereien an Dr. Hundhausen auf Hohenunkel aufgebracht.

Der Architekt Hans Hömig übernahm die Planung und der Unkeler Bauunternehmer Wilhelm Rifert führte den Bau aus. Am 23.10.1909 erfolgte die Einweihung der neuen Schule. Fast 50 Jahre genügte sie den Ansprüchen.

Abb. 66: Grundschule mit Erweiterungsbau

Aber nach dem 2. Weltkrieg wurde die geräumige Schule durch den Zuwachs der Bevölkerung und das Anwachsen der Schülerzahlen zu eng. Dadurch wurden zwei Erweiterungsbauten 1953/54 und 1970/71 erforderlich. Seit 1953 bestand kurzzeitig eine einklassige evangelische Volksschule, die aber später mit der katholischen Schule zu einer christlichen Gemeinschaftsschule vereinigt wurde.

Nach dem Übersiedeln der Oberstufe in die Hauptschule wurde die vormalige Volksschule gründlich überholt und beherbergt nun die Unkeler Grundschule.[4)]

Die Hauptschule

Die moderne Schulentwicklung in Rheinland-Pfalz erforderte die Errichtung einer Hauptschule in Unkel. Nach dem Erwerb eines geeigneten Grundstücks plante der Neuwieder Archtitekt Neckenig die neue Hauptschule. Nach ihrer Fertigstellung wurde sie nach den modernsten Gesichtspunkten gerüstet und am 17.August1972 eingeweiht. Erster Rektor wurde Herr Amann.

In der Hauptschule werden die Hauptschüler der ganzen Verbandsgemeinde unterrichtet. Seit dem Schuljahr 1975/76 besteht die Möglichkeit, mit dem 10. Schuljahr die Mittlere Reife zu erlangen.

Abb. 67: Stefan-Andres-Hauptschule

Kino in Unkel

Wer heute einen Film im Kino sehen will, muß entweder nach Neuwied oder Bonn fahren. Durch das Fernsehen wurden die Kinos unrentabel und verschwanden daher von der Bildfläche. Es gab aber auch eine Zeit, in der ein Kino von großer Fortschrittlichkeit zeugte.

„Gemeindekino" in der Unkeler Schule

Als der Unkeler Pfarrer Dr. Schwamborn 1921 in eine andere Gemeinde versetzt wurde, kaufte ihm die Gemeinde Unkel seinen Kinoapparat für 4.000 Mark ab. Man wollte nämlich mit der Zeit gehen und ein „Gemeindekino" errichten. Die Vorführungen sollten in der Schule stattfinden. Dort gab es 75 Sitzplätze. Der stud. med. Wilhelm Hintze sollte einen Lehrgang für Filmvorführer besuchen und danach die Filme vorführen.

Am 11.11.1922 war es dann soweit. Ganze 42 Zuschauer sahen den 1. Film „Die Nacht auf Goldenhall", ein Drama in 5 Akten.

Doch das Filmgeschäft lief nicht so, wie man es sich vorgestellt hatte. Die Ausgaben überstiegen bald die Einnahmen. Eine Bilanz vom März 1923 zeigte Ausgaben in Höhe von 60.000 Mark gegenüber Einnahmen von 20.000 Mark.*

Daraufhin wurden die Filmvorführungen eingestellt.[5)]

** Die Inflation stand bevor*

Abb. 68: Ehemalige Lichtspielhaus Gohr

Lichtspielhaus Gohr

Der Wirt Ferdinand Gohr aber plante die Übernahme des „Gemeindekinos" in eigene Regie. Er beantragte daher Ende 1923 den Kauf des Filmapparats von der Gemeinde Unkel. Nachdem die Gemeinde ihm dies zugesagt hatte, baute er Anfang 1924 seinen Tanzsaal in ein „Lichtspielhaus" um. Am 20.März.1924 kaufte er den Apparat für 350 Mark und begann wenig später mit seinen Filmvorführungen.

Nach etwa einjährigem Betrieb stellte die Baubehörde am 17.März.1925 gravierende Sicherheitsmängel am Lichtspielhaus Gohr fest (fehlender Notausgang, unfallträchtige Treppen) und forderte sofortige Behebung der Mängel. Als Gohr antwortete, daß er dafür kein Geld zur Verfügung hätte, wurde am 03.April.1925 die Einstellung des Kinobetriebes angeordnet.[6)]

Es gab nun kein Kino in Unkel mehr.

Von Zeit zu Zeit aber fanden Filmvorführungen der Bildstelle (mobiles Kino) im Saale Euskirchen statt.

Die Freiligrath-Lichtspiele

Nach dem 2. Weltkrieg faßte Josef Niederee den Plan, wieder ein „stationäres" Filmtheater zu errichten. Die größte Schwierigkeit war es, die Erlaubnis der französischen Besatzungsbehörde zu erhalten. Nach langwierigen Verhandlungen mit Unterstützung des einflußreichen Schwiegervaters erhielt er schließlich die Lizenz.

Der Saal „Wallmeyer" wurde umgebaut und mit 210 Sitzplätzen versehen. Unvorhergesehene Schwierigkeiten entstanden durch die Währungsreform 1948, die aber auch gemeistert wurden. Am 24.April.1949 fand dann die erste Filmvorführung im neuen Freiligrath-Lichtspieltheater statt. Gezeigt wurde: „Paganini".

Abb. 69: Ehemalige Freiligrath-Lichtspiele ca. 1960

Die Vorstellungen waren:

Freitag-Montag	20.00	Uhr	
Sonntag	17.00	Uhr	20.00 Uhr
	15.00	Uhr	(alle 4 Wochen)

Spätvorstellungen:

Freitag, Samstag	22.00	Uhr

Später wurde das Programm auch auf Mittwoch und Donnerstag ausgedehnt.[7)]

In den ersten Jahren des Bestehens war der Filmbesuch noch sehr gut. Dann aber ging der Besuch wegen des Fernsehens zurück. Daher verkaufte Josef Niederee das Kino 1957 an Walter Figge. Dieser nahm eine Menge baulicher Veränderungen vor. Der Eingang wurde von der Frankfurter Straße zur Vogtsgasse verlegt. Die bisherigen Kohleöfen wurden durch eine Zentralheizung ersetzt. Der Innenraum wurde völlig erneuert.

Am 09.November.1957 wurde das renovierte Kino mit dem Film: „Der Kurier des Zaren" eröffnet.

Der Filmbetrieb lief nun von Donnerstag bis Montag. Spätvorstellungen wie vorher am Freitag und am Samstag.

Um mit der Zeit zu gehen, wurde Breitleinwand und schließlich sogar Cinemascope eingeführt. Herr Figge betrieb das Filmtheater nebenberuflich. Etliche junge Burschen verdienten sich durch das Filmvorführen ein zusätzliches Taschengeld.

Trotz der Erneuerungen nahm der Filmbesuch immer mehr ab, so daß 1971 das Kino wegen Unrentabilität geschlossen wurde. Saal plus Inhalt wurden wenig später verkauft.[8)]

Man baute es schließlich um und nutzte das ehemalige Kino für andere Zwecke. Heute dient es der Aufbewahrung von Trödel. Daher wissen nur alte Unkeler, daß in unserer Stadt einmal ein Kino existierte.

Abb. 70: Vorankündigung der Freiligrath-Lichtspiele

VI. Altes Brauchtum in Unkel

Alte Bräuche in Unkel

Heute sind der Bürgerverein und der Junggesellenverein noch die Bewahrer des alten Brauchtums in Unkel. Besonders bei der Ausrichtung der Kirmesfeierlichkeiten zeigen sich etliche überlieferte Bräuche: Das Königsschießen, Königsumzug, Königsball sowie der Frühschoppen. Diese Veranstaltungen spielen sich - mit geringfügigen Änderungen - so ab, wie schon seit Jahrhunderten. Besonders der Junggesellenverein trägt mit seinen Offizieren, Fähnrichen und Schützen in Uniform zu einem bunten farbenprächtigen Bild bei den Umzügen und Prozessionen bei. Daneben sorgt der Junggesellenverein für die Erhaltung des Maibrauchs. Darüber hinaus aber gab und gibt es noch folgende alte Bräuche:

Der Maibaum

Die Sitte, daß ein Bursche seinem verehrtem Mädchen am 01. Mai einen Maibaum ans Haus stellt, ist uralt. Schon in kurkölnischer Zeit ergingen Verfügungen, diesen „Unsinn" zu verbieten, da der Wald unnötig geschädigt würde. Trotzdem hielt sich dieser Brauch bis heute. Ebenso war es gemeinsame Aufgabe der Junggesellen, in der Ortsmitte einen Maibaum aufzustellen und mit bunten Bändern zu schmücken. Damals mußte er noch bewacht werden, damit rivalisierende Burschen der Nachbarorte ihn nicht absägten bzw. „raubten".[1)]

Der Maiochse

Anfang Mai verkleideten sich früher zwei Burschen mit Hilfe von Tierhäuten in einen Ochsen. Dieser „Maiochse" zog dann an der Spitze der lärmenden Jugend durch die Stadt.

Dieser „heidnische" Brauch wurde aber von den Behörden nicht gern gesehen und von der Nassauischen Regierung verboten.

„Tierjagen"

Wenn sich in Unkel jemand durch schlechtes Betragen unbeliebt gemacht hatte, so wurde ihm „das Tier gejagt". Zu diesem Zweck versammelten sich die jungen Burschen gegen Abend vor dem Haus des „Deliquenten" mit allerlei Lärminstrumenten. Auf ein Kommando begann nun ein ohrenbetäubendes Lärmen. Gleichzeitig schlugen einige

Wagemutige mit Stöcken an die Fensterläden und ließen ein „Tiergeschrei“ vernehmen. Ebenso riefen alle Teilnehmer „den Grund des Tierjagens“ laut in die Nacht. Besonders schön war es, wenn der Betroffene aus dem Haus gelaufen kam und die Lärmenden zu vertreiben suchte. Da es damals noch keine Straßenbeleuchtung in Unkel gab, war dies nicht einfach. [2)]

Hülbier

Ein alter - heute nicht mehr ausgeübter Brauch - war das „Hülbier holen“.

Wenn früher ein auswärtiger Bursche ein Unkeler Mädchen heiraten wollte, so beklagte der Junggesellenverein den Verlust des Mädchens. Der Schmerz konnte aber durch das „Hülbier“ wieder wettgemacht werden. Am Abend vor der Hochzeit erschien der gesamte Vorstand in Uniform vor dem Haus, in dem das Brautpaar schon wartete.

Nach einem Begrüßungstrunk wurde dann der folgende Spruch der „hochlöblichen Junggesellen“ aufgesagt:

„Guten Abend, Ihr Herren und Damen!
Jetzt kommen wir hier gegangen,
Hört an, was ist unser Verlangen.
Wir bringen mit St. Pantaleonsstab,
Mit welchem wir haben große Macht,
Euch abzufordern eine große Straf!
Da will ich Euch sagen geschwind,
Daß Ihr in drei Punkten Euch strafbar find`:

Erstens:

Seid Ihr in unseren Rosengarten eingedrungen,
Und habet uns die schönste Rose abgedungen,
Auf welchem wir hatten gesetzt viel Hoffnung und Vertrauen,
Dafür Ihr zur Straf`müßt geben,
So viel Wein, als eine Mühle kann treiben,
So viel Branntwein, als zwei Mann fort können scheiben,
So viel Schinken und Braten, als der Tisch kann tragen,
Und so viel Geld, als wir wollen haben.

Zweitens:

Ihr seid in unseren schönsten Schafstall hereingekommen,
Habet uns das beste Lämmlein herausgenommen,
Damit wir keinesfalls zufrieden sein.
Dafür Ihr zur Straf’ sollt geben.

Eine ganze Ohm Wein, zwei bis drei Viertel Branntwein
Und dazu noch drei Dutzend Thaler fein,
Sonst können wir nicht zufrieden sein.

Drittens:

Jetzt bringe ich Euch die allergrößte Klage,
Die ich Euch selber sage,
Sie ist keine Rose, noch Lämmlein,
Sondern die schönste und beste Jungfrau rein,
Die Ihr uns habet genommen,
Wodurch uns großer Verdruß ist gekommen.
Darum müßt Ihr uns bezahlen bar,
Mit Geld, Wein und Branntwein klar,
Was wir Euch aber zuviel gefordert,
Das könnt Ihr uns jetzt abdingen,
Weil wir allhier beisammen sein,
Was Ihr aber abdinget, ist die erste Bezahlung fein,
Damit wollen wir zufrieden sein".

Die letzte Strophe trug der Hauptmann selbst vor. Dabei schwenkte er den Pantaleonsstab, um seinen Forderungen mehr Nachdruck zu verleihen. Selbstverständlich wurde nun der Vorstand zum Essen und Trinken eingeladen. Nach einiger Zeit verabschiedete man sich gebührlich, nachdem man dem Brautpaar noch einmal Glück gewünscht hatte.[3)]

Martinsfeuer

Das Abbrennen von Martinsfeuern ist uralt. Obwohl es oft verboten wurde, so hat es sich doch bis heute erhalten.

Am 15.01.1786 erging folgendes kurfürstliches Verbot: „Die Anlegung sogenannter Martins- und Osterfeuer wird, wegen der damit verbundenen Walddevastitionen (Waldschädigungen) und des dabei vom zusammengelaufenen jungen Volke getrieben werdenden Unfugs, für die Zukunft verboten!" [4)]

Dieses Verbot konnte sich aber nicht durchsetzen.

In Unkel waren die jungen Burschen für das Martinsfeuer zuständig. Wochen vor dem Fest zogen die Jugendlichen durch den Ort und „dotzten", d. h. heischten um Brennmaterial und andere Gaben. Das Unkeler Dotzlied lautete:

„De hillije Zinte Märtes, dat wor ne jode Mann,
der joof de Kinde e Kätzje un stooch et selver ahn!

Rü, rü, rü, jett us en Bürd Strüh!
San, san, san, jett uns en ahl Maan!
Jett us ditt, jett us datt, jett us alles wat Ihr hat!
Et Ledche is jesunge, de Grosche is verdeent!
Un wenn Ihr uns noch ene Grosche jett, dann singe me noch e Leed!"

Nun spendete jeder seinen Obolus. Wenn aber jemand nichts gab, sangen die Burschen:

„Jitzhals, Düppenschmalz,
kumm nit mi in ming Jaas!
Suns schlon ich Dir a Bein aff,
dann kannste heim hüppe!"

In meiner Jugend sammelten die Jugendlichen noch selbst das Brennmaterial für das Martinsfeuer im Wald („schleifen"). Die Tage, die jeder Teilnehmer „geschliffen" hatte, wurden notiert und bei der Abrechnung am Martinstag berücksichtigt. Mit dem erdotzten Geld wurden Brötchen sowie Blut- und Leberwurst gekauft und an die Teilnehmer verteilt. Überschüssiges Geld wurde an die „Schleifer" nach ihren Schleiftagen verteilt. Höhpunkt eines jeden Martinsfestes aber war das „Wachten" am Lagerfeuer auf dem Stux. Es bestand nämlich die Gefahr, daß die Jugendlichen aus den Nachbarorten den Holzstoß vorzeitig in Brand setzten.

Da unsere heutige Jugend keinen „Bock" auf Holzsammeln und die „Romantik" des Martinsfeuer mehr hat, besorgen die Gemeindearbeiter bzw. die Feuerwehr das Brandmaterial für das Martinsfeuer. Das „Dotzen" wird heute von der Grundschule organisiert und das erdotzte Geld für soziale Zwecke verwendet.

Die Sternsinger

Auch das „Dreikönigssingen" ist ein alter Brauch, der zeitweilig von der Obrigkeit verboten war. Leopold Kaufmann schildert in seinen „Erinnerungen", daß 1848 die Erlaubnis zum „Sternsingen" von der preußischen Regierung erteilt wurde, was mit großer Dankbarkeit von der Bevölkerung aufgenommen wurde. „Es wurde der Jugend wieder erlaubt, am Dreikönigs-Abend mit dem Stern vor den Häusern zu singen. Als Dank hatte ich das Vergnügen, zuerst von den Kindern des Ortes angesungen zu werden." [5)]

Das „Päpstliche Missionswerk der Kinder" in Deutschland hat 1958 dem alten Brauch eine neue Aufgabe gegeben. Es hat den Sternsingern empfohlen: „Sammelt nicht mehr in die eigene Tasche oder in die Meßdiener- und Gruppenkassen, sondern sammelt für die Kinder in

Asien, Afrika und Lateinamerika, damit sie leben und überleben können!“ Dieser Aufruf wurde befolgt.

Während 1959 ca. 90.000 DM gesammelt wurden, betrug das Ergebnis 1989 DM 27,3 Millionen, mit denen ca. 200 Projekte unterstützt wurden.

Die Unkeler Sternsinger ersangen 1991 DM 4.391,-
Das Unkeler Sternsingerlied lautet:

„Christus ist geboren in einem Häuselein.
Da lag es halberfroren in einem Krippelein.
Drei Könige zu ihm kamen aus fernem Morgenland.
Sie brachten milde Gaben, die hatten sie zur Hand.
Sie zogen wohl über die Berge daher,
und traten vor Herodes Tür.
Herodes sprach mit falschem Herz: Wer ist der König,
der dritte Schwarz.
Der dritte Schwarz ist wohlbekannt,
es ist der König aus dem Morgenland.
Im Morgenland, im Orient,
dort wo die Sonn am heißesten brennt.
In Bethlehem, wohl über dem Stall,
da blieb der Stern ganz stille stehn.
Sie gingen hinein mit gläubigem Herz,
begrüßten Maria und das Christkindelein.
Du kleines Kind,du großer Gott,
der Himmel und Erde erschaffen hat!
Kaspar, Melchior, Balthasar, diese drei
stehn Euch bei!
Wolln Euch bewahren vor allen Gefahren
bis in den Tod.“

Die sieben Fußfälle

Ein alter Brauch, der noch in vielen Orten am Rhein bis in unser Jahrhundert gepflegt wurde, war das Beten der „sieben Fußfälle“. Wenn ein Mensch schwerkrank mit dem Tode rang, aber nicht sterben konnte, machten sich sieben Personen (Nachbarinnen, Mädchen, Witwen, ältere Jungfrauen oder später Schulkinder) auf, um die „sieben Fußfälle“ zu beten.

Sie begannen in der Unkeler Kirche und gingen über Scheuren nach Bruchhausen. Nach einem Gebet für den Schwerkranken in der Bruchhausener Kirche zog man über das „Fuckenbörnchen“ zurück zum Haus des Sterbenden. Unterwegs betete man den schmerzhaften Rosenkranz und verrichtete an den sieben Stationen das „Fünf-Wunden-Gebet".In ihren Gebeten baten die Wallfahrerinnen Gott um einen gnädigen Tod für den Sterbenden.

Falls dieser inzwischen verstorben war, betete man im Sterbezimmer drei Vaterunser für das Seelenheil des Verstorbenen, nachdem man vorher einen Blick auf die Leiche geworfen hatte. Als Dank für das Beten der „sieben Fußfälle" erhielten die Beterinnen von den Angehörigen ein Brot, Süßigkeiten oder auch einen Groschen.[6)]

Wie mir Frau Josephine Richarz aus Heister erzählte, fand dieser alte Brauch in Heister und in Erpel noch in den 20er Jahren statt.

Die Totenwache

Aus der Not der Zeit stammt ein anderer Brauch, der bis zum vorigen Jahrhundert bei uns gepflegt wurde.

Wenn jemand gestorben war, so war es die Pflicht der Nachbarschaft, für das Begräbnis zu sorgen. Sie kaufte die Grabstätte, hielt die Totenwache und bezahlte die Leichenträger.

Bürgermeister Kaufmann scheibt: „Als meine Nachbarin starb, mußten ein alter Oberst und ich, als die nächsten Nachbarn, für das Grab sorgen. Auch mußten wir die Leichenträger bezahlen, die mit weißem Schnupftuch erschienen. Das Begraben wird hier von alter Zeit her als Nachbarpflicht angesehen und treu erfüllt." [7)]

Ein Überbleibsel dieser Sitte ist es sicherlich, daß beim Tode eines Nachbarn in der Nachbarschaft Geld für einen Kranz gesammelt wird.

Wie die Totenwache mißbraucht wurde, zeigt ein Edikt von 1799 „Da dem Körper, so wenig wie der Seele die Versammlung dem Verstorbenen hilft, und die Versammelten die allenfalls vorhandenen ansteckenden Krankheiten verbreiten können, so wird der Mißbrauch, daß sich bei den Toten aus den benachbarten und befreundeten Häusern Männer und Weibspersonen, Knechte und Mägde versammeln und daselbst: fressen, saufen, Narrheiten treiben, unverschämte Reden führen, Aberglauben verbreiten und sogar zur Unzucht Anlaß geben hiermit, unter angemessener Strafe für jeden Übertreter, abgeschafft.

Gegeben kraft Edikts von 1607 und 1730 im Jahr 1799

Becker, Schultheiß"

Dieses Verbot der Totenwache wird unter Nassau-Usingen wiederholt. Es heißt in einem Edikt von 1814:

„Der schädliche Mißbrauch, daß solange ein Toter im Haus ist, die Knechte und Mägde, Freunde und Nachbarn im Sterbehaus zusammenkommen unter dem Vorwand bei der Leiche zu wachen und zu beten, stattdessen aber die gesamte Nacht mit Essen und Trinken, so die Trauerverwandschaft geben muß, zuweilen auch mit Spielen und allerlei bösen Taten zubringen, so wird hiermit nochmals unter der gesetzmäßigen Strafe verboten, solches zu tun, kraft des Ediktes vom 12August.1730. Die Strafe ist 5 Golgulden, davon erhält der Anbringer* die Hälfte.[8)]

gegeben zu Unkel, den 27. August 1814
Becker, Schultheiß[8)]

Alte Spiele in Unkel

Burestitz

Ein eigenartiges Spiel - eine Art Boule - wurde von den Unkeler Burschen am Rhein in der Nähe der Muttergottes gespielt. Dort stand unter den Kastanien eine ca. zwei Quadratmeter große Steinplatte. Hierauf wurde „Burestitz“ gespielt.

Zunächst wurde der „Fänger“ ermittelt. Man zog eine Linie und stellte sich in einem bestimmten Abstand davon auf. Nun legten alle Spieler ihren sorgfältig ausgesuchten Wurfstein auf das Oberteil ihres Schuhs und „schüppten“ den Stein in die Nähe der o. a. Linie. Wessen Stein nun am weitesten von der Linie entfernt lag, der wurde als Fänger bestimmt. Der Fänger legte seinen Stein nun als „Zielstein“ auf die Platte und stellte sich - in gebührendem Abstand - daneben auf.

Nun versuchten die übrigen Spieler mit ihren Steinen den „Zielstein“ zu treffen und von der Platte zu stoßen. Wenn dies gelang, mußte der Fänger sofort den Zielstein zurück auf die Platte legen und danach versuchen, einen der Werfer, welche nun ihre Wurfsteine zurückholen mußten, abzuschlagen. Gelang ihm dies, so wurde der Abgeschlagene zum Fänger. Gelang es nicht, blieb er es weiterhin.

Hakuk im Dreieck-Siebengebirge

Ein wohl einmaliges Fang- und Versteckspiel war in Unkel sehr beliebt. Der Spielbereich umfaßte die Lehngasse/Prälat-Schwamborn-Straße/Kirchstraße/Eschenbrender-Platz.

---

* *Anzeigende*

Der Fänger befand sich zunächst auf dem Marktplatz, die Mitspieler auf der Prälat-Schwamborn-Straße. Nun mußte der Fänger trotz der großen Distanz zu den Mitspielern versuchen, einen Läufer zu fangen, was nicht einfach war. Besonders beliebt war das Spiel in der Dämmerung oder in der Dunkelheit. Man konnte sich nun auch verstecken. Am Abend konnte aber auch ein Lehrer auftauchen und Spieler, die sich erwischen ließen, bestrafen.

Reifenjagen

Ein sehr beliebtes Laufspiel war das „Reifenjagen". Man benötigte dazu die leere Felge eines Fahrrads und einen kurzen Stock. Nach einem Anrollen des Reifens trieb man ihn mit Stockschlägen durch die Strassen, was natürlich Lärm verursachte. Je mehr Lärm, desto besser.

Man konnte dieses Spiel allein oder besser in Gruppen betreiben.

Klickerspiel

Ein Spiel, das auch heute noch ab und zu gespielt wird ,war das Klickern. Es gab zwei Varianten:

1) Man suchte ein passendes Gelände (Wand). Nun warf man abwechselnd mit Tonklickern in Richtung Wand, so lange, bis ein liegender Klicker von einem geworfenen getroffen wurde. Dann erhielt der treffende Werfer alle am Boden liegende Klicker.
2) Es wurde eine „Kuhle" in den Boden gebohrt. Nun mußte man versuchen, mit dem Glasklicker in die Nähe des Loches zu kommen und mit Fingerstößen (Schnipsen) den Klicker einzulochen. Hierbei durfte man den gegnerischen Klicker treffen und ausschalten. Wer zuerst einlochte, war der Sieger.

Land abnehmen

Man zog mit dem Messer auf einer Wiese einen Kreis. Nun warf man abwechselnd das Messer in das Feld. Blieb es mit der Spitze darin stecken, so teilte man den Kreis in Verlängerung des Einstichs. Der Gegenüber durfte nun auswählen, welches Teilgebiet er behalten wollte, der andere Teil war „gewonnen". Wessen „Land" am ehesten so klein war, daß eine Faust nicht mehr hineinpaßte, der hatte verloren.

Messerstechen

Mehrer Mitspieler warfen ein Messer - gestaffelt nach verschiedenen Schwierigkeitsgraden - der Reihe nach ins Gras, so daß es dort mit der Spitze stecken blieb. Gelang dies nicht, mußte der Wurf beim nächsten Durchgang wiederholt werden. Wer alle vorgeschriebenen Schwierigkeitsgrade als erster erfüllt hatte, war der Sieger. Wer die wenigsten Bedingungen geschafft hatte, war der Verlierer. Der Verlierer mußte anschließend - als Strafe - ein Stöckchen von der Länge eines Kleinen Fingers mit dem Mund aus dem Boden ziehen, welches die Mitspieler vorher, mit einer festgelegten Anzahl von Schlägen, mit dem Messergriff in den Boden eingeschlagen hatten.

Dilledopp jagen

Man benötigte einen Dilledopp (Kreisel) und einen Stock mit einer Schnur. (Peitsche)

Nun wickelte man die Schnur um den Kreisel und bewirkte durch ein plötzliches Ziehen der Schnur, daß sich der Kreisel drehte. Wenn der Dilledopp ins Trudeln geriet, brachte man ihn mit einem leichten Peitschenhieb wieder zum schnellen Drehen.

VII. Wohlfahrtspflege in Unkel

Vorbemerkung

Wir sind heute stolz auf unseren Sozialstaat, der mit Hilfe von Steuern für die Hilfsbedürftigen sorgt. Wir vergessen dabei aber, daß auch schon früher eine soziale Fürsorge bestand, allerdings auf örtlicher Ebene. Sie wurde - im Gegensatz zu heute - durch freiwillige Spenden bewerkstelligt.

So bestand auch in Unkel „seit undenklichen Zeiten" eine Armenfürsorge, welche die „Ortsarmen" mit Lebensmitteln versorge.Begüterte Unkeler Bürger spendeten einen bestimmten jährlichen Betrag, welcher dem Einkommen angemessen sein sollte, der für die Armen des Ortes verwandt wurde. So kam z. B. im Jahr 1763 eine Summe von 105 Gulden zusammen; ein Betrag für den man damals ca. 250 Brote kaufen konnte.

Andere Bürger spendeten jährlich eine bestimmte Anzahl Naturalien wie Getreide, Erbsen oder Brote. Darüber hinaus vermachten reiche Einwohner ihre Grundstücke, Häuser oder Wertpapiere an die Armenverwaltung. Die Pacht, Miete und die Zinsen dieses „Armenfonds" flossen in die Armenkasse und ließen im Laufe der Zeiten ein ansehnliches Armenvermögen anwachsen.

Die Armenfürsorge in kurkölnischer Zeit

Die Verwaltung dieses Armenvermögens lag in der kurkölnischen Zeit in den Händen der Kirche. Den frühesten Beleg für die kirchliche Armenpflege finden wir in der Gründungsurkunde der Rheinbreitbacher Kirche vom 25. Juni 1620, als diese sich von ihrer Mutterkirche in Unkel trennte. Hierin wird unter anderem der neuen Pfarrgemeinde - ebenso wie der Mutterkirche - die Führung der Armen-Angelegenheiten gestattet.

Ein weiterer Beweis für die kirchliche Armenpflege bestand darin, daß die Kirchen- und Armengelder gemeinsam verwaltet wurden. Die Einnahmen und Ausgaben wurden vom Armenrechner (Armenprovisor) schriftlich festgehalten. Die Rechnungen und Dokumente der Armenverwaltung wurden mit den kirchlichen und weltlichen Papieren zunächst in der Schöffenkiste, welche im Kirchturm stand, aufbewahrt. Durch „geistlichen Befehl" vom 25. Juni 1728 sollten die Dokumente der Kirchen- und Armenverwaltung aus der Schöffenkiste in das Pfarrhaus gebracht werden, da einige Gerichtsschöffen versucht hatten, die

Verwaltung des Kirchen- und Armenvermögens ansichzuziehen.

Die Überbringung in das Pfarrhaus scheint aber nicht durchgeführt worden zu sein, denn am 29. April 1793 erschien eine weitere kurfürstliche Verfügung in welcher befohlen wurde, die Papiere (Litteralien) der Kirchen- und Armenrenten zu Unkel in das Kirchenarchiv im Pfarrhaus zu bringen. Diese Papiere sollten in einer „Kiste" aufbewahrt werden, von der nur der Pfarrer und der älteste Sendschöffe einen Schlüssel erhalten sollten.[1)]

Die Armenfürsorge in nassauischer Zeit

Durch die Auflösung des geistlichen Kurfürstentums Köln gelangte Unkel 1803 unter die Herrschaft des Fürstentums Nassau-Usingen. Die neue Regierung erließ am 03. November 1803 das „Nassauische Organisations-Edikt". Hierin wurden die Organisation und Aufgaben der Verwaltung und des Rates neu geregelt.

So wurde die bisherige Verwaltung des Vermögens den Kirchen, Hospitälern und anderen mildtätigen Einrichtungen kurzerhand entzogen und unter die Verwaltung der Gemeindebehörde gestellt. Die Gemeinde war angehalten, die bestmöglichste Nutzung des Vermögens zu erbringen, was durch eine Aufsichtsbehörde kontrolliert werden sollte. Ebenso sollten die Etats vom Stadtrat genehmigt und zur Überprüfung nach Linz geschickt werden. - - - Was aber nicht geschah!

Somit lag die Verwaltung des Kirchen- und Armenvermögens in Händen des Schultheißes und des Stadtrates. Diese hielten sich aber nicht an die Vorschriften: Sie gaben Kirchen- und Armengelder aus, legten aber weder einen Etat noch Rechnungen vor. Auch beteiligten sie weder den Pfarrer noch den Kirchenrat an den Beratungen über die Ausgaben des Kirchenvermögens.

Auf Klagen des Unkeler Pfarrers hin wurde die Gemeindebehörde am 18. Juli 1812 angewiesen, Rechnungsbelege vorzuweisen und ein Verzeichnis der vorhandenen Wertpapiere anzulegen. Außerdem sollten Pfarrer und Kirchenrat an der Planung für die Ausgaben der Kirchen- und Armengelder beteiligt werden.[2)]

Die Armenfürsorge in preußischer Zeit

Im Jahre 1815 wurde Unkel dem preußischen Königreich zugesprochen. Dementsprechend wurde die Verwaltung nach preußischem Muster umgeordnet.

Die Armencommission

Am 01.12.1817 erfolgte eine „vorläufige Instruction für die Armencommission". Hiernach wurde für die Bürgermeisterei Unkel eine Armencommission gebildet, welche aus dem Unkeler Bürgermeister, den Pastören aus Unkel, Erpel, Bruchhausen und Rheinbreitbach sowie einem Rechner bestand. Die Aufgabe dieses Gremiums war die Verwaltung des Armenvermögens und die Festsetzung der auszugebenden Gelder für die Armenpflege. Außerdem hatte die Commission für den Unterhalt der Gebäude und Grundstücke des Armenvermögens zu sorgen.

Am Jahresanfang sollte der Etat über Einnahmen und Ausgaben des Jahres aufgestellt und dem Armenrechner zur Ausführung übergeben werden. Am Ende jedes Halbjahres hatte die Armencommission einen ausführlichen Tätigkeitsbericht an die übergeordnete Behörde - den Landrat - zu übergeben.

Da sich diese zentrale Armenverwaltung aber nicht bewährte, wurde ihr durch die „Instruction für die Local-Armenverwaltung" vom 06.10.1820 ein anderer Aufgabenbreich zugewiesen. Sie übernahm fortan die Kontrolle über die neugebildeten örtlichen Armenverwaltungen von Unkel, Erpel, Rheinbreitbach und Bruchhausen. Die Etats sämtlicher o. a. Armenverwaltungen sollten der Commission vorgelegt, von ihr geprüft und danach an den Landrat weitergeleitet werden.

Diese Kontrollfunktion bestand aber nur auf dem Papier; in Wirklichkeit legten die örtlichen Armenverwaltungen ihre Rechenschaftsberichte weiterhin dem Kölner Generalvikariat vor.

Im Jahre 1872 wurde die Armencommission dann aufgelöst.[3)]

Die Local-Armenverwaltung

Wie erwähnt, wurde am 06. Oktober 1820 die „vorläufige Instruction" aus dem Jahre 1817 durch eine neue „Instruction für die Local-Armenverwaltung" ersetzt. Die Armencommission wurde ihrer bisherigen Aufgabe enthoben und sollte alle Armenpapiere (Obligationen, Stiftungsurkunden, Rechnungen und Heberegister) an die neuzubildenden örtlichen Armenverwaltungen aushändigen. Es wurden nun in Unkel, Erpel, Rheinbreitbach und Bruchhausen Local-Armenverwaltungen gegründet. Mitglieder waren der Ortspfarrer, der Ortsschöffe, ein weiteres Mitglied und der Rechner. Den Vorsitz führte der jeweilige Pfarrer; mit Ausnahme von Unkel, wo dem Bürgermeister der Vorsitz zustand.

Der Pfarrer und der Ortsschöffe waren - solange sie diese öffentliche Stellung innehatten - kraft ihres Amtes Mitglieder. Der Rechner und das weitere Mitglied wurden alle 2 Jahre vom Gremium vorgeschlagen und dann vom Landrat ernannt.

Zur sicheren Aufbewahrung der Armenpapiere sollte eine mit drei Schlüsseln versehene „Kiste" angefertigt und an einem sicheren Ort aufbewahrt werden. Über einen Schlüssel verfügten:

1. der Ortspfarrer
2. der Ortsschöffe
3. der Armenrechner

Alle Jahre war von der örtlichen Armenverwaltung des Kirchspiels Unkel ein Etat über die Einnahmen und Ausgaben der Armenfürsorge aufzustellen und der zentralen Armencommission zur Einsicht und zur Genehmigung vorzulegen.

Die Gemeindebehörde in Unkel handhabte diese Vorschriften allerdings sehr großzügig: Der Unkeler Pfarrer und drei Mitglieder des Kirchenvorstands übernahmen wieder - wie in kurkölnischer Zeit - die Verwaltung der Armenpflege, ohne die Zivilgemeinde hieran zu beteiligen. Lediglich auf dem Papier bestand eine Unterordnung unter die zivile Behörde der Bürgermeisterei (Armencommission). An anderen Orten in Preußen allerdings wurde dies nicht so leger gehandhabt.

Die Wertpapiere des Armenfonds befanden sich sei 1820 wieder im Unkeler Pfarrhaus in einem Wandschrank, wovon nur der Pfarrer einen Schlüssel besaß.

Am 22. Mai 1841 wurden die Behörden durch „allerhöchste Kabinettsorder" angewiesen, die bisher unter Verwaltung der zivilen Armencommission stehenden Armenverwaltungen wieder den Kirchen zu übertragen, wenn diese örtliche Garantien für eine gute Verwaltung bieten könnten. So geschah es in Asbach und in Peterslahr, wo von nun an die behördliche Aufsicht entfiel.

In Unkel aber änderte sich nichts an der bisherigen Regelung.[4)]

Als 1850 - infolge der Auswirkungen der Revolution von 1848 - der Kirche durch eine neue Staatsverfassung die Selbständigkeit in der Verwaltung des Kirchenvermögens zurückgegeben wurde, versuchte der Unkeler Kirchenrat, die staatliche Beaufsichtigung durch die Armencommission loszuwerden.

Mittlerweile hatte sich nämlich die Gemeindebehörde wieder auf ihre - bisher nicht ausgeübte - Kontrollfunktion besonnen und drängte auf Unterordnung.

Daher schrieb am 18. September 1858 der Kirchenrat von Unkel mit Pfarrer Köppchen an die preußische Regierung - über das Generalvikariat in Köln - und bat um die Befreiung von der staatlichen Beaufsichtigung. Er wies nämlich anhand vieler Belege nach, daß die Armenpflege in Unkel eine rein kirchliche Einrichtung sei. Außerdem stamme das Armenkapital aus kirchlichen Stiftungen. Aber die preußische Regierung berief sich auf die Instruction der Local-Armenverwaltung von 1820 und beharrte auf einer Unterordnung unter die Gemeindebehörde.

Mit dem Wechsel des liberalen Kultusministers setzte ein härterer Kurs gegenüber der katholischen Kirche ein, bis es dann - ausgelöst durch das Unfehlbarkeistdogma des Papstes - 1870 zum offenen Kampf zwischen Staat und Kirche kam. (Kulturkampf)

Der preußische Staat erließ eine Reihe von kirchenpolitischen Gesetzen, die eine Verdrängung der Kirche aus dem öffentlichen Leben sowie ein Aufsichtsrecht über die Vermögensverwaltung der kath. Gemeinden bezweckten.

Durch das Gesetz vom 08.03.1871 wurden die örtlichen Armenverwaltungen für aufgelöst erklärt und die künftige Verwaltung des Armenvermögens sowie die Armenfürsorge der Gemeindebehörde übertragen. Falls die bisherige örtliche Armenverwaltung aber 30 Jahre vor Inkraftreten des Gesetztes nachweislich in alleiniger kirchlicher Verantwortung gewesen sei, dann könne sie weiterhin bestehen. Am 01.10.1874 forderte Bürgermeister Fransquin vom Unkeler Pfarrer Stolten die Übergabe sämtlicher Armenpapiere, da nun die Gemeindebehörde die Armenfürsorge ausübe.

Aber Pfarrer Stolten verweigerte die Herausgabe der Urkunden des Armenfonds und berief sich auf die Ausnahmegenehmigung des o. a. Gesetzes.

Am 15. Juli 1876 kam es dann zum Prozeß wegen dieser Angelegenheit. Obwohl alle vernommenen Zeugen aussagten, daß die Unkeler Armenfürsorge „kirchlichen Ursprungs“ und „kirchlichen Charakters“ sei, verurteilte das Gericht den Unkeler Pfarrer zur Herausgabe der Armenpapiere. Das Gericht berief sich wiederum auf die „Local-Armenverwaltung“ von 1820 und darauf, daß ja noch eine zweite Armenfürsorge - nämlich die Armencommission - in Unkel bestanden habe.

Pfarrer Stolten legte gegen diesen Gerichtsbeschluß „Appellation“ beim Justiz-Senat in Ehrenbreitstein ein. Aber auch das Appellationsgericht bestätigte am 10.12.1879 das Urteil des Amtsgerichts und verurteilte den Pastor zur Herausgabe der Urkunden.

Am 03.11.1880 erfolgte dann die Übergabe der Armenpapiere an den Bürgermeister, und die Armenfürsorge ging nun in Unkel endgültig an die Gemeindebehörde über.[5)]

Das Armenhaus (Hospital) in Unkel

Arbeitsunfähige Personen, die früher nicht mehr für ihren Lebensunterhalt sorgen konnten, wurden normalerweise von der Großfamilie mitversorgt. Wenn keine Familie vorhanden war, kamen diese Unkeler „Hausarmen" unter die Obhut der kirchlichen Armenfürsorge.

Wohnungslosen Hausarmen bot darüber hinaus das Hospital (Armenhaus) kostenloses Wohnen. Dieses Haus diente auch gelegentlich als Übernachtungsstätte für arme „Wanderer". (Obdachlosenasyl) Solche „Hospitäler" gab es in jedem Ort. In Erpel ist das „Hospitalgebäude" noch erhalten (Hospitalgasse). In Unkel sind die beiden alten „Hospitäler" verschwunden. Nur das „neue Hospital" in der Lehngasse steht noch und dient seinem eigentlichen Zweck. Das alte Hospital und Armenhaus in Unkel besaß die Nr. 34 im Ortsverzeichnis von 1809. Es stand an der Stelle des heutigen Hauses an der Frankfurter Straße 7. Es war ein einstöckiges Fachwerkhaus mit einer Wohnfläche von ca. 230 qm. Gegenüber gab es noch ein zweites Armenhaus (Nr. 37 im Ortsverzeichnis von 1809) mit gleicher Wohnfläche und einem kleinen

Abb. 71: Ehemaliges Armenhaus in der Lehngasse

Garten zum Graben hin. Heute steht an dieser Stelle das Haus Frankfurter Straße Nr. 6.

Beide Häuser boten genügend Platz für die Unkeler wohnungslosen Hausarmen.

Da die beiden Häuser aber schon alt waren und sich in einem schlechten baulichen Zustand befanden, mußten sie häufig repariert werden. Daher beschloß die kirchliche Armenverwaltung 1830, die beiden alten Armenhäuser zu verkaufen und vom Verkaufserlös ein neues, größeres Haus zu kaufen. Die Häuser wurden von einer Kommission taxiert und ihr Wert auf insgesamt 400 Taler festgesetzt. Der Bürgermeister, der gegen einen Verkauf der beiden Häuser war, mußte sich belehren lassen, daß die Armenhäuser im Eigentum der Armenverwaltung waren, also nicht der Zivilgemeinde gehörten, wie er angenommen hatte.

Im Jahre 1832 bot sich eine günstige Gelegenheit: Die Armenhäuser wurden verkauft und mit dem Erlös das Haus der Witwe Agnes Mohr in der Lehngasse gekauft. Dieses Haus war zwar klein, aber die dazugehörige Scheune bot die Möglichkeit zu einem großzügigen Ausbau.

Im Jahre 1834 wurde die Genehmigung zum Ausbau der Scheune erteilt und mit den Umbauarbeiten begonnen. Es stellte sich aber bald heraus, daß ein Neubau vorteilhafter als ein Umbau sein würde. Daher riß man kurzerhand die alte Scheune ab und errichtete einen Neubau, ohne jedoch eine Genehmigung abzuwarten.

Im Herbst 1835 war das neue Armenhaus fertiggestellt, und die ersten Wohnungen wurden bezogen. Mit 14 Zimmern bot es jetzt bedeutend mehr Personen als vorher Unterkunft. Durch die Änderung des Bauplanes aber war der Bau um 140 Taler teurer geworden als veranschlagt. Die Gesamtsumme von 540 Talern erschien jedoch der Armenveraltung zu hoch und sie verweigerte die Restzahlung.

Auch die Baubehörde in Neuwied bemängelte, daß der Bau ohne Genehmigung errichtet worden sei und verzögerte die vorgeschriebene Abnahme des Gebäudes. Erst nach einem Jahr waren die Schwierigkeiten beseitigt, die Abnahme erteilt und die Restzahlung ausgehändigt.

Im Jahr 1844 bemühte man sich um die Erichtung eines Krankenzimmers im Armenhaus. Diesem Bemühen aber war kein Erfolg beschieden.

Im Jahr 1880 ging die kirchliche Armenfürsorge durch Gesetzesbeschluß an die Zivilgemeinde über. Das gesamte Armenvermögen ging in den Besitz der Gemeinde Unkel über; so auch das Armenhaus in der Lehngasse.[6)]

Das Christinenstift

Der ehemalige Zehnthof in Unkel diente nach seiner Auflösung im 19. Jahrhundert verschiedenen auswärtigen Familien als Sommersitz. Nachdem er 1896 in den Besitz des Zeitungsverlegers August Libert Neven DuMont gekommen war, erwog dieser, das Haus und den Park für soziale Zwecke zu nutzen. Er plante, ein Krankenhaus sowie eine Kinderbewahranstalt unter der Betreuung der Schwestern vom Orden der Cellitinnen in der Kupfergasse (Köln) für die Unkeler Allgemeinheit zu stiften.

Nachdem die Gemeinde Unkel diese großzügige Stiftung angenommen und auch die Cellitinnen sich zur Übernahme des künftigen Krankenhauses bereit erklärt hatten, konnte man an die Planung gehen, die wenig später von den Behörden genehmigt wurde.

Die Leitung des Hauses sollte ein Kuratorium übernehmen, das aus dem (Amts-) Bürgermeister, dem katholischen Pfarrer, einem gewöhnlichen Mitglied des Gemeinderats und einem Familienmitglied der Stifterfamilie bestehen sollte.

Auf Kosten der Stifterfamilie - der Stifter August Libert starb 1896 - wurde nun im Anschluß an den alten Zehnthof ein dreigeschossiger quadratischer Neubau errichtet, dessen hohe Giebel sich auch heute noch von der Umgebung abheben. Die Kosten beliefen sich auf 40.000 Mark, dazu kamen noch 10.000 Mark für die Einrichtung. Die Einweihung fand am 22.Mai 1898 statt. Das Haus erhielt nach der Ehefrau des Stifters den Namen „Christinenstift“.

Das kleine Krankenhaus konnte zehn Kranke aufnehmen und bot darüber hinaus im Mansardengeschoß auch Unterkunft für einige „hilflose“ Unkeler Bürger.

Das Christinenstift war für die damalige Zeit außerordentlich gut eingerichtet. Es gab eine Zentralheizung, eine Trinkwasserleitung sowie eine „Brauchwasserleitung“. Die letztere versorgte das Etagen-Bad und die WC`s mit Wasser. Eine solche Einrichtung gab es damals nur in ganz wenigen Häusern Unkels.

Das Christinenstift erfreute sich so großer Beliebtheit, daß das Kuratorium schon um 1900 einen Erweiterungsbau plante, der dann 1902 ausgeführt wurde. Der Anbau und dessen Ausstattung entsprachen ebenfalls den modernsten Anforderungen der Zeit, da die Stifterfamilie mit zu der Finanzierung beitrug.

Im Jahr 1903 entstand dann durch einen kleinen Anbau ein Hauskapelle.

Am 17.02.1902 schlossen der Orden und die Ortsgemeinde einen Vertrag

Abb. 72: Christinenstift um 1900

über 50 Jahre, der dann später noch einmal um 30 Jahre bis zum 31.03.1982 verlängert wurde. In diesem Vertrag wurde festgeschrieben, daß der Orden in Zukunft alle Kosten für weitere Bauarbeiten und Reparaturen tragen sollte. Bei Beendigung des Vertrages jedoch sollten alle Mobilien und Immobilien an die Gemeinde Unkel zurückfallen. Wegen dieses Vertrages, der alle Kosten dem Orden aufbürdete, kam es später zu häufigen Klagen seitens des Ordens. 1970 erklärte sich dann die Stadt Unkel bereit, die Kosten für Außenreparaturen und für größere Innenarbeiten zu übernehmen. Inzwischen war 1900 an der Nordseite des Christinenstiftes eine „Kinderbewahranstalt" gebaut worden, in welcher nun Unkeler Kleinkinder betreut wurden.*

Im 1. Stock dieses Gebäudes befand sich die Schlafstätte der im Stift befindlichen Haushaltsschülerinnen.[7)]

Die Schwestern taten nicht nur im Christinenstift Dienst, sondern betreuten auch die Kranken der ganzen Gemeinde, die sich zu Hause befanden. Schwester Cornelia, die 50 Jahre in Unkel ihren Dienst am Nächsten erfüllte** sowie Schwester Majella, die zahlreichen Unkeler ans Licht der Welt brachte, seien als Beispiel für das segensreiche Wirken der Ordensschwestern angeführt.

1908 gab es im Stift insgesamt 40 Krankenbetten: davon waren 10 für Männer, 25 für Frauen und 5 für Kinder bestimmt.

** Dieser erste Kindergarten wurde 1986 im Rahmen des Neubaus des Christinenstift abgerissen.*
*** Nach ihr ist der „Corneliaweg" benannt*

1909 wurde an den Speisesaal eine Terasse angebaut, da inzwischen auch viele Sommergäste ihren Urlaub im Christinenstift verbrachten. Dies war zwar eigentlich nicht vom Stifter vorgesehen, verbesserte aber die Finanzen.

Im Jahr 1912 trug man sich erneut mit dem Gedanken einer Vergrö ßerung der Baulichkeiten, besonders dringend war der Neubau einer Kapelle. Diese Pläne wurden aber durch den 1. Weltkrieg zunichte gemacht. Während des 1. Weltkrieges diente das Christinenstift als Lazarett, das von Dr. Hinze ärztlich betreut wurde.

Durch den Krieg und Inflation behindert, konnte erst 1928 der Erweiterungsplan verwirklicht werden und die Kapelle errichtet werden.*

1944 diente das Haus wiederum als Lazarett.

1945 fanden dort viele Unkeler, die beim Einmarsch der Amerikaner aus ihren Häusern vertrieben worden waren, eine vorübergehende Unterkunft.

Nach dem 2. Weltkrieg nahm das Wirken des Stiftes zunächst seinen gewohnten Lauf. Da es aber den gesteigerten Anforderungen eines modernen Krankenhauses nicht mehr genügte, blieb nur die Entbindungsstation bestehen, bis diese ebenfalls 1973 schließen mußte. Nun war das Stift nur noch ein Altenheim, in dem alte Damen ihren Lebensabend beschließen konnten.

Inzwischen machte sich der Schwesternmangel immer mehr bemerkbar. Die bisherige ambulante Hilfe wurde eingestellt, der Kindergarten 1974 in die Obhut der Stadt übergeben.[8)]

Als daher der Vertrag mit dem Orden am 31.03.1982 ablief wurde er nicht mehr erneuert. Die Schwestern verließen Unkel und gaben das Christinenstift an die Stadt Unkel zurück.

Aber das Stift war nicht lange ohne Betreuung. Es gelang, die Schwestern vom Orden der Franziskanerinnen vom hl. Josef aus Aegidienberg für Unkel zu gewinnen. Diese allerdings drängten auf eine Erweiterung und Erneuerung der Baulichkeiten. Außerdem verlangten sie eine Öffnung auch für Männer. Nach langwierigen Verhandlungen und Planungen konnte schließlich 1986 mit den Baumaßnahmen begonnen werden, die 1989 abgeschlossen wurden. Heute bietet das Christinenstift mit 28 Doppelzimmern und 16 Einzelzimmern 72 alten Personen einen geruhsamen Lebensabend.

---

* *Diese Kapelle wurde 1986 abgerissen und durch einen Neubau ersetzt.*

Abb. 73: Christinenstift um 1915

Abb. 74: Christinenstift 1993

VIII. Das Kirchenwesen in Unkel

Die Unkeler Pfarrgemeinde

Aus einer Urkunde von 1202 erfahren wir, daß die Kirche in Unkel von einem Vikar betreut wurde, der den Gottesdienst dort versah. Wenig später, nämlich 1246, wird Unkel dann erstmalig als Pfarrei erwähnt. Es ging hierbei um einen Streit zwischen dem Domkustos und Ritter Heinrich von Breitbach wegen des Weinzehnten. Hierbei wird der Domkustos, welcher im Besitz des damaligen Zehnthofes (des heutigen Christinenstiftes) war, als Patronatsherr der Unkeler Kirche erwähnt. Als Patronatsherr besaß er das Ernennungsrecht des Pfarrers. Außerdem stand ihm der halbe Weinzehnt zu. Dafür hatte er aber auch verschiedene Pflichten gegenüber der Pfarrkirche zu erfüllen.

In der o. a. Urkunde wird der Pfarrpatron St. Pantaleon zwar noch nicht erwähnt. Die erste figürliche Darstellung des Heiligen befindet sich als kleine Silberfigur an der gotischen Monstranz aus dem 14. Jahrhundert, die durch die beiden Attribute Salbbüchse und Martyrerpalme gekennzeichnet ist.

Aus dem 15. Jahrhundert stammt der Pantaleonsschrein, der mit schönen Malereien eines Meisters der Lochnerschen Schule geschmückt ist. Dieser Schrein wurde in späteren Zeiten mit brauner Farbe übermalt und stand lange Zeit unbeachtet in der Sakristei, bis Professor Vogts ihn entdeckte und für seine Restaurierung sorgte. Etwa aus der gleichen Epoche stammt der ehemalige Hochaltar, ein dreiteiliger Flügelaltar. Er zeigt in derbgeschnitzten Figuren die Lebens- und Leidensgeschichte des heiligen Pantaleons.[1)]

In der Zeit der Reformation blieb Unkel dem katholischen Glauben treu. Nach dem Konzil von Trient fanden im Erzbistum Köln „Revisonen" statt, in denen über die Pfarrgemeinde und den Pfarrer Auskünfte eingezogen wurden. Besonders achtete man hierbei auf zwei damals strittige Dinge, nämlich den Zölibat und die „Kelchkommunion". In dieser Revision von 1569 heißt es über Unkel:

„Pastor Jodocus Morlian ist ein tüchtiger Mann. Die Pfarrkinder sind mit dem Pastor zufrieden. Er predigt gut und ist um den Gottesdienst besorgt. Er hat allerdings eine famula (Haushälterin), mit der er ein Kind hat."

Diese Nichtbeachtung des Zölibats war aber damals nichts Ungewöhnliches, etwa ein Drittel der visitierten Pfarrer hatten eine

„famula“ sowie Kinder. Pfarrer Morlian mußte denn auch seine famula nebst Kind binnen acht Tagen entlassen.

Weiter erfahren wir: Unterstützung fand der Pfarrer durch den Primissar, einen Vikar, der die Frühmesse halten mußte. Er wohnte in der St. Nikolaus-Vikarie und bezog Einkünfte aus der Primissar-Stiftung. Ernannt wurde der Frühmessner von den Unkeler Schöffen.

Das Einkommen des Pfarrers betrug damals 3,5 Ohm Wein und 20 Taler, die der Baumeister (d. h. Verwalter) des Zehnthofs der Kölner Domkustodie liefern mußte.

Aus dem Jahre 1617 liegt ein weiterer Visitationsbericht vor: Hierin erfahren wir etwas über den bekannten Pfarrer Antonius Joannes Honnefensis (Honnefensis-Kreuz).

„Er ist 37 Jahre alt und seit 11 Jahren Pastor. Er wohnt allein. Er ernährt keine Familie. Dem Trunke spricht er wenig zu. Die Katechese hält er sonntags nach der Vesper. Die Frühmesse hält der Vicarius Petrus Stulzgen. Dieser kann kaum lesen, viel weniger noch die Sakramente verwalten. Küster ist Petrus Arweiler.* Er kann kein Latein.

Der Patron der Kirche ist Sankt Pantaleon. Es hat eine Bruderschaft der Seligsten Jungfrau bestanden, die durch den Pastor neu begründet worden ist und 23 Mitglieder hat.“

Pfarrer Honnefensis, der von 1606 bis 1658 Pfarrer in Unkel war, ist allen Unkelern durch die Stiftung des „Honnefensis-Kreuzes“ an der Ecke Linzer Straße/Hoher Weg in bleibender Erinnerung.[2)]

Die Loslösung Rheinbreitbachs von der Unkeler Pfarrei 1620

Unter dem Pfarrer Honnefensis erfolgte auch die Loslösung Rheinbreitbachs von der Mutterkirche in Unkel. Dies wurde von den Rheinbreitbachern naturgemäß begrüßt, aber von den Unkelern noch lange Zeit beklagt. Der wichtigste Grund für die Trennung war die weite Entfernung Rheinbreitbachs von Unkel. Besonders bei schlechtem Wetter bereiteten Taufen, Beerdigungen und sonstige kirchliche Feiern in der Unkeler Pfarrkirche wegen des langen Hin- und Rückweges große Unannehmlichkeiten.

Mit Urkunde vom 25. Juni 1620 wurde daher die neue Pfarre St. Maria Magdalena in Rheinbreitbach errichtet und ihr alle Pfarrechte übertragen. Das Einsetzungsrecht des Pfarrers erhielt - wie in Unkel - der Kölner Domthesaur. Das Einkommen des Rheinbreitbacher Pfarrers wurde auf ca. 100 Taler im Jahr festgesetzt.[3)]

---

* *Er war auch Lehrer.*

Pfarrer Gottfried Eschenbrender

Der wohl bedeutendste Pfarrer Unkels war Gottfried Eschenbrender. Zunächst wurde ihm, der aus einer der berühmtesten Unkeler Familien stammte, 1673 die St. Nikolaus-Vikarie in Unkel übertragen. Er hatte die Frühmesse zu halten sowie für die Scheurener Kapelle zu sorgen, die allerdings seit 1583 in Trümmern lag. Mit eigenen Mitteln gelang es ihm, die Scheurener Kapelle wieder aufzubauen und sogar mit einer neuen Ausstattung zu versehen. Wie ein Stein in der Umfassungsmauer der Kapelle besagt, war die Wiederherstellung 1683 vollendet. Im Jahre 1685 wurde Eschenbrender dann nach einem langwierigen Rechtsstreit Pfarrer von Unkel. Während seiner Zeit als Pfarrer unserer Stadt (37 Jahre) hat er auf allen Gebieten Außerordentliches geleistet. Seine ganze Energie verwandte er zunächst auf die Renovierung der Kirche und des Pfarrhauses, die in einem argen Zustand waren. Nachdem er dies erreicht hatte, sorgte er mit Hilfe seiner wohlhabenden Verwandschaft für die prächtige Barockausstattung der Unkeler Pfarrkirche sowie für eine Orgel, die ein Bruder stiftete.[4)]

Er setzte sich besonders für die Verehrung der 14 Nothelfer ein, indem er eine Bruderschaft zu Ehren der 14 Nothelfer gründete, die bis zum 1. Weltkrieg bestand, dann ruhte und vor einigen Jahren wieder auflebte. Ihr kostbarster Besitz ist das alte Bruderschaftsbuch, in welches sich brühmte Persönlichkeiten der damaligen Zeit, unter ihnen auch der damalige deutsche Kaiser, eintrugen.

Abb. 75: Pfarrer Gottfried Eschenbrender

Aber auch als Chronist hat Pfarrer Eschenbrender bedeutendes hinterlassen. Er hat die pfarrgeschichtlichen Geschehnisse seiner Zeit aufgezeichnet sowie geschichtliche Nachforschungen angestellt. Seine Aufzeichnungen hierüber geben uns Einblicke über wichtige Ereignisse der damaligen Zeit sowie über die pastoralen Einkünfte. In Erinnerung an Pfarrer Eschenbrender und seine Familie wurde zunächst der obere Markt in Eschenbrender-Platz und später die breite Straße des Rheinbüchels „Eschenbrenderstraße“ genannt.[5)]

Der Kampf von Pfarrer Stolten gegen den Altkatholizismus

Ein bisher ziemlich unbekannter Pfarrer Unkels erwarb sich im vorigen Jahrhundert große Verdienste um die Pfarrgemeinde.

Johannes Heinrich Stolten, am 26.04.1836 in Köln geboren, wurde am 25.11.1870 zum Pfarrer von Unkel ernannt und am 24.12.1870 in seine neue Pfarre eingeführt.

Schon bei seiner Einführung merkte er, daß er ein sehr schwieriges Amt übernommen hatte, denn im Unkeler Pfarrhaus wohnte noch der abgesetzte altkatholische Pfarrer Dr. Tangermann, der sich weiterhin als rechtmäßiger Seelsorger von Unkel betrachtete. Schuld an dieser Lage war das Unfehlbarkeitsdogma, das 1870 auf dem Vatikanischen Konzil verkündet worden war. Es besagte: „Der Papst ist unfehlbar, wenn er ex cathedra - in Vollmacht als Lehrer und Hirte der Gesamtkirche - eine Glaubenslehre als allgemein verbindliche Lehre formuliert."

Innerhalb der katholischen Kirche erhob sich nämlich ein starker Widerstand, der vor allem von Bonner Theologen ausging. Dieser Widerstand führte schließlich zur Bildung einer „altkatholischen" Kirche. Die Altkatholiken lehnten außer dem Primat des Papstes auch den Priesterzölibat, die Ohrenbeichte, den Ablaß sowie den Reliquienkult ab.

Wie die Wunschvorstellungen der Altkatholiken damals aussahen, schildert recht anschaulich ein Artikel in der „Norddeutschen Allgemeinen Zeitung" anläßlich der Wahl des ersten altkatholischen Bischofs Reinkens im August 1873.

„Reinkens, von national gesinnten Geistlichen zum deutschen Missionsbischof gewählt, begeistert für Kaiser und König, für Reich und Vaterland, kündigte nach seiner Wahl an, daß er ein deutscher Bischof mit deutschem Herzen und deutscher Zunge sein wolle." [6)]

Weiter heißt es dann: „In gar nicht vielen Jahren werden infolge des Ungehorsams der (katholischen) Bischöfe und des energischen Vorgehens der (preußischen) Regierung zahlreiche katholische Gemeinden ohne Seelsorger sein. Da das Volk aber Priester haben muß, wird es schließlich diese von Bischof Reinkens erbitten. Dieser sendet mit Genehmigung des Staates Männer seines Geistes, die in dem bestehenden Weinberg der deutschen Kirche nach seinem Geiste wirken und arbeiten, mit einem Wort reformieren.

Und wenn endlich nach langer, mühseliger Arbeit alle religiösen Fanatiker, alle vaterlandslosen und vaterlandsfeindlichen Römlinge verdrängt und durch deutsche Priester ersetzt sind, dann werden unsere Kinder ihren evangelischen Brüdern die Hand zum Bruderbunde zur deutschen Kirche ohne Dogmenzwang und ohne Formelkram reichen, das weise Walten der göttlichen Vorsehung erkennen und in stiller Anbetung loben und preisen.“ [7)]

Während Preußen die altkatholische Kirche unterstützte, ging die katholische Kirche mit aller Strenge gegen die „Häretiker“ vor und enthob sie ihrer Ämter. Alle Theologen mußten nämlich einen Revers unterschreiben, in welchem sie ihre Zustimmung zu dem Unfehlbarkeitsdogma attestierten.

Als am 03.Oktober.1870 alle Pfarrer des Kölner Erzbistums vom Erzbischof zu dieser ausdrücklichen Glaubenszustimmung zur Unfehlbarkeit des Papstes aufgefordert wurden, erbat sich Pfarrer Dr. Tangermann Bedenkzeit. Am 08.Oktober.1870 erfolgte eine nochmalige Aufforderung zur Abgabe der Erklärung binnen 10 Tagen. Bei einer Weigerung wurde dem Pfarrer Amtsenthebung angedroht.

Da Dr. Tangermann diese Erklärung aber verweigerte und sich zum Altkatholizismus bekannte, erfolgte am 19.November.1870 die „Suspensio ab ordine et jurisdictione“.

Die Unkeler Pfarrstelle wurde für erledigt erklärt und Dr. Tangermann zum Verlassen des Pfarrhauses und zur Herausgabe aller der Kirche gehörenden Dinge aufgefordert. Aber Dr. Tangermann weigerte sich und verblieb im Pfarrhaus.

Ende November des Jahres schickten ca. 200 Einwohner des Kirchspiels Unkel unter Federführung des Unkeler Bürgermeisters Fransquin eine Eingabe an den Kölner Erzbischof mit der Bitte den „christkatholischen“ Dr. Tangermann wieder in sein Amt einzusetzen. Aber umsonst.[8)]

So kam es, daß der neuernannte Pfarrer von Unkel zu Weihnachten 1870 nicht in das Pfarrhaus einziehen, sondern eine andere Wohnung im Ort nehmen mußte. Seine Pfarrhandlungen mußte er ohne Pfarrbücher und ohne Pfarrsiegel verrichten, da der abgesetzte Pfarrer diese nicht herausgab.

Am 09. März 1871 schließlich räumte Dr. Tangermann das Pfarrhaus und verzog nach Bonn. Nun erst konnte Pfarrer Stolten in das Unkeler Pfarrhaus einziehen.

Die religiöse Situation in Unkel war jedoch bei der Amtsübernahme von Pfarrer Stolten sehr gespannt. Einige Unkeler - unter ihnen Bürgermeister Fransquin - waren zum Altkatholizismus übergetreten, andere hielten am alten Glauben fest.

In der Pfarrchronik schrieb Pfarrer Stolten später: „Die Pfarre war in einem traurigen Zustand, ein großer Teil derselben war häretisch geworden. Mit Gottes Hilfe habe ich wieder ordentliche Verhältnisse hergestellt. Ich führte meine Pfarrkinder wieder zum rechten Glauben zurück und habe sie zu allem Guten angeleitet.“ [9]

Geistliche in der Pfarrei St. Pantaleon, Unkel [10]

Heinrich Hecht	1202
Fimianus Nodeck	1522
Jodocus Morlian	1574
Johann Breidtbach	1581
Theodor Furdt von Sohr	1589
Nikolaus Krey	
Sebastian Feiden	
Peter Königsfeld	
Friedrich Mürll	1596/97 - 1600
Johannes Heiden	1600 - 1667
Antonius Joh. Honnef	1607 - 1658
Peter Stemmeler	1658 - 1666
Adolf Düssel	1666 - 1684
Gottfried Eschenbrender	1685 - 1723
Johann Adolf Röttgen	1723 - 1738
Joh. Heinr. Ignaz Müller	1738 - 1771
Heinrich Gressenich	1771 - 1793
Peter Jos. Andreas Bachem	1793 - 1809
Joh. Mathias Winterschladen	1811 - 1828
Gottfried Strauss	1828 - 1844
Theodor Köppchen	1844 - 1864
Wilhelm Tangermann	1864 - 1870
Joh. Heinrich Stolten	1870 - 1895
Jakob Scheltenbach	1896 - 1910
Franz X. Erdweg	1910 - 1914
Gregor Schwamborn	1914 - 1921
Joseph Vaassen	1921 - 1941
Josef Kremer	1942 - 1957
Willi Brauns	1957 - 1977
Bruno Wegener	1977 -

Andreas Arend

Die Unkeler Pfarrkirche St. Pantaleon

Nahe am Rhein erhebt sich die Pfarrkirche St. Pantaleon, deren wuchtiger Turm weit in die rheinischen Lande hineinschaut.

Ihr heutiges Aussehen erhielt die Kirche erst aufgrund mehrmaliger Umbauten und Erweiterungen. Zunächst errichtete man um 1200 auf den Resten einer Vorgängerkirche eine dreischiffige Basilika mit einem flachen Dach. Hiervon blieb nur der Westturm übrig, der aber ursprünglich eine andere Dachform hatte.

Schon am Ende des 13. Jahrhunderts wurde die Kirche erweitert: Sie erhielt einen größeren gotischen Chorabschluß.

Im Jahre 1502 erfolgte der endgültige Ausbau unseres Gotteshauses, der ihm sein heutiges Aussehen verlieh. Die Seitenschiffe wurden verbreitert, hochgeführt und jedes mit einem eigenen Dach versehen. Ebenso erhielt die Kirche - mit Ausnahme des nördlichen Seitenschiffes - ihr heutiges Gewölbe.

An die Kirche wurden im 16. Jahrhundert die südliche und 1903 die nördliche Sakristei angebaut.

Es ist die reiche und einheitliche Ausstattung, die unser Gotteshaus zu so einem eindrucksvollem Raum macht: Zunächst fällt der prächtige Hochaltar von 1705 ins Auge, der dem hl. Pantaleon geweiht ist. Gestiftet wurde der Altar von dem Hofratspräsidenten Andreas Eschenbrender, einem Bruder des damaligen Pfarrers.

Abb. 76: Blick auf die Kirche und das Siebengebirge

Das Hauptbild zeigt den Pfarrpatron bei der Heilung eines Blinden, eines Lahmen und eines Kindes. Über dem Bild prangt das Kleeblattwappen des Stifters.

In der oberen Hälfte des Altars befindet sich ein ovales Bild mit der Anbetung der drei Weisen. Zu beiden Seiten davon sitzen die Apostelbrüder Petrus und Andreas. Die barocke Pracht des Hauptaltars findet einen passenden Rahmen in dem feingeschnitzten Chorgestühl, der Kommunionbank und der „Kirchenväter-Kanzel".

Auch das Bankwerk der Kirche und mehrere Figuren stammen aus dieser Zeit und geben der Kirche ein einheitliches Bild. Fast alle diese Barockwerke sind Stiftungen der Gebrüder Eschenbrender.

Aber auch Gegenstände aus früheren Zeiten zieren den Raum: Da ist der wunderschöne schmiedeeiserne Hängeleuchter aus dem Jahr 1527, dessen schön geschnitzte Engel Leidenswerkzeuge Christi sowie Kerzenständer tragen. Ein übergroßer Christus am Kreuz stammt aus der gleichen Zeit. Ein hölzerner „Ecce homo" aus dem 14. Jahrhundert schaut leidend von einer Säule auf uns herab. Eine spätgotische Plastik der Mutter Anna mit Maria sowie die Figur des heiligen Pantaleons mit Salbgefäß und Martyrerpalme haben an den Pfeilern ihre Aufstellung gefunden.[11)]

In der Kirche befinden sich zwei Seitenaltäre:

Der **Marienaltar** im südlichen Seitenschiff hat im Laufe der Zeit verschiedene Änderungen erfahen: Zunächst als Nikolausaltar errichtet, wurde er ca. 1700 von Arnold Eschenbrender in einen Marienaltar umgewandelt. Hier stand die schöne Madonna, die 1880 ihren Weg in die Scheurener Kapelle fand. Ihren Platz nahm die Nachbildung einer „Lourdes Madonna" ein,

Abb. 77: Altar der Unkeler Kirche um 1955

Abb. 78: Marienaltar von 1930 - 1990

welche wiederum 1930 der neugeschaffenen Muttergottes eines Düsseldorfer Künstlers weichen mußte. Als 1990 der Altar in seiner ursprünglichen Form wiederhergestellt wurde, kehrte die alte Madonna wieder in die Unkeler Kirche zurück. Während die „Lourdes - Madonna" heute im Park des Christinenstiftes steht, befindet sich die andere Muttergottes mit den Nebenfiguren in der Scheurener Kapelle.

Abb. 79: Marienaltar seit 1990

Im linken Seitenschiff befindet sich der **Herresdorf-Altar,** auch **Kreuzaltar** genannt. Das Mittelfeld zeigt eine Reliefdarstellung des Tempelgangs Mariens. Im oberen Feld ist die Anbetung der

Hirten dargestellt. An den Seiten stehen die Figuren der hl. Anna, Marias, Pantaleons und des Johannes. Am unteren Teil des Altares sind die Wappen und die Personen der beiden Stifterfamilien Adam und Bertram von Herresdorf abgebildet.

Abb. 80: Der Herresdorf-Altar

Der untere, steinerne Altar, der um 1630 entstanden ist, wird von einer hölzernen Kreuzigungsgruppe, die von einem älteren Altar übernommen wurde, gekrönt.[12)]

Sehenswert ist auch die **Vierzehn-Nothelfer-Kapelle**. Hier stehen die 14 Heiligen in lebensgroßen Figuren dargestellt. Sie wurden 1732/33 von wohlhabenden Unkeler Bürgern gestiftet. Hier fand auch der ehemalige Hochaltar der Pfarrkirche eine neue Bleibe. Er zeigt die Lebens- und Leidensgeschichte des heiligen Pantaleons auf.

Abb. 81: Vierzehn-Nothelfer-Kapelle

Außerdem befinden sich hier ein hölzerner Reliquienschrein aus dem 15. Jahrhundert sowie ein reich geschmückter Taufbrunnen des 13. Jahrhunderts.

Neben dieser prachtvollen Einrichtung und Ausstattung ruhen in den Sakristeischränken und im Safe noch wertvolle Paramente und kostbare Kirchenggeröte.

So besitzt Unkel eine an Schönheit und Kunstschätzen reiche Kirche, auf die wir mit Recht stolz sein können.

Die Kapelle in Scheuren

Abb. 82: Scheuren von Süd-Osten

In der Mittte des Ortes, am neugestalteten Dorfplatz, steht die Scheurener Kapelle, die dem hl.. Joseph geweiht ist. Schon im Jahr 1552 wird sie erstmalig urkundlich erwähnt; sie dürfte aber schon um 1500 erbaut worden sein. In dieser Zeit wurden nämlich die benachbarten Kirchen in Bruchhausen und Rheinbreitbach errichtet, deren bauliche Ähnlichkeit den gleichen Architekten vermuten lassen. Diese erste Kapelle stand allerdings nicht lange. Im „Kölnischen Krieg" wurde sie 1583 in Brand gesteckt und blieb ca. 100 Jahre als Ruine bestehen. Erst 1680 begann der damalige Vikar Gottfried Eschenbrender mit dem Wiederaufbau des Scheurener Gotteshauses, der 1683 vollendet war, wie ein Stein in der Umfassungsmauer besagt: „Ao 1683 RESSURREXIT" (Im Jahre 1683 wieder erstanden).

Während die Chorpartien noch von dem ersten Bau stammen, wurden die übrigen Wände beim Wiederaufbau neu errichtet. Um Platz zu gewinnen, wurde zusätzlich an der Westseite eine Empore geschaffen. Aus dieser Zeit stammen auch die Kommunionbank sowie die übrigen Bänke. Das Prunkstück der Kapelle aber ist der prächtige Hochaltar. Er wurde von Johann Franz Neffgen, dessen Wappen mit den drei Eicheln sich über dem Hauptbild befindet, um 1700 gestiftet. Das Hauptbild stellt die Heimsuchung Mariens dar. Darüber befindet sich in einem Oval die Vermählung Mariens mit Joseph. An den Seiten stehen die Figuren der Pestheiligen St. Rochus und St. Sebastianus sowie der Eltern Mariens.

Bei Kriegsende 1945 diente die Kapelle den Scheurener Bürgern als Zufluchtsstätte, woran ein Gedenkkreuz erinnert,

1986 erfolgte eine gründliche Renovierung, welche die Kapelle wieder zum Schmuckstück des Ortes werden ließ.[13)]

Die evangelische Kirche

In kurkölnischer und nassauischer Zeit (bis 1815) wohnten in Unkel keine evangelischen Christen. Erst als Unkel preußisch wurde, zogen vereinzelt Beamte oder pensionierte Offiziere in unseren Ort. Diese kleine protestantische Gemeinde besuchte den Gottesdienst in den Nachbargemeinden.

Im Jahr 1887 wurde dann im Hotel Schulz der erste evangelische Gottesdienst abgehalten. Wie wir aus einer Aktennotiz entnehmen, war dies auch noch 1914 der Fall: „An jedem 2. und 4. Sonntag findet um 11.00 Uhr im Hotel Schulz ein evangelischer Gottesdienst statt."

Später stellte Frau von Werner in ihrem Haus einen Raum für den Gottesdienst zur Verfügung.

Nach dem 2. Weltkrieg erfolgte ein Umzug in das Freiligrath-Haus in der Pützgasse.

Der stark angewachsenen Gemeinde genügte aber dieses Provisorium nicht mehr, und so kam es 1959 zur Bildung eines Kirchbauvereins. Nachdem das Grundstück von der Firma Henkel gespendet worden war, wurde der Architekt Schönhagen mit der Gestaltung der Kirche beauftragt. Nach Genehmigung des Plans durch die Landeskirche erfolgte am 30.06.1963 die Grundsteinlegung der neuen Kirche. Schon am Heiligen Abend 1964 wurde der erste Gottesdienst dort abgehalten. Die offizielle Einweihung erfolgte am Sonntag, dem 21.02.1965 durch den Pfarrer Alfred Bierwirth.

In einem Zeitungsartikel heißt es: „Die neue evangelische Kirche in Unkel konnte kaum alle Gläubigen fassen, die sich am Sonntagnachmittag zur festlichen Einweihungsfeier des Gotteshauses eingefunden hatten. Bei der kirchlichen Feier wirkten der Kirchenchor aus Linz und der Flötenchor aus Unkel unter der Leitung von Lehrer Stratmann mit. Neben den Gläubigen aus dem Amt Unkel waren auch viele evangelische Gemeindemitglieder aus den Nachbarämtern Linz und Bad Hönnigen, die Bürgermeister der Gemeinden des Amtes Unkel sowie Pfarrer Brauns von der katholischen Pfarrgemeinde Unkel zu Gast." [14)]

Die Unkeler Friedhöfe

Der alte Friedhof

Schon seit dem 13. Jahrhundert diente der alte Friedhof um die Pfarrkirche als Begräbnisstätte für das gesamte Kirchspiel Unkel, wozu auch Scheuren, Rheinbreitbach sowie das verschwundene Berge gehörten. Erst 1620 erhielt Rheinbreitbach einen eigenen Friedhof.

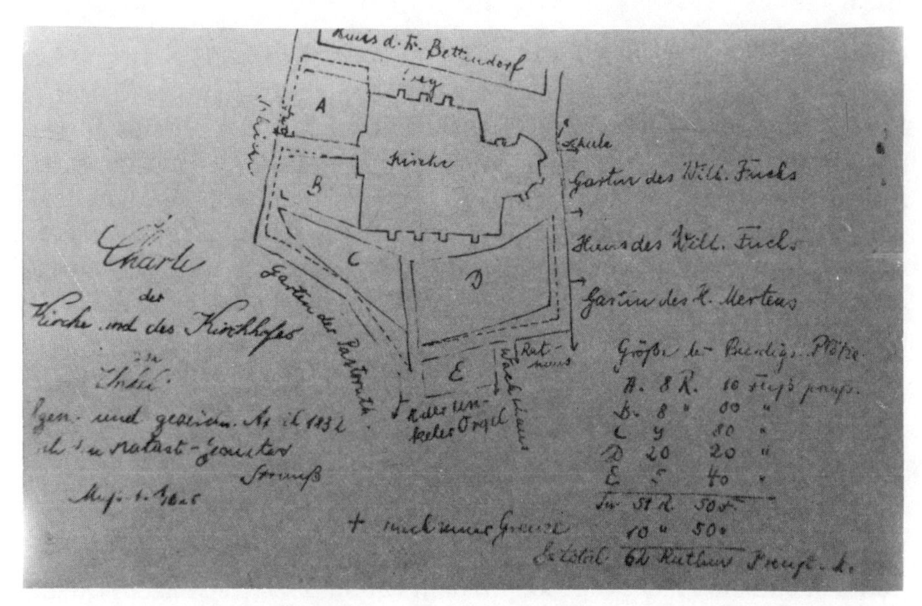

Abb. 83: Plan des Unkeler Friedhofs 1832

Die Geistlichkeit sowie die besonderen Wohltäter fanden innerhalb der Kirche ihre letzte Ruhe: Die Pfarrer wurden in einer Krypta unter dem Altarraum begraben. Die drei bedeutenden Familien Unkels, nämlich Berntges, Eschenbrender und von Herresdorf hatten ihre Begräbnisstelle vor den beiden von ihnen gestifteten Seitenaltären. Eine besondere Grabstätte waren die Außennischen der Kirchenmauer. In einer Verordnung von 1785 verbot der Kurfürst die Beerdigungen innerhalb der Kirche und verfügte ferner die Verlegung des Kirchhofs nach außerhalb der Stadt. Da jedoch kein geeigneter Platz hierfür gefunden wurde, verblieb der Friedhof bei der Kirche. Die gewöhnlichen Unkeler fanden ihre letzte Ruhe also auf dem Kirchhof. Dieser war allerdings bedeutend kleiner als heute, denn er bestand lediglich aus dem Platz westlich der Kirche sowie zwei schmalen Flächen südlich davon.* Er mußte daher alle acht Jahre neu belegt werden. Die ausgegrabenen Gebeine wurden im angrenzenden Beinhaus - mit darüberliegendem Ratssaal - aufbewahrt.

1808 wurde das Beinhaus auf Anordnung der Regierung geräumt und die Knochen auf einem naheliegendem (ehemaligem Rheinbreitbacher) Begräbnisplatz beigesetzt.

Unter preußischer Herrschaft wurden dann die Friedhöfe um Kirchen bzw. inmitten von Ortschaften generell verboten und die Verlegung außerhalb des Wohnbereichs gefordert. Die Unkeler aber blieben bei ihrem Kirchhof.

** ca. 800 qm*

1. Erweiterung

Als 1831 die damalige Besitzerin des Zehnthofs Sybille Mertens-Schaaffhausen sich über die Geruchsbelästigung des Kirchhofs beschwerte, nahm der Bürgermeister dies zum Anlaß für die Verlegung des Friedhofs nach außerhalb. Während Dechant Strauß mit dem Kirchenvorstand sich für die Beibehaltung des alten Kirchhofs einsetzte, forderte Bürgermeister Mäurer die vorgeschriebene Verlegung. Der Streit dauerte drei Jahre. Schließlich einigte man sich darauf, den Friedhof durch Verengung der Friedhofswege und durch Verkleinerung des Pfarrgartens zu vergrößern. Hierdurch sollte eine Geruchsbelästigung ausgeschlossen werden.[15)]

2. Erweiterung

Im Jahre 1857 wurde das alte Rathaus am Rande des Friedhofs abgerissen und die Fläche (ca. 80 qm) dem Kirchhof zugeschlagen. Da die Zivilgemeinde die damit verbundenen Kosten in Höhe von 270 Mark übernommen hatte, beanspruchte sie während des Kulurkampfes auch ein Mitbestimmungsrecht über den gesamten Kirchhof, was zu heftigen Streitigkeiten zwischen Bürgermeister von Altrock und Pfarrer Stolten führte. Die Angelegenheit wurde schließlich dadurch bereinigt, daß Dr. med. Kirchartz aus eigener Tasche die entstandenen Kosten der Friedhofserweiterung bezahlte, so daß der Pastor „Herr auf dem Kirchhof" blieb. Dem großzügigen Dr. Kirchartz wurde als Dank ein Erbbegräbnis auf diesem Friedhofsteil zugedacht.[16)]

Abb. 84: Altes Grabkreuz

3. Erweiterung

Um die Jahrhundertwende stand das Problem des nicht ausreichenden Kirchhof wieder an. Man beabsichtigte nun, den großen Garten der Vierzehn-Nothelfer-Vikarie als neuen Friedhof einzurichten. Aber dagegen richtet Gräfin Blumenthal, die in der Nähe wohnte, massiven Protest. So war es allen recht, als der Hof der Familie Müller, der direkt an die

Kirche grenzte, der Pfarrgemeinde zum Kauf angeboten wurde. (Größe: 2,80 Ar) Nach dem Abbruch der Gebäude des Müllerschen Hofes sowie dem Abriß der ehemaligen Knabenschule/Küsterei erhielt der Kirchhof seine heutige Größe.

Damals wurden auch die alten Grabkreuze als „Wegbegrenzung" aufgestellt, die heute den alten Friedhof zum geschützten Denkmal machen.[17)]

Der „neue" Friedhof

Da der alte Friedhof bei wachsender Bevölkerung immer noch zu klein war, griff die katholische Pfarrgemeinde 1934 auf den alten Plan zurück und legte auf dem Gelände der Vierzehn-Nothelfer-Vikarie den sog. „neuen" Friedhof an. Mit einer Größe von 47,20 Ar bot er Platz für viele Gräber.

Am 04.07.1934 erfolgte die erste Belegung der neuen Begräbnisstätte. Im April 1935 wurde das Monument in der Mitte des Friedhofs aufgestellt. Es ist eine Arbeit der Bildhauerei Richard Gschwender aus München. Von den Kosten in Höhe von 1650 Mark übernahm Pfarrer Vaassen 1000 Mark.[18)]

Der evangelische/städtische Friedhof

Bis Anfang des 19. Jahrhunderts gab es - außer 3 jüdischen Familien - nur Katholiken in Unkel. Erst unter Preußen zogen auch evangelische Beamte und Pensionäre in den Ort. Da damals auf einem katholischen Friedhof keine Andersgläubigen begraben werden durften und der Kirchhof außerdem wenig Platz bot, mußten die verstorbenen Protestanten in Oberwinter begraben werden.

Es entstanden aber im Laufe der Zeit unerfreuliche Streitigkeiten über Beerdigungen verstorbener Protestanten, so daß im Jahr 1853 die preußische Regierung die Gemeinden verpflichtete, für geeignete evangelische Begräbnisplätze zu sorgen.

Die Gemeinde Unkel bot daher 1858 der evangelischen Gemeinde ein Grundstück zum Kauf an, das neben der Begräbnisstelle für unbekannte (d. h. aus dem Wasser geländete) Leichen lag. Die Bestattung unbekannter, am Rheinufer gefundener Leichen hatte nämlich immer wieder große Schwierigkeiten bereitet, da ihnen auf dem katholischen Friedhof eine Beerdigung verweigert wurde. Daher hatte die Zivilgemeinde ca. 1820 eine ehemalige Sandgrube am Hohen Weg als „Begräbnisort" für solche unbekannten Toten eingerichtet. Der Ort war durch ein rot angestrichenes Holzkreuz mit der Inschrift: „Confide in

Deo“ (Vertraue auf Gott) bezeichnet.

Die Lage des angebotenen Begräbnisortes in dieser Nachbarschaft war nicht gerade günstig. Trotzdem nahm die evangelische Gemeinde nach anfänglichen Bedenken das Angebot an.

Die Einweihung des neuen, evangelischen Friedhofs erfolgte anläßlich der Beerdigung des Majors a. D. Franz von Stein im Jahr 1860. Viele Protestanten jedoch nahmen den Friedhof nicht an und ließen ihre Toten weiterhin auswärts begraben, da der neugeschaffene Friedhof keinen schönen Anblick bot.

Dies änderte sich erst, als die Witwe des 1879 auf dem Friedhof beigesetzten Daniel von Schöler sich für eine Verbesserung der äußeren Anlagen einsetzte. Sie erwarb ein zusätzliches Grundstück zur Erweiterung und sorgte für die Verschönerung der Anlagen und Wege. Außerdem ließ sie ein schönes Eingangstor errichten. Sie setzte es auch durch, daß 1891 die unschöne Begräbnisstelle für unbekannte Leichen zugeworfen und ordnungsgemäß hergerichtet wurde, so daß der evangelische Friedhof nun ein würdiges Aussehen erhielt.

Im Jahr 1962 übergab die evangelische Gemeinde den Friedhof in die Obhut der Stadt Unkel. Diese erweiterte ihn durch Ankauf von anliegenden Grundstücken auf seine heutige Größe und baute eine Friedhofshalle, die den modernen Ansprüchen genügte.

So kam es, daß der alte „evangelische“ Friedhof nun den Kern des heutigen „städtischen“ Friedhofs bildet.[19)]

Die Unkeler Glocken

Die Glocken spielten eine wichtige Rolle im kirchlichen sowie im weltlichen Leben unserer Vorfahren. Sie riefen zum Gottesdienst, kündeten Freud und Leid innerhalb der Gemeinde oder riefen um Hilfe bei Gefahr.

Die älteste Glocke, die wir in Unkel besitzen, stammt von 1479. Sicherlich gab es auch vorher schon Glocken im Unkeler Kirchturm, aber leider besitzen wir hierüber keine Kenntnisse.

Vorhandene Glocken

a) **Meßglöckchen Maria und Johann** (im Firstreiter über dem Chor) 1479

Das Meßglöckchen, das noch mit der Hand geläutet wird, ist nur schwer zugänglich. Es wurde daher erst 1961 bei der Restaurierung des Turmes erfaßt.

schwer zugänglich. Es wurde daher erst 1961 bei der Restaurierung des Turmes erfaßt.

Höhe : 43 cm Durchmesser (unten): 38,2 cm
Gewicht : 44 kg
Inschrift : MCCCCLXXVIIII (1479)
MARIA VND SENT JOHANN

Diese Inschrift befindet sich auf einem 3,5 cm breitem Band in Höhe von 25 cm auf der Glocke.

Das Meßglöckchen wird seit 1992 elektrisch geläutet.

b) die Pantaleonsglocke von 1550

Höhe : 125 cm
Umfang : 450 cm
Gewicht : 1920 kg
Ton : d´
Inschrift : Sanctus pantaleon heischen ich zum deinst gotz rouffen ich de doeden beschreien ich o sunder bekehr dich so gift dir god sin ewig rich. dederich von coellen gius mich anno MDL

Die Glocke ist an ihrem oberen Rand mit Ornamenten verziert. Darunter befinden sich vier kleine Darstellungen der Geißelung, der Dornenkrönung, der Kreuztragung und der Kreuzigung Christi. Die Glocke wurde 1550 in der Werkstatt des Kölner Glockengießers Dederich von Coellen gegossen.[20)]

c) die Magdalenenglocke (genannt: „Et Füsschen") 1556

Von demselben Meister wurde sechs Jahre später (1556) eine zweite, kleiner&Glocke gegossen. Sie besitzt ähnliche Ornamente mit Darstellung der Auferstehung Christi und Anbetung der drei Weisen.

Höhe : 74 cm
Umfang : 260 cm
Gewicht : 375 kg
Ton : a´
Inschrift : sancta maria magdalena heischen ich tzom deinst gotz rouffen ich dedrich von coellen gius anno 1556

d) Stundenglöckchen

Da es nicht zugänglich ist, kann man nichts über Alter oder Herkunft sagen. Es schlug die Stunden.

e) Marienglocke (von 1991)

Höhe : 125 cm

Ton	:	e´ (eingestrichenes e)
Inschriften	:	TE CANO VOCE PIA TIBI CLANGO VIRGO MARIA (Dich besinge ich mit frommer Stimme, für dich klinge ich Jungfrau Maria) pIe DeDerVnt wILLI braVns eXparoChVs VnCkeLLensIs et ELIsabeth helDekrVeger (Fromm schenkten mich Willi Brauns, der ehemalige Pfarrer von Unkel und Elisabeth Heidekrüger)[21]

f) Martinusglocke von 1991

Höhe	:	108 cm
Durchmesser	:	123 cm
Gewicht	:	850 kg
Ton	:	fis´
Inschriften	:	IN SANCTI MARTINI HONOREM NON RECUSO LABOREM (Zu Ehren des heiligen Martin verweigere ich die Arbeit nicht) MartInVs bVrgwInkel CIVIs VnkelensIs DeVote CLangere CVraVIt (Martin Burgwinkel, Unkeler Bürger, ließ mich ehrfürchtig erklingen)[22]

g) Ehemalige Glocken

Durch die beiden Weltkriege gingen in Unkel folgende Glocken verloren:

1. Jesus-Maria-Josephglocke von 1786 bzw. 1836

Höhe	:	118 cm		
Umfang	:	440 cm		
Durchmesser	:	140 cm		
Gewicht	:	1600 kg		
Ton	:	cis ´		
Inschrift	:	oben	:	Gegossen, von Georg Claren in Sieglar
		unten	:	Fusa 1786, et iam 1823, tristem PI VII pontif. Max. obitum deplorans, rupta, tandem 1836 sumptibus civ. Unkel donisque benefactorum restaurata denvo D.O.M. laudo, vivos voco, mortuosque plango

Diese Glocke mußte 1918 an die Kriegsmetall A. G. Berlin abgeliefert werden und kehrte nie mehr zurück.[23]

2. Walburgisglocke von 1786*

Höhe : 90 cm
Umfang : 361 cm
Durchmesser : 115 cm
Gewicht : 930 kg
Ton : fis´
Inschrift : Franc. Casp. de Herrestorff L. J. Civit Col. Cons. Jons. et Iussu nobili matrinae Elisabethae ab Herrestorff natae de Putz Walburgis appellor me benedixit Ger. Jos. de Herrestorff Metrop. Eccles, Col. Canon Cap. Decan S. Severini Col. Benefactores Sub Maximil. Franc. Archid Austr. Archiep. et El. Colon. procurante senatu civ. Unkel campana haec fusa per Rincker MDCCLXXXVI

Auch diese Glocke mußte 1918 abgeliefert werden und kam nie wieder.[24)]

3. die Gefallenengedenkglocke von 1925

Gewicht : 1385 kg
Ton : e´
Inschrift : Namen der im 1. Weltkrieg Gefallenen. BELLa neCes retICent, paCIs regIna benIgna eXorIare VIrIs De patrIa MerItI (Still schweigen Krieg und Kampf. Schau gütige Königin des Friedens herab auf die Männer, die sich um die Heimat verdient gemacht.) Chronogramm: 1925[25)]

4. Jesus-Maria-Josephglocke von 1925-1945

Gewicht : 875 kg
Ton : fis´
Inschrift : Heiliger Joseph auf dich bin getauft ich in Unkel am Rhein. Höre der Frommen Gebet, wenn sie mein Ruf hat vereint.

5. Erzengel-Michaelsglocke von 1925-1945**

Gewicht : 571 kg

---

* *Durch den Verlust der beiden Glocken (1. und 2.) war das Geläut der Unkeler Kirche unvollständig und man entschloß sich im Jahre 1925 zur Anschaffung von drei neuen Glocken. Die beiden großen Glocken bezahlte der Pfarrer Vaassen, die kleinere die Pfarrgemeinde.*

** *Diese drei Glocken (2. bis 5.) von 1925 wurden im 2. Weltkrieg abgeliefert und blieben verschwunden. Da drei Glocken im 2. Weltkrieg abgeliefert werden mußten und nicht mehr zurückkamen, wurden 1952 zwei neue Glocken angeschafft. Leider waren sie aus Kostengründen aus Stahl anstatt aus Bronze.*

Ton : a´

Inschrift : Luciferum tenebras Michael demisit in imas. Ad superos nobis lucida signa ferat .

(Tief in den finsteren Abgrund stürzte St. Michael den Bösen. Möge zum Licht er uns führen auf himmlischer Bahn)

Mit der Neuschaffung der drei Glocken wurde auch ein elektrisches Läutewerk eingebaut.[26)]

6. Muttergottesglocke (Stahl) von 1952

Umfang : 1,35 m

Gewicht : 1015 kg

Ton : e'

Inschrift : MUTTER DES FRIEDENS MARIA KÖNIGIN SEGNE DIE HEIMAT: SEI UNSEREN HELDEN EIN HORT DROBEN IM EWIGEN LAND 1952

Auf der Vorderseite ist Maria im Sternenkranz dargestellt.

7. Josephsglocke (Stahl) von 1952

Umfang : 1,11 m

Gewicht : 585 kg

Ton : g´

Inschrift : HEILIGER JOSEPH AVF DICH BIN GETAUFT ICH IN VNKEL AM RHEIN: HÖRE DER FROMMEN GEBET WENN SIE MEIN RVF HAT VEREINT 1952 [27)]

Da die beiden Stahlglocken von 1952 für den zierlichen antiken Glockenstuhl aber zu schwer waren, entstand im Laufe der Jahre ein Schaden an der Glockenhalterung. Daher wurden die beiden Stahlglocken 1991 wieder durch Bronzeglocken ersetzt. Der alte Glockenstuhl wurde restauriert.

Die jüdische Gemeinde

Vorbemerkung

Die Juden waren bei uns im Rheinland schon sehr früh ansässig. Sie lebten vom Handel und von Geldgeschäften. Da den Christen Bankgeschäfte verboten waren, erlangten die Juden hierin eine Monopolstellung, was ihnen häufig den Ruf einbrachte, Wucherer zu sein.

Im Laufe der Jahrhunderte waren die Juden schlimmen Verfolgungen ausgesetzt, die teils aus religiösen, teils aus wirtschaftlichen Gründen erfolgten. Wir haben Kenntnis von einer solchen Judenverfolgung im Jahre 1140, da die verfolgten Juden auf der Wolkenburg des Kölner Erzbischofs Zuflucht fanden, nachdem sie vorher eine große Geldsumme gezahlt hatten.

Die Judenfeindlichkeit der Christen basierte vor allem auf der religiösen Anschauung, daß die Juden ein „von Gott verworfenes Volk seien". Man nahm dies zum Anlaß, die jüdische Bevölkerung auf allen Gebieten des öffentlichen, sozialen und wirtschaftlichen Lebens zu benachteiligen.

In der Zeit der Aufklärung änderte sich diese religiöse Auffassung. An ihre Stelle trat das wirtschaftliche Konkurrenzdenken als Quelle der Judenfeindlichkeit.

Die Landesherren zogen aus der Judenfeindlichkeit Nutzen, indem sie otellhem die Juden unter ihren persönlichen Schutz stellten, aber nur, wenn sie vorher eine große Summe Geld, das sogenannte „Gleidt" bezahlt hatten. Der Gleidtbrief war die Voraussetzung für den Aufenthalt oder die Ansiedlung in einem Land. Er war an die Lebenszeit des Landesherrn geknüpft und mußte beim Wechsel des Landesherrn erneuert werden. Die Juden besaßen also kein Heimatrecht und mußten bei Nichterneuerung des Schutzbriefes das Land verlassen.

Als Anfang des 16. Jahrhunderts viele Juden aus Städten und Territorien vertrieben wurden, fanden sie im Kurfürstentum Köln eine Aufnahme, natürlich nur gegen die übliche Schutzgebühr. Aus der kurkölnischen Judenordnung 1599 (erneuert 1686, 1700) erfahren wir:

1) Der Erwerb von Grundeigentum ist für Juden verboten.
2) Juden und Christen dürfen nicht unter einem Dach wohnen.
3) Wohnungen von Juden dürfen nicht in der Nähe von Kirchen sein.
4) In der Karwoche und an hohen Feiertagen müssen die Juden ihre Fenster geschlossen halten.
5) Juden sind von Zünften (d. h. vom Handwerk) ausgeschlossen.
6) Juden dürfen nur auf bestimmten Gebieten Handel treiben. (Geldhandel, Vieh- und Fleischhandel waren erlaubt).

Diese Judenverordnungen zeigen die Diskriminierung und die wirtschaftlichen Benachteiligungen deutlich auf.[28)]

Kurkölnische Zeit

Die ersten namentlich bekannten Juden in Unkel werden in der Liste der „Türkenhilfe"[29)] von 1578 aufgeführt. Damals mußte jeder Einwohner einen Beitrag zur Abwehr der Türken bezahlen. Es heißt dort:

Schlaim Jud	von wegen Schiffer Claus Behausung	:	1 Ordt
Isaak Jud	von wegen Claus Heckners Behausung	:	1 Ordt
Salmon Jud	von wegen Thonis Neunkirchen und seines Sohnes geschätzter Güter	:	1 Ordt*

Da Juden keinen Grundbesitz haben durften, wohnten sie zur Miete. Sie brauchten zwar keine Grundsteuern zu bezahlen, mußten dafür aber an den Landesherrn hohe Schutzgebühren - das sogenannte „Gleidt" - entrichten.

Diese Schutzgebühren betrugen nach Angaben der Unkeler Juden im 18. Jahrhundert bei der Ausfertigung: 17 Reichstaler. Hinzu kam noch eine jährliche Zahlung von 8 bis 10 Talern.

Dies waren für damalige Zeiten große Summen, die nur von erfolgreichen Juden geleistet werden konnten. Wer diese Schutzgelder nicht zahlen konnte, erhielt keine Genehmigung zum Aufenthalt in den kurkölnischen Landen und mußte als „Betteljude" umherziehen.

Da die kurkölnischen Steuern in der Hauptsache Grundsteuern (Simpel- bzw. Schatzsteuern) waren, sind die jüdischen Mitbürger in den zahlreich erhaltenen Unkeler Steuerbüchern nicht aufgeführt. Deshalb sind die Kenntnisse über sie in kurkölnischer Zeit recht spärlich. Wir sind daher lediglich auf Meldungen oder auf Protokolle des Unkeler Gerichts angewiesen:

Im Jahr 1748 wird Jud **Simon Levi** nach Zahlung von 1 Taler pro Jahr von der Einquartierung durch Soldaten befreit.

Im gleichen Jahr beklagen sich die vier in Rheinbreitbach vergleideten Juden **Aaron Wolff, Benjamin Mendel, Mendel Benjamin** und **Wolff Tobias** wegen „Tätlichkeiten wider die Juden durch Junggesellen und übrige Burschen".

Aus einer Meldung von 1750 an die kurkönische Kanzlei geht hervor, daß im Kirchspiel Unkel sieben **vergleidete** Familien wohnten.**

Im Jahr 1758 und 1776 wurden dem Juden **Moises Benjamin** aus Unkel die Fensterscheiben eingeworfen. Die überführten Täter wurden streng bestraft.

Ein anderes Gerichtsprotokoll von 1766 gibt uns Bericht über das Verfahren des **Benjamin Mendel** aus Rheinbreitbach und seiner beiden Söhne **Moises Benjamin** aus **Unkel** und **Mann Benjamin** aus **Linz** gegen den jüdischen Lehrer **Israel Carlbach** aus Heidelberg wegen Körperverletzung.

** 1 Ordt war der niedrigste Beitrag zu der o. a. Türkenhilfe*
*** Zu den vier Rheinbreitbacher kamen noch drei Unkeler Familien.*

Im Jahr 1775 erfahren wir, daß die jüdischen Bürger **Ahron Wolff, Jud Heymann** und **Levi Meyer** nicht an der Bürgerwache teilnehmen brauchen, sondern sich durch die jährliche Zahlung eines Talers hier von befreien lassen können.

Soviel aus den Unkeler Gerichtsakten.

Da es in dieser Zeit keine standesamtliche Registrierung der Juden gab, sich außerdem die Nachnamen veränderten,* ist eine Bestimmung der Verwandschaftsverhältnisse sehr schwer.[30)]

Nassau-Usingische Zeit

Kurz nach der Regierungsübernahme durch Nassau-Usingen wurden im März 1803 die Familienhäupter der Juden zum Oberamt nach Linz vorgeladen, „um das Verhältnis der Juden in hiesigem Gerichtsbezirk zu untersuchen“. Hiernach ergab sich folgendes:

	Unkel	**Vermögen**
1)	**David Moises** (1754-1823) mit seiner Frau und 6 Kindern	**reich** 200 Taler
2)	**Isaac Levi** (1764-1834) mit seiner Frau Er ist Fleischhacker.	**reich** 200 Taler
3)	**Hirsch Levi** (1768-18??) und seine Frau **Sprinz Gottschalk** (1770-1842) und 2 Kinder**	**reich** 200 Taler

	Rheinbreitbach	**Vermögen**
1)	**Witwe Abraham Salomon** (1755-1828) hat 3 unverheiratete Kinder und 1 verheiratetes Kind. Ihr Schwiegersohn nennt sich **Moises Salomon** (1779-1860). Er hat vor kurzem geheiratet.	**reich** 250 Taler
2)	**Abraham Gottschalk** (1743-1817) und seine Frau **Gudula Abraham** (1750-1828). Sie haben 8 Kinder bei sich, 2 gehen dienen. Er ist Fleischhacker.	**reich 100 Taler**
3)	**Salomon Levi** (1745-1818) und seine Frau. Er hat keinen Gleidtbrief.	**arm Bettler**
4)	**Abraham Jacob** und seine Frau. Er hat keinen Gleidtbrief.	**arm Bettler**

* *Der Vorname des Vaters wurde zum „Nachnamen“ des Kindes*
** *Isaak und Hirsch waren Brüder.*

	Erpel	Vermögen	
1)	**Jacob Gottschalk** (1752-1819)	Metzger	Ihr Vermögen
2)	**Salm Gottschalk** (1737-1823)	Metzger	reicht kaum
3	**Joseph Hirz (Hirsch)** (1742-)	Metzger	zum Leben.
4)	**Zander (Sander) Levi** (1751-1827)	Metzger	„
5)	**Hirz Salm** (1779-1847)	Metzger	„

In **Bruchhausen, Orsberg, Scheuren, Heister und Kasbach** wohnen **keine** Juden.

Den erschienenen Juden wurde folgendes bekannt gemacht:

1) Die Verbindung mit Bonn müsse aufhören.
2) Sie hätten binnen 4 Wochen einen Obervorsteher zu wählen.
3) Dieser hätte um seine Bestätigung und um das General-Gleidt bei der Landesherrschaft untertänigst nachzusuchen.

Im Jahre 1806 wurden dann endlich die Schutzbriefe ausgestellt.

Als 1809 alle Häuser zwecks Brandversicherung geschätzt wurden, erhielten sie auch eine Hausnummer. So erfahen wir, daß **David Moses**, Schlachter in Haus Nr. 63, **Hirsch Levi** in Nr. 82 und **Isaac Levi** in Nr. 90 wohnten.[31)]

Preußische Zeit

Die pedantischen Preußen richteten 1817 ein „Judenregister" ein, in welchem die Zivilbehörde Geburten, Todesfälle und Eheschließungen notierten, so daß wir seit dieser Zeit gut über unsere jüdischen Mitbürger informiert sind.

Im Jahre 1846 mußten alle Juden einen bleibenden Familiennamen annehmen. Die Unkeler Judenschaft besaß aber schon einen Nachnamen, den sie auch weiterhin beibehielt.

Witwe Nathan David behielt den Nachnamen		**David**
Simon Levi		**Levi**
Witwe Isaak Levi		**Levi**
Gottschalk Levi (Sohn von Isaak Levi)		**Levi**
Leib Abraham	(Erpel)	**Abraham**
Meier Joseph	"	**Meier**
Gottschalk Salm	"	**Salm**
Herz Salomon	"	**Salomon**
Leib Sander	"	**Sander**
Gottschalk Abraham	(Rheinbreitbach)	**Abraham**
Liebmann Abraham	"	**Abraham**
Jacob Abraham	"	**Abraham**
Moses Salmon	"	**Moses**

Seligmann Moses	"	**Moses**
Salmon Moses	"	**Moses**
Abraham Moses	"	**Moses**
Lazarus Salmon	"	**Salmon**[32)]

Ein Bericht des Bürgermeisters an seine Behörde vom Jahre **1856** gibt uns genaue Auskunft über die jüdischen Einrichtungen:

1) **Bethäuser:** In **Unkel** ist eine eigene Synagoge (Bethaus) in einem eigenen Lokal seit unvordenklichen Zeiten.

In **Rheinbreitbach** ist eine Synagoge seit 1822.

In **Erpel** ist eine Synagoge in einem Privathaus.

2) **Kirchhöfe: Unkel** und **Rheinbreitbach** haben einen gemeinsamen Kirchhof mit der Gemeinde Honnef. Er liegt nahe bei Honnef.* Solcher besteht seit mehreren hundert Jahren.**

Erpel hat einen eigenen Kirchhof in der Nähe des Ortes.

3) **Badehäuser:** In **Unkel** befindet sich eine Badeanstalt in einem Zimmer des Rob. Meyer.

In **Rheinbreitbach** befinden sich zwei öffentliche Badeanstalten in Privathäusern. Die beiden sind einfach. Eine ist in einem Gewölbe, eine in einer Stube.

In Erpel befindet sich ein Bad in einem Keller.

4) **Schulen:** (Jüdische) Schulen sind keine in der Gemeinde.

5) **Finanzen:** Die jüdische Gemeinde besitzt kein **Vermögen** und hat auch keine **Schulden**.[33)]

Soweit der Bericht über die jüdischen Gemeinden der Bürgermeisterei Unkel aus dem Jahre 1856.

Schulbesuch jüdischer Kinder

Aus einem Schreiben von 1851 betreffend den „Schulbesuch jüdischer Kinder“ erfahren wir, daß die schulpflichtigen jüdischen Kinder christliche Schulen besuchten, aber nicht am christlichen Religionsunterricht teilnahmen.

Es besuchten folgende jüdische Kinder die Schulen:

Jahr	**Unkel**	**Rheinbreitbach**	**Erpel**
1851	4 (39)	3 (29)	2(27)
1853	11 (44)	6 (29)	- (27)***

* *Er ist in Selhof, Auf der Helte*
** *Nach Nekum belegt seit 1666.*
*** *In Klammern die Gesamtzahl der jüdischen Bewohner.*

Es war kein jüdischer Elementarschullehrer für den Religionsunterricht angestellt.[34)]

Erst 1868 erteilte Salomon Kaufmann, der Kantor der Synagoge sowie Religionslehrer war, den israelischen Kindern Religionsunterricht.

Um 1900 gab dann der Linzer Lehrer Würzburg den jüdischen Kindern vier Wochenstunden jüdischen Religionsunterricht.

Die Synagogengemeinde Linz/Unkel

Im Jahre 1863 schlossen sich die jüdischen Gemeinden Unkel, Scheuren, Rheinbreitbach, Heister und Erpel zu einer **Spezialgemeinde** zusammen. Gemeinsam mit der Linzer Gemeinde bildeten sie dann eine **Synagogengemeinde**.
Die Familienoberhäupter der Spezialgemeinde waren **1863: Isaac Moses, Simon Meyer, David David, Moses David, Salomon Levi und Gottschalk Levi.**

Der Vorstand der Synagogengemeinde Linz/Unkel bestand aus 2 Linzer und einem Unkeler Mitglied der Gemeinde. Der Vertreter Unkels war 1868 **Simon Meyer**.

Alle männlichen, volljährigen Gemeindemitglieder wählten außerdem noch die **Repräsentantenversammlung**, die beratende sowie beschließende Funktion hatte. Die Wähler der Spezialgemeinde Unkel waren 1868:

Unkel:	**Simon Meyer, Eli Heilbronn, Salomon Levi, Theodor Moses, Salomon Kaufmann, Moses David** und **Levi David**
Scheuren:	**Gottschalk Levi**
Erpel:	**Philipp Salm, Sander Sander**
Heister:	**Meyer Salm**
Rheinbreitbach:	**Jacob Abraham, Jacob Baer, David David, Bernhard von Geldern, Marx Mose und Salomon Moses**[35)]

Die Spezialgemeinde Unkel bestand bis 1935 und endete mit dem Tod von Jonas Levi, dem letzten männlichen Mitglied der Gemeinde.

Jüdische Bürger im öffentlichen Leben

Die jüdischen Mitbürger waren in Unkel voll integriert. Der jüdische Bürovorsteher Jonas Levy leitete viele Jahre (1889-1924) das Bürgermeisteramtsbüro. Simon Meyer war lange Jahre Mitglied des Unkeler Gemeinderats. Ebenso Simon Levy. Unter den Gründern des Unkeler

Winzervereins befanden sich Jonas Levy und Hirsch Simon Levy.

Nathan David war sogar Vorsitzender des 1901 gegründeten „Rauchclub zur Pflege der Geselligkeit", dem zahlreiche Unkeler Bürger der gehobenen Schicht angehörten.

Auch mit der katholischen Geistlichkeit bestand ein gutes Verhältnis, wie wir einer Zeitungsnotiz vom 20.09.1921 anläßlich der Verabschiedung von Pfarrer Dr. Schwamborn entnehmen können: „Namens der israelischen Gemeinde überbrachte Herr David Nathan mit dem Gefühl tiefster Wehmut, wie er betonte, den Abschiedsgruß seiner israelitischen Mitbürger, die durch ihn vor aller Öffentlichkeit bekunden wollten, daß Unkel in dem Scheidenden einen wahren Friedensfürsten verliere. Dieser habe in hervorragender Weise den konfessionellen Frieden gefördert und sich wegen seiner verdienstvollen Tätigkeit auch die besondere Anerkennung der anderen Konfessionen erworben. Redner motivierte ein Hoch auf den hochverehrten scheidenden Mitbürger, in das die Versammlung freudig einstimmte."

Die Synagoge in Unkel

Wie aus dem amtlichen Schreiben von 1856 hervorging, gab es in Unkel, Rheinbreitbach und Erpel Bethäuser, die in Privathäusern eingerichtet waren.

Nach dem Zusammenschluß der beiden Spezialgemeinden Unkel und Linz zur Synagogengemeinde Linz/Unkel plante man den Bau einer würdigen Synagoge. Am 28.09.1869 stellte daher das Mitglied im Gemeinderat **Simon Meyer** den Antrag für den Kauf eines gemeinsamen Grundstücks in der Grabenstraße zum Bau einer Synagoge. Am 22.11.1869 wurde dann der Verkauf des gewünschten Grundstücks in der Größe von 25 Ruten 48 Fuß zum Preis von 2 Talern pro Rute genehmigt, „damit unsere israelitischen Mitbürger sich ein Gotteshaus bauen können".[36)]

Abb. 85: Ehemalige Unkeler Synagoge (Rekonstruktion von Rupert Schneider)

Am 21.08.1874 war es dann so weit: Die Synagoge wurde eingeweiht. Zur Feier des Tages wurde auf der Gemeindebleiche ein Zelt errichtet, worin am 22. und am 23. August 1874 ein Ball veranstaltet wurde.

Da die Spezialgemeinde Unkel nur eine zahlenmäßig kleine Gemeinde war, bereitete es später Schwierigkeiten, die erforderliche Anzahl von zehn Männern (Minyan) für einen Gottesdienst aufzubringen. Zu den hohen jüdischen Feiertagen kamen daher Freunde aus der Umgebung um auszuhelfen.

Nach dem Wegzug der Familie Simon Levy stand daher die Synagoge lange Zeit ungenutzt.

Als Jonas Levy am 30.01.1935 starb, beschlossen die Repräsentanten und der Vorstand der Linzer Judengemeinde den Verkauf der Unkeler Synagoge mit der Begründung: „da mit dem Ableben des letzten männlichen Mitglieds der Gemeinde Unkel, Herrn Jonas Levy, eine Filialgemeinde Unkel nicht mehr besteht." Weiterhin begründete man den Verkauf damit, daß die Synagoge seit Jahren nicht mehr besucht worden sei und zu zerfallen drohe.[37] Man sah sich nach einem Käufer für die Synagoge um, aber ohne Erfolg.

Am 10. November 1938 wurde die Synagoge dann von zwei Unkelern, die sich vorher noch den Türschlüssel zu dem Gebäude von Julie Levy hatten geben lassen, in Brand gesteckt. Sie brannte vollständig nieder.

Das Grundstück der abgebrannten Synagoge wurde am 10.01.1939 für 1.100 Reichsmark an Frau Clara Rivet verkauft und später bebaut. Heute befindet sich dort ein Wohnhaus.

Es fand zwar im August 1949 ein Gerichtsverfahren wegen Brandstiftung der Synagoge statt, die Täter wurden aber nicht zur Rechenschaft gezogen.

Am 27.10.1985 wurde an der Mauer eine Bronzetafel angebracht.

Text der Bronzetafel:

HIER STAND DIE UNKELER SYNAGOGE
EINGEWEIHT AM 26. AUGUST 1874.
ZERSTÖRT IN DER ZEIT DER VERFOLGUNG
UNSERER JÜDISCHEN MITBÜRGER
AM 10. NOVEMBER 1938.
WIR VERGESSEN NICHT!
DIE BÜRGER DER STADT UNKEL 27.10.1985

Der jüdische Friedhof

Bis 1877 begruben die jüdischen Bürger Unkels ihre Toten auf dem jüdischen Friedhof in Selhof oder in Linz.

Erst nachdem es in Unkel auch eine Synagoge gab, setzte man sich für einen eigenen Friedhof in Unkel ein. Er wurde schließlich durch Verfügung vom 11.April.1877 neben dem evangelischen /städtischen Friedhof auf dem Hohen Weg eingerichtet. Er war ca. fünf Ar groß und bot Platz für ca. 100 Gräber.

Am 02.August.1879 wurde der Metzger Gottschalk Levy aus Scheuren als erster hier beerdigt. Seine Tochter Bertha Auerbach, geb. Levy fand am 27.Januar.1940 als letzte hier ihre Ruhestätte. Insgesamt wurden 42 jüdische Mitbürger sowie 5 Kinder dort begraben.

Mit Verfügung vom 24.Juni.1941 wurde der israelitische Friedhof dann unter dem Vorwand, „er störe in seinem verwahrlosten Zustand das Orts- und Straßenbild", geschlossen. Nach der Schließung sei er „in eine öffentliche Bleiche umzuwandeln".[38)]

Mit Verfügung vom 28.August.1941 sollten die Grabsteine vom Friedhof entfernt werden. Man machte es sich einfach und warf sie nebenan in die ehemalige Kiesgrube. Nach dem Krieg wurden die übriggebliebenen Grabsteine wieder aufgestellt. Heute befinden sich noch acht Grabsteine, davon zwei ohne Inschrift auf dem jüdischen Friedhof.

Im Jahr 1988 wurde der ehemalige jüdische Friedhof unter Denkmalschutz gestellt.

Die jüdische Bevölkerung in unserem Jahrhundert

Scheuren

In Scheuren lebten seit der Mitte des 19. Jahrhunderts **Gottschalk Levi** (1806-1879) und Ehefrau **Gertrud**, geb. **Koppel** (*1803) mit ihren acht Kindern. 1887 verzog die Witwe mit ihrer Tochter **Bertha**, verheiratete Bertha **Auerbach** (1850-1940) nach Erkelenz.

Bertha Auerbach und ihre Schwester **Regina**, verheiratete **Kanter** (1850-1938) verbrachten ihren Lebensabend als Witwen in ihrem väterlichen Haus, Hauptstraße 27 (heute: Josephstraße 18). Sie starben hier hochbetagt und sind auf dem Unkeler Friedhof begraben. Ein Grabstein ist allerdings nicht mehr vorhanden. Später wurde das Haus abgerissen und das Grundstück neu bebaut.[39)]

Heister

In Heister, Brückenstraße 33 wohnte ab 1857 die jüdische **Familie Salm**. Zunächst waren es **Meyir Salm** (1824-1885) und seine Ehefrau **Gertrud**, geb. **Hirsch** (1825-1901) mit ihren acht Kindern.

Später bewohnte die Tochter **Rosa Salm** (1863-1935) mit ihrem Ehemann **Moses Baer** (1868-1939) die elterliche Wohnung. Die Tochter **Sybille Baer** (1899-1910) starb als Kind. Alle drei sind auf dem Unkeler Friedhof begraben. Der Grabstein der Tochter Sybille ist noch erhalten.[40)]

Im Jahre 1953 wurde das Fachwerkhaus wegen Baufälligkeit abgerissen und die Grundfläche als Zufahrt zu einem Grundstück genutzt.

Erpel

In Erpel wohnten um die Jahrhundertwende die Witwe **Johanna Salm**, geb. **Jülich** (1834-1917) in der Hinterhofsgasse 43. Ihr Mann **Philipp Salm** starb 1890 und ist auf dem Erpeler Friedhof begraben. Ein Teil eines Grabsteins erinnert dort an ihn. Auch Frau Salm wurde 1917 dort begraben. Von ihren sechs Kindern blieb nur ihr **Sohn Hirz (Hermann) Salm** (1865-1922) in Erpel, wo er ebenfalls auf dem dortigen jüdischen Friedhof seine letzte Ruhe fand.

Ebenso wohnte die Familie **Leopold Mayer** (1850-1920) aus Unkel mit vier Kindern in der Hauptstraße 11. Sie verzog 1918 nach Köln. Durch den Zuzug von **Simon Salm (1852-1933)**, der aus Rheinbreitbach mit seiner Frau und den beiden Töchtern nach Erpel zog, nahm die Anzahl der jüdischen Bürger etwas zu. Nach dem Tode von Simon Salm 1933 hatten es die Witwe und ihr Hausmädchen (Nichte?) Sophie Moses sehr schwer, ihren Lebensunterhalt zu verdienen. Nach Aussage von einer Nachbarin arbeitete die junge Frau schließlich bei der „Rott“ (Bahnbau). Ca. 1942 wurden die beiden Frauen „abgeholt“ und umgebracht.[41)]

Unkel

Um die Jahrhundertwende lebten in Unkel fünf jüdische Familien. **Bernhard Mayer** (1861-1941) und seine Frau **Elisabeth**, geb. **Vogel** (1863-1922) wohnten mit ihren beiden Töchtern **Carolina** (1890-1945) und **Anna** (1897-1945) in der Vogtsgasse 170 (heute: Vogtsgasse 3, Paul Bachem). Nach der Heirat der beiden Töchter zog das Ehepaar Mayer

Abb. 86: Sophie Heilbronn (in der Mitte) mit der Familie Mohr

mit ihrer Tochter Anna, verheiratete Hirsch 1919 nach Aachen, wo sie auch verstarben.

Eli Heilbronn (1835-1913) lebte mit seiner Tochter **Sophie** (1866-1942) in der Bahnhofstraße 206. Später betrieb Sophie Heilbronn eine kleine Fremdenpension. Am 17.September.1939 verzog sie nach Köln in die Beethovenstraße 16, wo sie wenig später verstarb.

In der Frankfurter Straße 135 (heute: Krings) wohnte **Nathan David** (1851-1927) mit seiner Frau **Emma**, geb. **Gottschalk** (1845-1917) und Tochter **Johanna** (1882-1932). Herr David war ein hochangesehener Geschäftsmann. Er vertrat die jüdische Gemeinde nach außen. Die ganze Familie ist auf dem Unkeler Friedhof begraben, der Grabstein ist noch erhalten.

In der Freiligrathstraße 154 (heute: Nr. 7 Demski) wohnte das kinderlose Ehepaar **Jonas Levy (1858-1935) und seine Ehefrau Julia**, geb. **Mayer** (1859-1942). Herr Jonas Levy war von 1889-1924 Sekretär des Bürgermeisteramts, d. h. er war der Bürovorsteher. Als Witwe verzog Frau Julia Levy 1939 nach Wuppertal, wo sie 1942 starb.

Die älteste nachweisbare jüdische Familie Unkels war die Familie **Hirsch Levy**. Sie wohnte auf der Frankfurter Straße 166 (heute: Metzgerei Gersthahn). 1910 lebte dort **Simon Levy** (1879-1924) und Ehefrau **Sophie**, geb. **Landau** (1880-1967) mit ihren beiden Töchtern **Hanna** (*1910) und **Netty** (*1913) sowie dem Sohn **Heinz** (1908-1969).[42)]

Im Jahre 1930 verpachtete/verkaufte Witwe Levy die Metzgerei und verzog nach Bonn. Wenig später wanderte sie mit Sohn Heinz und Tochter Netty nach Argentinien aus. Hanna Levy heiratete und verzog nach Israel. Die beiden Töchter Levy und der (inzwischen verstorbene) Sohn bzw. deren Nachkommen sind die einzigen noch lebenden ehemaligen jüdischen Bürger Unkels.

Rheinbreitbach

Um 1900 wohnten in Rheinbreitbach, Hauptstraße 85 **David Moses** (1845-1931) mit seiner Ehefrau **Adele**, geb. **Glaser** (1859-1928) und den beiden Töchtern **Jette** (+1942) und **Sophie** (1887-1942) sowie dem Sohn **Salomon** (1883-1916), der im 1. Weltkrieg fiel.

Auf der Jennstraße 168 (heute: Metzgerei Pickenhahn) lebte **Simon Salm (Salomon)** (1852-1933) mit seiner Ehefrau, seinen beiden Töchtern, sowie seinem Sohn. Simon Salm verzog später nach Erpel. In seinem Haus befand sich das jüdische Bethaus von Rheinbreitbach.

Auf dem Büchel 59 wohnte die Witwe **Carolina Bär, geb. Moses** (*1866).

Ferner lebten noch **Philipp Abraham** (1836-1915) mit seiner Ehefrau Jeannette, geb. **Oppenheimer** mit Sohn Joseph (*1872) und Tochter Ida (*1874) in Rheinbreitbach.

Nach dem Wegzug der Familie Salm verblieb schließlich nur noch die Familie **David Moses** im Ort.[43]

Übersicht über die jüdische Bevölkerung Unkels

	1803	**1853**	**1900**	**1925**	**1935**	**1939**	**1942**
Unkel/Scheuren	14	44	16	13	5	3	0
Erpel	16	27	9	5	4	2	0
Heister	0	0	2	0	0	0	0
Rheinbreitbach	18	29	10	2	2	2	0
Summe	48	100	37	20	11	7	0

IX. Wirtschaft und Gewerbe in Unkel

Die Entwicklung des Weinbaus in Unkel

Vorbemerkung

Nachdem die Römer den Weinbau im Rheinland eingeführt hatten, sorgten Adel und Klöster für die Ausbreitung und Förderung der Weinkultur. Der Besitz und die damit verbundenen Einnahmen der Weingärten kennzeichneten den damaligen Reichtum der geistlichen und weltlichen Eigentümer.

Die erste Erwähnung Unkels im Jahre 886 im Zusammenhang mit dem Tausch von Weingärten zeigt, daß in Unkel schon in fränkischer Zeit Weinbau betrieben wurde.

Im Mittelalter waren die Unkeler Weingärten im Besitz von geistlichen und weltlichen Herrschaften; Hauptgrundherr Unkels war das Stift „Maria ad Gradus". Im Laufe der Jahrhunderte aber änderten sich die Eigentumsverhältnisse und auch die Einheimischen erhielten Grundbesitz.

Besitzverhältnisse 1671

Aus dem „Capitations-Anschlag" von 1671 erfahren wir erstmalig etwas über die Besitz- und Größenverhältnisse der Unkeler Weingärten und Ländereien. Hiernach besaßen:

Unkeler Bürger:	85 Morgen Weingärten	60 Morgen Ländereien
Scheurener Bürger:	42 Morgen „	12 Morgen „
Auswärtige Bürger:	95 Morgen „	59 Morgen „
	222 Morgen (71 ha)	131 Morgen (44 ha)

Die Unkeler und Scheurener Bürger besaßen Weingärten in der durchschnittlichen Größe von 1/2 bis 1 Morgen. Nur drei einheimische Familien (Eschenbrender, Berntges und Mülheim) hatten 6 bzw. 9 Morgen große Weingärten.[1)]

Die Weingärten der auswärtigen Eigentümer waren im Durchschnitt 2 bis 4 Morgen groß. Diese auswärtigen Besitztümer wurden durch Unkeler Halbwinner bewirtschaftet, welche die Hälfte des Ertrages an die Eigentümer als Pacht abgeben mußten.

Der größte auswärtige Grundbesitzer war Arnold von Herresdorf, welcher 22 Morgen Weingärten und 29 Morgen Ländereien besaß. Dem ehemaligen Hauptgrundherrn von Unkel, dem Stift „Maria ad Gradus," gehörten zu dieser Zeit nur noch 10 Morgen Weingärten.

Unkeler Weinlagen 1671

Aus dieser Zeit ist uns eine Liste mit den damaligen Unkeler (und Rheinbreitbacher) Weinlagen, geordnet nach Weingüte, erhalten. Aus ihr ist ersichtlich, daß in früherer Zeit das gesamte Gebiet zwischen Rhein und den Bergen als Weinbaugebiet genutzt wurde.[2)]

Gute Weinlagen:	**Mittlere Lage:**	**Schlechte Lagen:**
Manberg	Rodberg	Elsberg
Hungass	Liesdal	Rheinbüchel
Winkel	Persch	Pfaffenberg
Scheurener Kreuz	Leidenberg	Heister Feld
Gilgewer	Krumm(er) Weg	Schmitsgasse
Scheurener Kirch	Pösten	Gradenpoel
Ober der Straße	Sechhaus	Schantz
	Rheindall	Jegert
	Gegen (Ober)Winter	Kreuzbüchel
	Unter der Straßen	
	Weiselstein, Bersacker	

Besitzverhältnisse 1790

Aus dem Jahr 1790 gibt uns eine „Zustandstabelle" genaue Auskunft über die damaligen Besitzverhältnisse:

Unkeler Bürger:	64 Morgen	Wingert	37 Morgen Ländereien
Scheurener Bürger:	37 Morgen	„	18 Morgen „
Auswärtige Bürger:	151 Morgen	„	50 Morge „
	252 Morgen (84 ha)		105 Morgen (35 ha)

In Unkel wohnten zu dieser Zeit 108 Familien mit insgesamt 540 Personen. In Scheuren waren es 55 Familien mit 269 Personen.[3)]

Bodenverhältnisse in Unkel

In einem Bericht über die „Topographie des Kirchspiels Unkel" von 1815 erfahren wir etwas über die Bodenbeschaffenheit.

Wir lesen:

„Der Erdboden ist zur Hervorbringung der Trauben vorzüglich geeignet. Die **Weinstöcke** haben aber das Unglück, daß sie entweder im Mai oder im Winter **verkalten**, daß die **Blüten** durch kalte Nebel und Regen **vernichtet** werden oder daß im Herbst die **Trauben** durch Fäulnis oder Frost **verderben**. Daher sind die Quantitätsunterschiede sehr groß und der jährliche Ertrag läßt sich nur schwer- (vorher) bestimmen. Er beträgt in guten Jahren 1300 Ohm Rotwein und 12 Ohm

Weißwein. Sie kosten per Ohm 24-26 Kronthaler. Der Wein wird hauptsächlich ins Bergische Köln, Düsseldorf und Aachen geliefert. Der Eigenverbrauch der Unkeler beträgt 3-30 Ohm, was sich nach dem Ertrag der Weinernte richtet."

In dem gleichen Bericht erfahren wir, daß nur ein Bruchteil (1/6) des benötigten Getreides in Unkel angebaut wird. Das fehlende Getreide muß für teures Geld im „Ausland" (Herzogtum Berg) gekauft werden. Es wurde daher empfohlen, den Weinbau in den Tallagen zugunsten des Getreidebaus aufzugeben.[4)]

Wein-Ertrag in Unkel im 18. Jahrhundert

Ein Schreiben aus dem Jahr 1784 gibt uns erstmalig Auskunft über den Ertrag der Unkeler Winzer. Es sind hierin die Weinerträge der Jahre 1773 bis 1784 eines 26 Pinten (52 Ar) großen Weinberges aufgezeichnet. Sie schwanken von zwei Ohm (320 l) bis 15 Ohm (2400 l). Aus diesen Erträgen ergibt sich ein **Durchschnittsertrag** von vier Ohm (640 l) pro Morgen. Das entspricht ca. 2000 Liter pro Hektar.*

Der Durchschnittspreis für ein Ohm Rotwein betrug im18. Jahrhundert 15 bis 20 Reichstaler.

Diese Aufzeichnungen zeigen, wie unsicher und wetterabhängig die Einkünfte der damaligen Winzer waren, obwohl mit vier guten, vier mittleren und vier schlechten Weinernten noch relativ gut abgeschnitten wurde.

Weinerträge im 19. Jahrhundert

Aus den Jahren 1827 (mittlerer Herbst) und 1828 (guter Herbst) liegen die genauen Weinerträge der Bürgermeisterei Unkel vor : Sie betrugen:[5)]

		1827		**1828**	
Unkel	:	776	Ohm	1784	Ohm
Scheuren	:	506	"	1461	"
Rheinbreitbach	:	875	"	3191	"
Erpel	:	974	"	1709	"
Heister	:	168	"	259	"
Orsberg	:	172	"	223	"
Kasbach	:	77	"	2	"
Bruchhausen	:	447	"	646	"
		3995	Ohm	9274	Ohm

* *Nach mündl. Angaben Unkeler Winzer erbringt ein Hektar heute ca. 8000 Liter*

1827 erbrachte das Ohm: 18 Taler, im Jahr 1828 noch: 10 Taler. Ein Vergleich zwischen den beiden Jahren zeigt die großen Quantitätsunterschiede der erzielten Weinerträge in unserer Gemeinde, wobei der finanzielle Gewinn allerdings gleich blieb.

Der Rückgang des Weinbaus

Die preußische Regierung, die sich sehr für den Ackerbau einsetzte, um den Bedarf an Lebensmitteln zu decken, bemängelte schon kurz nach ihrer Regierungsübernahme im Jahre 1815, daß in Unkel zu wenig Getreide angebaut würde. Sie ordnete schließlich an, daß die Weingärten in den Tallagen durch Getreidefelder zu ersetzen seien; was nach hinreichendem Protest der Unkeler auch geschah. So wurde die Anbaufläche vermindert.

Als 1871 durch die Pelzfabrik Profitlich und die Betonwarenfabrik Schwenzow eine kleine Industrie entstand, welche ca. 100 Arbeitsplätze schuf, gaben viele Winzer ihren unsicheren Beruf auf. Auch wurde es durch die neugebaute Eisenbahn nun möglich, Arbeitsplätze in den umliegenden Orten zu erreichen.

Im Jahre 1875 betrug die bearbeitete Anbaufläche der Bürgermeisterei Unkel ca. 200 Hektar. Sie erbrachte 3000 Hektoliter Wein. Der Hektoliter kostete damals 40 Mark.[6)]

Am Ende des 19. Jahrhunderts machten tierische und pflanzliche Reb-

Abb. 87: Traubenlese

schädlinge den Winzern sehr zu schaffen und minderten ihre Erträge. Hinzu kamen noch Absatzschwierigkeiten des heimischen Rotweins durch ausländische billigere Konkurrenz.

Während nun manche Winzer ihren Beruf wechselten, schlossen sich 56 Winzer zu einer Winzergemeinschaft zusammen und gründeten am 08.09.1895 den „Unkeler Winzerverein“. Durch diesen Zusammenschluß war es möglich, rationellere Arbeitsbedingungen und günstigere Absatzmöglichkeiten zu schaffen. Aber auch der Winzerverein konnte den Niedergang des Weinbaus nur verzögern, nicht aber verhindern.

Das 20. Jahrhundert fing für den Weinbau gut an. Das Jahr 1905 brachte einen vollen Herbst mit einer überdurchschnittlichen Quantität. Aber dann begann 1906 bis 1915 eine Reihe von Mißernten bedingt durch massives Auftreten von Rebschädlingen. (Permospora, Oidium, Sauerwurm). Infolgedessen wurden viele Weinberge aufgegeben und blieben als Driesch liegen.

Besonders hart wurden hiervon Erpel und Rheinbreitach getroffen. Erpels Anbaufläche ging von 30 Hektar (1906) auf 7 Hektar (1918) zurück. In Rheinbreitbach trat zusätzlich zu den o.a. Schädlingen noch die Reblaus im Jahr 1908 auf. (Lage: Am schwarzen Kreuz und Im Korf). Dieser Reblaus fielen allein 10 Hektar zum Opfer. Die Anbaufläche sank von 35 Hektar (1906) auf 8 Hektar (1920). Unkel, das während dieser Zeit verhältnismäßig glimpflich davongekommen

Abb. 88: Weinprobe 1921

war, und seine Anbaufläche konstant halten konnte, erlitt erst 1926 durch einen strengen Frost starke Einbußen. Die Weinbaufläche Unkels verminderte sich von 43 Hektar (1909,1922) auf 31 Hektar (1907).[7)]

Zur Erläuterung mögen die beiden folgenden Tabellen, aufgestellt nach Akten des Unkeler Archivs, dienen:

Bearbeitete Anbaufläche

		1906	1910	1915	1920	1927	1950
Unkel/Scheuren	:	53 ha	42 ha	50 ha	43 ha	31 ha	16 ha
Rheinbreitbach	:	35 ha	20 ha	20 ha	8 ha	6 ha	2 ha
Erpel	:	30 ha	30 ha	12 ha	7 ha	8 ha	3 ha
Heister	:	8 ha	8 ha	2 ha	2,2 ha	2,5 ha	0 ha
Orsberg	:	5 ha	5 ha	2 ha	1,2 ha	1 ha	0,2 ha
Niederkasbach	:	10 ha	10 ha	8 ha	8 ha	6,2 ha	0 ha
		141 ha	115 ha	94 ha	69,4 ha	54,7 ha	21,2 ha

Weinertrag in (hl)

		1905	1910	1915	1920	1927
Unkel/Scheuren	:	1900 hl	8 hl	215 hl	680 hl	20 hl
Rheinbreitbach	:	1500 hl	0 hl	87 hl	10 hl	1,5 hl
Erpel	:	1000 hl	0 hl	26 hl	129 hl	29 hl
Heister	:	375 hl	0 hl	18 hl	12 hl	0 hl
Orsberg	:	185 hl	0 hl	69 hl	10 hl	0 hl
Niederkasbach	:	375 hl	0 hl	82 hl	53 hl	4 hl
		5335 hl	8 hl	497 hl	894 hl	54,5 hl

Im Jahre 1928 wurden in der Bürgermeisterei Unkel nur noch ca. 50 ha Weinberge bearbeitet. Innerhalb von 25 Jahren war also die Anbaufläche auf 1/3 seiner ehemaligen Größe zusammengeschrumpft. Einige Jahre später betrug sie noch ca 40 Hektar.[8)]

Da während der Hitlerzeit der Weinbau stark gefördert wurde, erlebte er einen kurzen Aufschwung. Im Amt Unkel wurden ca. 10 ha Neuanlagen gepflanzt. Im Jahr 1935 betrug die bearbeitete Weinbaufläche wieder ca. 50 Hektar.

Der 2. Weltkrieg und die Zeit danach brachten erhebliche Einbußen und eine enorme Verringerung der Weinbergsflächen. Im Jahre 1969 wurde

Abb. 89: Etikett des Unkeler Winzervereins von 1931

mit der Schließung des Unkeler Winzervereins der Tiefpunkt in der Geschichte des Unkeler Weinbaus erreicht.

Der Weinbau in Unkel 1988

1988 gibt es in Unkel noch fünf Winzer, die hauptberuflich (3) oder nebenberuflich (2) tätig sind*: Heinrich Hess, Albert Braun, Otto Roos, Heinz Otto Mürl und Bruno Krupp.**

Sie bebauen 4,20 Hektar Weinberg und erwirtschaften ca. 400 Hektoliter Wein jährlich.

In den übrigen Orten der Verbandsgemeinde existiert kein Weinbau mehr, nachdem 1970 der letzte Weinberg in Erpel aufgegeben wurde. Besondere Erwähnung bedarf eine Gruppe von „Hobby winzern", die seit 1979 mit der Kultivierung von Weinbergen begonnen haben.

Sie bewirtschaften heute ca. 19 Ar. Es sind: Dr. Hermann Weber, Bernhard Gelderblom, Geschwister Ludwig und Siegfried Jagau.

---

* *1912 gab es in der Bürgermeisterei Unkel noch 108 Winzer die ausschließlich oder vornehmlich vom Weinbau lebten.*

** *Inzwischen gaben Heinrich Hess und Otto Roos ihren Beruf auf.*

Anbaufläche 1987 Gesamtfläche: 439 Ar

Weißwein			
Riesling	Müller-Thurgau	Sonstige	Summe
204 Ar	118 Ar	43 Ar	365 Ar
Rotwein			
Portugieser	Spätburgunder	Sonstige	Summe
49 Ar	17 Ar	8 Ar	74 Ar

Andere Berufe in Unkel

Schiffer

Neben den Winzern stellten in kurkölnischer Zeit die Schiffer die größte Berufsgruppe dar. Sie transportierten Güter aller Art rheinauf- und rheinabwärts. Personenbeförderung war seltener. Viele Schifftransporte mit Steinen gingen nach Düsseldorf oder nach Köln. Aber auch Holz und Wein wurde per Schiff transportiert. Für Wein mußte in Köln folgender Zoll (Krahnengeld) gezahlt werden:

1 Zulast: 1 Gulden 1 Stückfaß: 2 Gulden

Auf einer Quittung von 1739 betrugen die Kosten für eine Fahrt (Personenbeförderung) von Unkel nach Bonn 2 Gulden.

Aus einem Schriftstück von 1729 erfahren wir, daß es folgende Schiffer in Unkel gab:

Pantaleon Antweiler (40 J.)
Henricus Zissen (37 J.)
Wilhelm Antweiler (27 J.)
Peter Winges + Frau Apolonia (40-50 J.)
Jacobus Schüller (49 J.)

Schlimme Zeiten kamen für die Schiffer, als Ende des 19. Jahrhunderts die Franzosen den Rhein für jeden Verkehr sperrten und die Nachen an Land gezogen werden mußten. Kurz vorher im Oktober 1794, als die österreichischen Truppen am Rhein erschienen, war den Schiffsleuten anbefohlen worden, „die Nachen auf der Stelle jederzeit willig hinzustellen und sich zur Verfügung des Militärs zu halten." Falls dies nicht geschehe, würde ihnen eine harte Strafe drohen.

Nach einem Schreiben vom 1.8.1795 befanden sich - neben 10 auswärtigen Nachen - folgende einheimische Nachen in Unkel:[9)]

Abb.90: Die Rhein-Fähre

Gottfried Königsfeld	3	
Jodocus Mollberg	1	
Nicolaus Tuchscherer	1	
Wittib Waldbroel	1	
Wilhelm Tuchscherer	1	
Henrich Küpper	1	Pferdenachen
Michael Tuchscherer	1	
Wittib Stockhausen	1	
Summe	10	

Als Schiffsleute (ohne eigenes Schiff) sind erwähnt:

Johann Peter Schüller, Matheis Tuchscherer, Wilhelm Heckener, Gerhard Walbroel, Johann Jos. Waldbroel.

Ackerbau

Eine „Zustandstabelle" von 1790 zeigt, daß der Ackerbau in kölnischer Zeit in Unkel nur eine untergeordnete Rolle spielte. Auffällig ist, daß zwar 114 Malter Roggen, dagegen nur 13,4 Malter Gerste, 8 Malter Weizen, aber kein Hafer gezogen wurde. Gerade Hafer aber sollte in den folgenden Jahren des französischen Revolutionskrieges wegen der geforderten Lieferungen an Freund und Feind von großer Bedeutung sein.

Schon damals empfahl die Behörde die Umwandlung von Weingärten in Ackerland. Die Unkeler aber rechneten so:

1 Morgen **Weingarten** erbringt im Durchschnitt ca. 4 Ohm Wein. Dies ergibt für einen Halfmann (Pächter) ca. 2 Ohm. Da 1 Ohm Wein 10 bis 12 Taler kostet, erbringt 1 Morgen Weingarten für einen Halfen ca. 20 Taler.

1 Morgen bestes **Ackerland** bringt dagegen nur ca. 2 Malter Früchte, das Malter zu 3 Taler. Also erbringt 1 Morgen Ackerland für einen Halfen nur ca. 3 Taler ein. Der finanzielle Ertrag der Weingärten lag also bedeutend höher als der des Ackerlandes.

Weiter führten sie aus: „Für Wein erhält man immer einen guten Preis, für Getreide aber nicht." Daher blieben die Unkeler bei ihrem Weinbau und beachteten die Empfehlung der Regierung nicht. Dies zeigt auch die Statistik von 1815/16.[10)]

Jährliche Erzeugung des Kirchspiels Unkel (Statistik von 1815/16):

Bebaute Fläche

Korn	:	106	Malter	42	Morgen
Weizen	:	4	"	2	"
Gerste	:	25	"	6	"
Hafer	:	1	"	1	"
Heu	:	640	Zentner	20	"
Rüben	:	50	Malter		(ohne Angabe)
Erbsen	:	2	"	1	Morgen
Hirse	:	1	"	1	"
Flachs	:	fast nichts		–	
Summe	:			73	Morgen (ohne Rüben)

Es stehen 210000 Rahmen (Weinstöcke). Die preußische Behörde rügte die Monokultur des Weinbaus und empfahl den Anbau von Getreide in der Ebene anstelle des Weins, was aber nur widerwillig befolgt wurde.

Eine gute Schilderung der wirtschaftlichen Verhältnisse Unkels aus dem vorigen Jahrhundert gibt uns der kommissarische Bürgermeister Kaufmann (1849). Er schreibt: „Das Landvolk in den Ortschaften der Rheinebene war hauptsächlich mit Weinbau beschäftigt, der Ackerbau beschränkte sich auf die Gewinnung des zum Lebensunterhalt Nötigen. Der größte Teil der Gemarkung (Unkel) ist in den Händen reicher Gutsbesitzer, die ihr Eigentum in einzelnen Stücken an Winzer oder Ackerer verpachten. An den Erwerb von Land konnten die kleinen Leute nicht denken; sie blieben immer von den ungewissen Erträgen der Weinberge oder Äcker abhängig, die sie zum Teil nur in Pacht hatten." Diese Situation änderte sich erst, als in Unkel eine kleine Industrie ihren Anfang nahm (s. Industrie).[11)]

Handwerk

Von den Handwerkern stellten bis zum vorigen Jahrhundert in Unkel die Schröter die größte Anzahl. Ihnen oblag der Transport des Weines.

Im Jahre 1808 gab es folgende Schröter:

Henricus Fuß, Ludwig Müller, Johann Mohr, Lucas Luber.

Als Gehilfen waren tätig:

Ferdinand Müller, Inrath Mollberg, Wilhelm Eichhofen, Andreas Mollberg

Aus der Schröter-Ordnung von 1808 erfahren wir:

1) Die Schröter zahlen für die Seile, die von der Gemeinde angeschafft werden, jährlich 4 Reichstaler.
2) Die Schröter erhalten für jedes Ohm Wein zu Unkel und Scheuren (das zum Rhein geschrotet wird) 10 Stüber; zu Breitbach 16 Stüber.
3) Der Schiffer zahlt dem Schröter für das Einschröten in das Schiff 3 Stüber.
4) Die Schröter erhalten vom Verkäufer nach Proportion einen Trunk Wein.
5) Der Schrötermeister erhält für das Bescheiden der Schröter zum Schroten vom Ankäufer wegen jeden Kellers 1,5 Stüber.
6) Der Schrötermeister erhält wegen Einnahme und Ausgabe des Schrotgeldes 1%.
7) Die Schröter schaffen vom Schrotlohn den Schrotwagen samt des erforderlichen Geschirrs an. Die Gemeinde gibt ihnen dazu das erforderliche Holz, das aus dem Gemeindewald geholt werden kann.
8) Die Schröter zu Unkel wechseln nicht jährlich, sondern bleiben solange Schröter, als es dem Rat und ihnen gefällt, da die Annahme neuer, unerfahrener Schröter nicht ratsam ist.[12)]

Unkel den 01.12.1808

Die Schrotgeräte blieben auch später in Gemeindebesitz und konnten gegen eine kleine Gebühr ausgeliehen werden.

Sonstige Berufe

Aus der Gewerbeliste von 1809 erhalten wir einen Einblick in die Berufswelt der damaligen Zeit in Unkel:

Es gab Schuster (7), Schneider (3), Näherinnen (3), Maurer (3), Schmiede (3) und einen Schreiner. Für die Ernährung sorgten die drei jüdischen Metzger, ein Bäcker, ein Krämer und ein Fischer.

Zusammenfassend kann man sagen, daß die Unkeler bis zur Hälfte des vorigen Jahrhunderts Selbstversorger waren und mit wenig Geld auskamen.

Industrie in Unkel

Die „Pelzfabrik“

Erst mit dem Bau der rechtsrheinischen Eisenbahn und der Errichtung des Bahnhofs im Jahre 1870 wurde auch eine wirtschaftliche Veränderung möglich. Die Eisenbahn schuf die Vorraussetzung für eine Industrie, da nun eine günstige Transportmöglichkeit vorhanden war.

Im Jahre 1872 gründete Paul Profitlich die „Pelzfabrik“, in der Kaninfelle durch ein besonderes Verfahren veredelt wurden. Hier fanden ca. 60 Arbeiter eine Arbeitsstelle. Ihr Verdienst betrug durchschnittlich 2,50 bis 3 Mark pro Tag.[13)]

Nach dem Tode von Paul Profitlich im Jahre 1902 übernahm sein Sohn Ernst die Firma. Dieser ließ sich direkt am Rhein durch den Architekten Freiherr von Trettau eine aufwendige Villa erbauen.

Durch den I. Weltkrieg bedingt, wurde die Pelzfabrik aufgegeben. Clemens Fels erwarb das gesamte Terrain und die Gebäude. Die meisten Gebäude ließ er zu Wohnzwecken umbauen. Er selbst betrieb weiterhin eine Pelzfärberei.

Heute erinnert nur noch ein Gebäude im Nord-Osten des ehemaligen Fabrikgeländes an die erste Fabrik in Unkel.

Abb. 91: Briefkopf der Firma Profitlich

Betonwaren

Abb. 92: Teil der ehemaligen Pelzfabrik 1991

Ebenso entstand 1873 eine Zement-Plattenfabrik, die ab 1890 von Schwenzow übernommen wurde. Hier wurden die natürlichen Reichtümer Unkels, nämlich Sand und Kies ausgebeutet und verwendet. Hier fanden ca. 24 Unkeler eine neue Arbeitsstelle.

Da im Winter die Arbeit in der Betonfabrik ruhte, arbeiteten die arbeitsfreien Männer nun in den Weinbergen oder Gärten. Andere wurden von der Gemeinde zu Wegearbeiten herangezogen.

Der Arbeitslohn im Jahre 1895 betrug bei der Firma Schwenzow ca. 2,50 pro Tag. Die Fabrik, die vielen Unkelern Brot gab, bestand bis in die 60er Jahre. Nach der Aufgabe wurde das Gelände von der Firma Rabenhorst aufgekauft und für deren Zwecke genutzt.

Firma Hermann Joseph Honnef

Im Jahre 1902 gründete H.J.Honnef eine Betonwarenfabrik an der Provinzialstraße außerhalb von Unkel. Die Lage der Fabrik war vorteilhaft, weil sie in der Nähe der Kiesgruben lag. Die Fertigteile wurden dann mit dem Fuhrwerk zur Bahn oder zur Dampferanlegestelle gebracht und zum Empfänger transportiert.

Das Geschäft florierte, so daß er sich auch noch als Bauunternehmer betätigen konnte und eine Reihe schöner Jugendstilhäuser errichtete, die noch heute erhalten sind.

Nach seinem Tod 1926 ging die Fabrik an seine beiden Söhne Joseph und Karl über. Die Geschäfte liefen gut.

Bei der Besetzung Unkels durch die Amerikaner am 8.3.1945 jedoch wurde der Stall durch eine Granate in Brand geschossen, so daß das gesamte Gebäude abbrannte. Eine Löschung war aufgrund des Beschusses nicht möglich.

Nach dem Krieg wurde dann eine provisorische Produktionsstelle hinter der Ruine errichtet. Aber der Betrieb lohnte sich kaum noch. Daher

Abb. 93: Otto Schwenzow inmitten seiner Belegschaft

wurde 1965 die Fabrik an Fritz Wallbroel verpachtet und 1978 an diesen verkauft.

Diese bescheidene Unkeler Industrie bot am Ende des vorigen Jahrhunderts ca. 80 Familien einen neuen Broterwerb. Gerade in dieser Zeit nämlich wurde der Weinbau durch pflanzliche und tierische Schädlinge stark gefährdet. Viele Winzer gaben daher ihren unsicheren Beruf auf und suchten Arbeit bei der Industrie Unkels bzw. der Umgebung. Durch die Benutzung der Eisenbahn konnten jetzt auch Arbeitsplätze in entfernteren Orten gefunden werden, was vorher - zu Fuß- nicht möglich gewesen war.

Den Weinbau betrieben diese neuen Industriearbeiter nur noch für den Eigenbedarf.

Die Unkeler Bürgermeister waren sehr darum bemüht, die Industrie und Wirtschaft - und damit den Wohlstand Unkels - zu fördern, da sie einsahen, daß der Weinbau in Unkel keine Zukunft haben würde.

Mit der Schließung der Pelzfabrik Profitlich 1917 ging in Unkel eine bedeutende Arbeitsstelle verloren. Vorübergehend wurde aber durch die Inbetriebnahme der Möbelfabrik Wendehorst in Erpel ein gewisser Ausgleich geschaffen, da hier bis zu 150 Personen eine neue Beschäftigung fanden. Leider bestand die Möbelfabrik aber nicht lange und wurde ca. 1930 stillgelegt.

Im Bürgermeisterbericht vom 01.08.1934 sind für das Amt Unkel folgende Betriebe aufgeführt:

Abb. 94: Betonwarenfabrik Honnef ca. 1940

Betonwarenfabrik Schwenzow und Honnef	:	50 Personen
Tonwerke in Erpel	:	15 „
Steinbruchbetrieb Wirtzfeld, Kuckstein	:	55 „
Steffens Brauerei	:	20 „
Winzerverein Unkel	:	15 „
Weinhandlung Rabenhorst (Lauffs)	:	8 „

In dem o.a. Bericht wird betont, daß ein großer Teil der Berufstätigen in auswärtigen Industriebetrieben beschäftigt ist. Aufgeführt sind: Chemische Fabrik Hönningen, Manstedtwerke Troisdorf bzw. Friedrich-Wilhelmshütte.

Zwecks Behebung der Arbeitslosigkeit wird eine Wiedereröffnung bzw. Ansiedlung eines anderen Betriebs auf dem Gelände des Erpeler Möbelwerks empfohlen.*

Wir erfahren ebenfalls etwas über die Zahl der Arbeitslosen. Von 1900 Berufstätigen des Amts Unkel waren am 31.01.1933 erwerbslos:

a) vom Arbeitsamt unterstützte	218	Personen
b) vom Wohlfahrtsamt unterstützte	173	„
20,5% =	391	Personen

Durch Notstandsarbeiten konnte die Zahl auf 187 Personen (9,4%) gesenkt werden. (Zählung vom 30.06.1934)[14)]

* *ca. 1937 enstand hier die Obst- und Konservenfabrik Juchem, die 1967 ihren Betrieb einstellte. Heute befindet sich dort das Handwerker-Zentrum Erpel.*

Marmeladenfabriken

Eine wirtschaftliche Besserung der bäuerlichen Kleinst- und Kleinbetriebe brachte die Umstellung vom Ackerbau zum Anbau von Sauerkirchen und Beerenobst - vor allem von Erdbeeren - in den dreißiger Jahren. Nach der „Bodenbenutzungsaufnahme" von 1940 betrug die mit Erdbeeren bepflanzte Fläche im Amt Unkel 56,84 Hektar. Dieser massive Obstanbau schuf nun die Grundlage für die Enstehung von Obst- und Konservenfabriken in unserem Gebiet, welche wiederum Arbeitsplätze schufen.

Um 1930 hatte Martin Aufdermauer eine Marmeladenfabrik in Unkel gegründet, die 1938 von Heinrich Wirtz übernommen wurde und dann als „Obst-und Konservenfabrik Wirtz & Co" firmierte. Diese Fabrik bot vor allem Frauen eine gute Verdienstmöglichkeit.

Nach dem 2. Weltkrieg waren es die Marmeladenfabriken, die als erste wieder produzierten und Arbeitsplätze boten.

Firma		Beschäftigte 1946
Marmeladenlabrik und Obstkonfitüren Wirtz & Co	Unkel	35
Marmeladenfabrik und Obstkonfitüren Juchem & Co	Erpel	20
Marmeladenfabrik und Obstkonfitüren Joh. Jos. Bornheim	Rheinbreitbach	50
Lebo-Werk, Marmeladen und Obstkonfitüren	Rheinbreitbach	11
		116

In kommenden Jahren vergrößerten sich die Obstfabriken um ein Vielfaches. So hatte die Fabrik Wirtz & Co 1962 65 Personen in ihrem Produktionsbetrieb, davon 40 Frauen.

Später konnten sich die Obst- und Konservenfabriken gegen die billigere ausländische Konkurrenz nicht mehr halten und mußten ihre Produktion einstellen. Seit dem 30.12.1970 gibt es in Unkel keine Marmeladenfabrik mehr.

Die Firma Rabenhorst

Eine herausragende Rolle in der obstverarbeitenden Industrie spielte die Firma Rabenhorst.

Im Jahre 1805 in Oberwinter von O. Lauffs gegründet, zog sie ca. 1890 nach Unkel. Es war eine Weinkellerei und Weingroßhandlung die mit „Selbstgezogenen Rot- und Weißweinen" handelte. Die Spezialität war „Unkeler Burgunder ohne Zucker", der ab 1909 als „Unkeler Funkeler" bezeichnet wurde.

Um die Jahrhundertwende gelang es Alexander Lauffs (1865 -1951) erstmalig, nach dem gerade entwickelten Pasteurisierungsverfahren, Traubensaft herzustellen, der unter der Bezeichnung „Rebenmost Rabenhorst" verkauft wurde.

In einer Reklameanzeige von 1909 hieß es:" Naturreiner alkoholfreier Traubensaft - Edelster alkoholfreier Naturwein- Ärztlich warm empfohlen, blutbildender Stärkungswein".

Nach dem l. Weltkrieg traten die beiden Söhne Günther (1901-1990) und Walter (1903 - 1981) in den väterlichen Betrieb ein und wurden bald mit in die Leitung des Unternehmens einbezogen. Bis zum 2. Weltkrieg war es ein kleiner Betrieb mit etwa einem Dutzend Beschäftigter und einer Produktion von 40 hl pro Monat (1946).

Abb. 95: Stammhaus der Firma Rabenhorst 1991

Nach dem 2. Weltkrieg erkannten die Gebrüder Lauffs den Trend der Zeit und stellten sich auf die Herstellung hochwertiger Fruchtsäfte um. Diese Säfte dienten vor allem zu Gesundheitszwecken sowie zur Diät. Am bekanntesten wurde wohl das „Rotbäckchen", ein Saft der aus mehreren Früchten hergestellt wurde und für die Gesundheit der Kinder gedacht war. Eine Besonderheit war, daß man Rabenhorst-Säfte nur in Reformhäusern, Drogerien oder

Apotheken kaufen konnte. Der Erfolg gab den Verantwortlichen recht. Die Firma expandierte und konnte sich gegen die billigere ausländische Konkurrenz durchsetzen.

Heute zählt sie zu einem der größten und modernsten Fruchtsaftbetriebe Deutschlands. In den Kellern und Hallen lagern viele Millionen Liter Säfte, die zu 38 Frucht-und Gemüsesäften verarbeitet werden und in 30 Länder der Erde geliefert werden. Seit 1974 werden übrigens die zu verarbeitenden Früchte bzw. Gemüsearten biologisch angebaut und streng kontrolliert.

Die Firma gibt ca. 200 Beschäftigten Arbeit und ist somit größter Arbeitgeber Unkels.

Brauerei Steffens

Schon 1864 befand sich auf dem Severinsberg im Kasbachtal die Brauerei der Gebrüder Schmitt, wie aus einer Annonce im „Linzer Anzeiger" hervorgeht. Am 07.04.1866 kaufte Franz Wilhelm Steffens diese Brauerei auf und modernisierte sie. Es war ein kleiner Betrieb, der etwa 15000 Hektoliter im Jahr herstellte.

Steffens nutzte schon früh die Vorteile der Technik, indem er 1898 eine Dampfmaschine zur Kälteerzeugung anschaffte. Ab 1915 konnte man auf die Elektrizität zurückgreifen.

Der Sohn Josef Steffens übernahm vom Vater die Brauerei und ging weiter mit der Zeit. Er ersetzte unter anderem die bisherigen Holzfässer durch Aluminiumtanks und trug so zur Arbeitserleichterung und zur Verbesserung der Hygiene bei.

Im Jahre 1939 übernahm Hilde Steffens, die Enkelin des Firmengründers, die Leitung und führte die Geschicke der Brauerei durch die schwierige Kriegs- und Nachkriegszeit. Frau Steffens betätigte sich nicht nur als Geschäftsfrau, sondern auch als Künstlerin und Förderin der Kunst: z.B. bei den sogenannten „Musischen Nachmittagen" der Familie Mecke.

Mit dem Aufschwung der Bundesrepublik expandierte auch die Privatbrauerei. Ihre Biere wurden mit zahlreichen Gold- und Silbermedaillen der Deutschen-Landwirtschafts-Gesellschaft (DLG) ausgezeichnet und in ganz Deutschland bekannt.

Nach dem Ausscheiden bzw. Tod von Hilde Steffens übernahm Gerd Schäfer die geschäftliche Leitung der Firma.

Seit 1990 stiftet die Brauerei einen Kulturförderpreis, durch welchen junge Künstler der Stadt Linz unterstützt werden.[15]

Fremdenverkehr in Unkel

Als die Engländer im 19. Jahrhundert die Schönheit der rheinischen Landschaft entdeckten, entstand im Rheinland der erste Fremdenverkehr. Während der Besuch des Siebengebirges in jedem Programm eingeschlossen war, fuhr man jedoch an Unkel vorbei und erfreute sich vielleicht am Anblick des kleinen Ortes. Trotzdem fanden etliche Engländer den Weg nach Unkel, wo sie ihren Sommeraufenthalt verbrachten, wie Freiligrath 1840 in seinen Briefen schreibt.

Durch Sybille Mertens-Schaaffhausen, die von 1825-1835 den Zehnthof nebst zahlreichen Weingärten besaß, kamen auch berühmte Persönlichkeiten der damaligen Zeit, wie Johanna und Adele Schopenhauer, Annette von Droste-Hülshoff und andere nach Unkel, wo sie im Hause der „Rheingräfin" glückliche Tage verlebten.

Die bekannteste Persönlichkeit jedoch, die im vorigen Jahrhundert in Unkel wohnte, war der Dichter Ferdinand Freiligrath, der 1839/40 hier eine schöne, unbeschwerte Zeit verbrachte. Durch ihn lernten wiederum andere Persönlichkeiten unser Städtchen kennen und lieben. Es waren unter anderem: Simrock, Kinkel, Schlickum und von Zedlitz. Dem Dichter von Zedlitz verdanken wir die Schilderung eines besonderen „Fremdenverkehrs", der Wallfahrt zu den 14 Nothelfern:

Kirchweih in Unkel

Vom Kirchlein tönt Glockenschall,
Vom Chor herab der Orgel Hall,
Rings der Gesang der frommen Menge;
Denn weit bis in die Straßen hin
In dichter Schar die Beter knien,
Der Andacht ist der Raum zu enge.

Als nun der Kahn festhält am Seil,
Ziehn hin zur Kirch' in langer Zeil'
Aus allen Gegenden die Frommen,
Die in des ros'gen Morgens Strahl,
Andächt'ge Waller allzumal,
Auf klarer Flut hierher geschwommen.

Aus einer Brust nur schallet hier
Zur Höh'. Herr Gott, dich loben wir!
Von allen Wegen, allen Stegen
Der Weihrauch steigt, die Kerzen sprühn',
Die tiefbewegten Herzen glühn',
Der Priester spricht dem Volk den Sege

Freiherr von Zedlitz

Abb. 96: Schiffsausflug nach Unkel 1913

Mit der Eröffnung der rechtsrheinischen Eisenbahn 1870 und dem Bau des Unkeler Bahnhofs im gleichen Jahr kam es dann zu einer Ausweitung des Fremdenverkehrs, da die Gäste nun mit der Eisenbahn anreisen konnten.

Als Unkel 1883 eine Landebrücke für Dampfschiffe erhielt, sorgte dies für eine weitere Steigerung des Fremdenverkehrs.[16)]

Der 1881 gegründete Kur- und Verkehrsverein nahm sich der Verschönerung des Ortes an und sorgte für den Ausbau der Wanderwege.

Ein Rückschlag war es dann, als wegen „Ungeschicklichkeit" der Gemeinde die Landebrücke entfernt wurde, und Unkel wieder zur Kahnstation degradiert wurde.*

Ab der Jahrhundertwende diente Unkel vor allem für kleinbürgerliche Familien als Sommerfrische. Unterkunft fand man in kleinen Pensionen und Gaststätten.

Während des 3. Reiches wurde der Fremdenverkehr stark gefördert. Die Folge war ein starkes Anwachsen der Zahl der Dauergäste als auch der Tagesgäste.

Aber auch schon vorher hatte Unkel große Anstrengungen unternommen, um seine Anziehungskraft als Fremdenverkehrsort zu vergrößern. Durch die Errichtung eines modernen Strandbades im Jahre 1927 bestand die Möglichkeit, im Rhein zu baden. Ebenso sorgte der Bau und Ausbau von Wanderwegen, die Verschönerung der verkehrsfreien Rhein-

---

** Erst 1909 erhielt Unkel wieder eine Landebrücke*

promenade sowie eine wirkungsvolle Werbung für eine Zunahme des Fremdenverkehrs.

In den dreißiger Jahren wurde durch die Errichtung einer zweiten Landebrücke für kleine Motorboote (Weber-Schiffe) die Zahl der Tagesgäste stark erhöht. In dieser Zeit war der Fremdenverkehr in Unkel auf seinem Höhepunkt, wurde aber dann durch den 2. Weltkrieg abrupt beendet. Eine Statistik vom 22.01.1941 gibt uns genaue Auskunft. Hiernach betrug die Zahl der Besucher:[17)]

	gemeldete Fremde	**Übernachtungen**
01.04.36 - 31.03.37	4.823	22.141
01.04.37 - 31.03.38	7.117	32.352
01.04.38 - 31.03.39	ca. 7.500	37.641
01.04.39 - 31.03.40	8.066	44.667

Nach einem anderen Bericht vom 27.01.1938 gab es in Unkel 1938 insgesamt 260 „Fremdenbetten".

Nach 1945

In Unkel, das im 2. Weltkrieg kaum Schaden erlitten hatte, war zunächst ein Fremdenverkehr nicht möglich, da die Hotels durch die Besatzungstruppen beschlagnahmt und von ihnen belegt worden waren. Außerdem gab es durch die Einquartierung der Flüchtlinge aus dem Osten Deutschlands keine freien Wohnungen. Ab 1948 aber setzte dann ein großer Aufschwung im Fremdenverkehr ein. Hotels, Gasthöfe und Pensionen wurden eröffnet und hatten guten Zulauf.

Die Wahl Bonns als Bundeshauptstadt wirkte sich günstig für Unkel aus. So wurde das „Haus Henkel" zunächst als Gasthaus der Bundesregierung eingerichtet, in dem viele Tagungen stattfanden. Da sich später keine geeignete Verwendung für die alte Villa mehr fand, wurde sie 1960 abgerissen und durch einen Bungalow ersetzt. Nach einer gründlichen Renovierung hat inzwischen „Hotel Schulz" die Stelle des ehemaligen Länderhauses eingenommen.[18)]

Nachdem die „Westmark", die während des Krieges vor der Landebrücke versenkt worden war, gehoben worden war, konnten seit 1950 wieder die Schiffe der KD in Unkel anlegen.

Im Laufe der fünfziger Jahre vollzog sich ein Wandel der Gäste. Viele Städter aus dem Ruhrgebiet nutzten die preisgünstigen Sonntagsausflüge an den Rhein. Dieser Personenkreis aber reiste nicht wegen der land-

Abb. 97: Gruß aus Unkel

schaftlichen Schönheit des Rhein hierhin, sondern er suchte Vergnügen und Ablenkung vom Alltag. Unkel blieb zunächst noch hiervon verschont, da für die „Mützchenmänner" hier noch zu wenig los war.

Später aber nahmen die Vergnügungsreisenden, die per Bus, Sonderzug oder Sonderschiff anreisten, die Überhand und verdrängten die Sommerfrischler. Auch viele Unkeler empfanden diesen Trubel als störend. Das Herbergswesen aber blühte auf und stellte sich schnell auf diese „Touristen" ein und erzielte hohe Umsätze.

In den sechziger Jahren war das „Hotel Mürl" in Scheuren Ziel vieler Sonderzüge und Busse. Das Unternehmen holte seine Gäste mit Musik am Bahnhof ab und brachte sie auch wieder dorthin zurück. Auch für die Unkeler Hotels und Gaststätten fiel etwas ab, da das Scheurener Hotel nicht alle Gäste, die einen „rheinischen Tanzabend" erleben wollten, beherbergen konnte. Nach dem Tod von Christian Mürl (1974) nahm der Vergnügungstourismus ab, Sonderzüge kamen nur noch zu Unkeler Festen, (Kirmes, Winzerfest) um schließlich ganz auszubleiben.[19)]

Die Stadt Unkel versuchte durch den Bau von Sport- und Freizeitmöglichkeiten (Turnhalle 1960, Schwimmbad 1964, Tennisanlage 1973 und Sportanlage 1982) sowie die Verlegung von Parkplätzen nach außerhalb des alten Stadtkerns, unseren Ort für die Erholungssuchenden attraktiv zu machen. Trotz dieser zahlreichen Aktivitäten ging der

Fremdenverkehr ab 1980 leider stetig zurück, wie eine Statistik des Unkeler Fremdenverkehrsamtes von 1990 zeigt:[20)]

Jahr	gemeldete Personen	Ubernachtungen
1949	5.091	22.493
1951	10.478	28.620
1955	10.823	29.222
1961	13.05	40.958
1965	11.397	34.437
1970	12.698	39.362
1975	10.804	40.293
1980	17.632	43.290
1985	12.090	32.451
1989	10.152	25.063
1990	7.119	19.051

Hoffen wir, daß die romantische Stadt Unkel durch ihre Schönheiten wieder mehr Dauergäste anlocken möge!

Abb. 98: Ober Market

X. Die Verwaltung Unkels

Die Verwaltung Unkels in Kurkölnischer Zeit

Landesherr des kurkölnischen Territoriums war der jeweilige Kurfürst und Erzbischof von Köln. Dieser ernannte einen Amtmann mit Sitz in Linz, der das kurkölnische Oberamt Altwied verwaltete.

Das Unkeler Gericht

Unkel, Scheuren, Rheinbreitbach sowie das später verschwundene Berg bildeten in kurkölnischer Zeit das Kirchspiel Unkel. Es hatte eine gemeinsame Verwaltung, das „Unkeler Gericht“. Dieses „Gericht“ übte sowohl die Rechtsprechung als auch die Verwaltung in Unkel (und den beiden Nachbarorten) aus. An der Spitze dieser Einrichtung stand der Schultheiß. Er wurde vom Kurfürsten auf Lebenszeit ernannt. Dieses Amt, das den angesehensten Familien vorbehalten war, ging häufig vom Vater auf den Sohn bzw. Onkel auf den Neffen über. (z.B. von Herresdorf, Pfaffenbroich und Becker)

Dem Schultheiß zur Seite standen die Schöffen oder Geschworenen. Sie stammten aus den angesehenen und einflußreichen Familien der drei Orte. Ein neuer Schöffe wurde vom Kurfürsten - auf Vorschlag der übrigen amtierenden Schöffen - auf Lebenszeit ernannt. Obwohl dem Kirchspiel Unkel eigentlich sieben Schöffen zustanden, übten meist nur fünf Mitglieder ihr Amt aus. Davon waren zwei aus Unkel, zwei aus Rheinbreitbach und einer aus Scheuren. Die Entlohnung der Schöffen erfolgte in einer „Aufwandsentschädigung“ in Form von Essen und Trinken (Gelage) sowie in verschiedenen Vergünstigungen z.B. Heidehau, Holzholen, u.ä. Manchmal aber erfolgte sie auch in Geld. Da man von diesem „Gehalt“ aber nicht leben konnte, hatten alle Schöffen noch einen anderen Beruf. Meist waren sie Winzer.

Zu dem Unkeler Gericht gehörte außerdem noch der Gerichtsschreiber, welcher die anliegenden schriftlichen Arbeiten erledigte. Er erhielt ein jährliches Gehalt, das 1700 70 Gulden betrug. Manchmal versah der Lehrer diesen Dienst.[1)]

Aufgaben des „Unkeler Gerichts“

Das Gericht hatte dafür zu sorgen, daß das Kirchspiel gerecht verwaltet wurde. Zucht und Ordnung sollten in der Stadt herrschen, wobei Schultheiß und Schöffen mit gutem Beispiel vorangehen sollten. Für die Sicherheit in Feld und Wald sorgten die Flurschützen. Für den Schutz der Orte sorgten die Bürger selbst. Jeweils sieben Bürger wurden täglich als Wächter eingeteilt und beschützten die Orte. Schultheiß und Schöffen übten aber auch gleichzeitig die Gerichtsbarkeit aus. Sie verhängten Geldstrafen bei Feld- und Walddiebstahl (Kürren) und bestraften Schlägereien, üble Nachreden, nächtliches Herumstreifen, Wachvergehen u.a. (Brüchten). Aus den Unkeler Akten ist uns auch eine Hinrichtung bekannt, die von dem Unkeler Gericht verhängt wurde. Es handelte sich hierbei um den Gewohnheitsdieb Anton Kühlwetter, der 1739 in der Nähe der „Schindskuhl“ gehängt wurde.

Das Unkeler Gericht übte aber auch die Funktion eines Notariats aus. Der Verkauf von Häusern und Grundstücken wurde vom Gericht „notariell“ bestätigt und erhielt so seine Gültigkeit. Bei Kreditaufnahme wurde die Schuldurkunde (Obligation) vom Unkeler Gerichtsschreiber aufgestellt und von den Schöffen bescheinigt. Ebenso war die Taxierung von Grundstücken und Häusern bei Erbangelegenheiten Aufgabe der Schöffen.

Der Unkeler Stadtrat

Als Gegengewicht zu der o.a.Verwaltungsbehörde stand der Stadtrat Unkels. Ihm oblag die Vertretung der Interessen der Bürgerschaft gegenüber der Behörde. Dem Rat gehörten zwei Unkeler, ein Scheurener und zwei Rheinbreitbacher als „Ratsverwandte“ an. Diese fünf Mitglieder des Stadtrats wurden von den Bürgern der jeweiligen Orte gewählt. Der Stadtrat besaß allerdings im 18. Jahrhundert keine allzu großen Machtbefugnisse mehr, da Schultheiß und Schöffen dessen Rechte stark eingeschränkt hatten. So kam es, daß zwei Rheinbreitbacher Stadträte aus Protest gegen diese Einschränkungen ihr Amt niederlegten und 1775 eine Beschwerde der Bürgerschaft gegen das Unkeler Gericht bei der Hofkanzlei erhoben und sogar vom Kurfürsten Recht erhielten.

Der Unkeler Bürgermeister

Der Bürgermeister, der jeweils am l. Mai von der Bürgerschaft für ein Jahr gewählt wurde, spielte in damaliger Zeit nur eine unbedeutende Rolle. Er war ein Jahr lang für die Einnahmen und Ausgaben der Simpel-Steuergelder verantwortlich. Den Hauptteil dieser Steuern (2/3) führte er an die Landesverwaltung ab, der Rest (1/3) verblieb in Unkel und diente zur Finanzierung der Gemeindeangelegenheiten.

In der „Bürgermeister-Rechnung“ mußte er über Einnahmen und Ausgaben der Steuergelder Rechenschaft ablegen, was aber im 18. Jahrhundert nicht immer geschah. Als Beispiel möge die Bürgermeister-Rechnung von 1699/1700 des Bürgermeisters Abel Steinfeld dienen.

Bürgermeister-Rechnung 1699/1700 unter Abel Steinfeld

Einnahmen: 16 x Simpel 5927 Gulden

Duplum:	Pfingsten	a)* Karst	336	Gulden
		b) Wirtz	347	Gulden
		c) Auswärt	52	Gulden
			735	Gulden
Triplum:	Jacobi	a)	513	Gulden
	1699		524	Gulden
			79	Gulden
			1110	Gulden
Triplum:	Allerheiligen	a)	516	Gulden
	1699	b)	523	Gulden
		c)	79	Gulden
			1110	Gulden
Triplum:	01.Januar	a)	504	Gulden
	1700	b)	521	Gulden
		c)	80	Gulden
			1105	Gulden
Duplum:	01.März	a)	342	Gulden
	1700	b)	347	Gulden
		c)	50	Gulden
			739	Gulden
Triplum:	Michaelis	a)	512	Gulden
	1700	b)	528	Gulden
		c)	80	Gulden
			1120	Gulden

Summe der 16x Simpel: 5927 Gulden

Sonstige Einkünfte: Der Weidehammel des Freiherr von Breitbach
Gemeine Ochsen

Summe der Einnahmen: 6055 Gulden**

** Anmerkung: a) Unkel; b) Rheinbreitbach; c) Auswärtige Steuerzahler*
*** Simpel= einfache , Duplum= zweifache, Triplum= dreifache Steuersatz*

Bürgermeister-Rechnung 1699/1700 unter Abel Steinfeld

Ausgaben:

An das Empfängeramt in Köln geliefert 1699/1700: 4326 Gulden

Pfingsten	1699 :	644	Gulden
Jacobi	1699 :	812	Gulden
Allerheiligen	1699 :	813	Gulden
01.Januar	1699 :	807	Gulden
Michael	1699 :	805	Gulden
0l.März	1699 :	545	Gulden
		4326	Gulden

Einnahmen:	6055	Gulden
Ausgaben:	4326	Gulden
Bleiben	1735	Gulden für die Stadt

Particular Ausgaben (der Stadt Unkel):

Wein und Brot für die Chorsänger:		je 1	Gulden
Für Fronleichnams-Prozession:		ca. 20	Gulden
Brunnenarbeit:		21	Gulden
Probe des Chorweins:		10	Gulden
Speisung von Ratspersonen		ca.150	Gulden
Gehalt	für Gerichtsbote:	26	Gulden
	für Pförtner:	9	Gulden
	für Schulmeister:	26	Gulden
	für Brunnenmeister:	9	Gulden
	für Stadtschreiber:	70	Gulden
	für Bürgermeister:	43	Gulden
	für Aufheber (Steuereinnehmer)	56	Gulden
Reparatur:	Brunnen	21	Gulden
	Kirche	11	Gulden

Summa summarum der **Ausgaben: 5096 Gulden**

Einnahmen:	6055	Gulden
Ausgaben:	5069	Gulden
	986	Gulden Überschuß

Soweit die Zusammenfassung der Bürgermeister-Rechnung von Abel Steinfeld. Nicht aufgeführt sind hierbei die - je nach den Zeitumständen sehr hohen - Kosten für die Unterkunft und Verpflegung von durchziehenden Soldaten.

Der Unkeler Baumeister

Der Baumeister, der ebenfalls am 1. Mai für die Dauer eines Jahres von den Bürgern gewählt wurde, verwaltete die Gemeinheitsgelder oder Bürgergelder der Stadt.

Er zog auch den „Schatz“ (Grundsteuer) sowie andere kleinere Steuergelder (Accise, Ledereimer-Geld) ein.[2)]

Die **Einnahmen** der Bürgergelder bestanden aus:

1) **Pacht der „Weidendörfer“:*** Einnahmen: ca. 250 Gulden
2) **Pacht des Rahmbüsches:**** Einnahmen: ca. 500 Gulden
3) **Bürgergeld:***** Einnahmen: ca. 50 Gulden
4) **Accise:****** Einnahmen: ca. 100 Gulden
5) **Kürr-Gelder:******* Einnahmen: ca. 50 Gulden
6) **Schatzanteil:** ****** Einnahmen: ca. 250 Gulden

Die Einnahmen des Baumeisters an „Gemeinheitsgeldern“ betrugen im Jahr 1736 Gulden: 1560.

Ausgaben der Bürgergelder:

Von diesen Geldern wurden bezahlt:

1) Die **Gehälter** der **kirchspieleigenen Beschäftigten:**
z.B. Baumeister, Schützen, Stadtdiener, Hebamme
Ausgaben: ca. 100 Gulden

2) Die **Diäten des Stadtrates** bei Wahrnehmung seiner Aufgaben. z.B. bei der Besichtigung der Grenzfuhren und des Gemeindewaldes. Bei den Ratsitzungen.
Ausgaben: ca. 70 Gulden

3) Die **Hälfte des Kürweins**. Der Landesherr erhielt jährlich 6 Ohm Wein (Kürwein).
Ausgaben: ca. 150 Gulden

4) **Kultuskosten für die Unkeler Kirche.** z.B. Kosten für Osterkerze, Öl für das ewige Licht, Kirchenwäsche, Johanniswein.
Ausgaben: ca.65 Gulden

---

* *Dies waren die Weidenbäume entlang des Rheins von der Erpeler Grenze bis zur Honnefer Grenze. Die Zweige der Weiden wurden jährlich abgeschnitten und als Bindematerial für die Weinreben benutzt.*

** *Im kirchspieleigenen Rahmbüsch wurden die Rahmen d.h. Weinbergpfähle gezogen.*

*** *Das Aufnahmegeld, das ein Neubürger beim Erlangen der Unkeler Bürgerrechte bezahlen mußte.*

**** *Steuern auf eingeführten Wein, Schnaps und Bier.*

***** *Dies waren Bußgelder für Feld- und Waldfrevel. Ein Drittel erhielt der Anzeigende, ein Drittel das Gericht, ein Drittel die Gemeinheitskasse.*

****** *Ein Drittel der „Schatzsteuer“.*

5) **Reparaturen** an kirchspieleigenen Gebäuden oder Einrichtungen. So kosteten die 3 steinernen „Rasten” im Jahre 1759 insgesamt 45 Gulden.
Ausgaben: ca. 50 Gulden

Auch der Baumeister mußte in seiner „Baumeister-Rechnung“ Rechenschaft über seine Tätigkeit ablegen.

Der Baumeister besaß außerdem die Aufsicht über den Gemeindewald und durfte Sondergenehmigungen zum Holzholen erteilen.[3)]

Die o.a. Trennung von Steuergeldern (des Bürgermeisters) und den Bürgergeldern (des Baumeisters) wurden allerdings nicht immer genau eingehalten. Es kam vor, daß die Steuergelder die Ausgaben nicht deckten, dann nahm man einen Teil der Bürgergelder. Dieser „Mißbrauch“ führte 1775 zu einem langwierigen Prozeß der Bürger gegen den Schultheiß und die Schöffen. Er endete damit, daß die Verwaltung zur strengen Einhaltung dieser Regelung verurteilt wurde.

Die Verwaltung Unkels unter Nassau-Usingen 1803 - 1815

Unter der Herrschaft von Nassau-Usingen wurde die äußere Form der Verwaltung Kurkölns beibehalten. Die Rechte der Verwaltung und des Stadtrats wurden aber stark eingeschränkt, da es im Herzogtum bedeutend autoritärer zuging als im vormaligen Kurfürstentum. (siehe auch Seite 32 ff)

Die Verwaltung Unkels in preußischer Zeit 1815 - 1945

Als Unkel 1815 zu Preußen kam, wurde die Verwaltung grundlegend geändert. Unkel verlor seine Stadtrechte und wurde Sitz einer Bürgermeisterei, zu der Unkel, Rheinbreitbach, Scheuren, Bruchhausen, Orsberg, Heister, Erpel und Niederkasbach gehörten. An der Spitze der Bürgermeisterei stand der **Bürgermeister**, der mit großen Befugnissen ausgestattet war. Er war als königlich-preußischer Beamte dem jeweiligen Landrat des Kreises Neuwied verantwortlich. Dem Bürgermeister zur Seite stand der **Beigeordnete** als dessen Vertreter.

Jede Ortsgemeinde hatte einen eigenen **Ortsgemeinderat** mit einem **Ortsvorsteher** an der Spitze. Diese Ortsgemeinderäte konnten über alle Ortsangelegenheiten selbst entscheiden - falls sie nicht der Meinung des Bürgermeisters widersprachen. Es gab ferner auch eine **Gesamtversammmlung**, in der alle Ortsvorsteher und noch weitere Mitglieder über Angelegenheiten berieten, welche die gesamte Bürgermeisterei angingen. Ihm gehörten 21 Mitglieder an.

Ein Überbleibsel aus der Vergangenheit war der **Kirchspielrat**, der über die Verwendung von gemeinsamen Besitztums des ehemaligen Kirchspiels beratschlagte. Es gab zwei Kirchspiele: Das **Kirchspiel Unkel** bestand aus Unkel, Scheuren und Rheinbreitbach. Das **Kirchspiel Erpel** setzte sich aus den Gemeinden Erpel, Heister, Bruchhausen, Orsberg und Niederkasbach zusammen.

In Kirchspielbesitz waren vor allem Wald, Schulen sowie das Rathaus.

Wenn der Bürgermeister an einer der o.a. Sitzungen teilnahm, führte er den Vorsitz. Er konnte dann mit seinem „Veto“ alle ihm nicht genehmen Beschlüsse blockieren.[4)]

Das Drei-Klassen-Wahlrecht

Interessant ist für uns das Wahlverfahren, das ab 1849 für die Wahl der o.a. Räte galt. Gewählt wurde nach dem Drei-Klassen-Wahl- oder Zensuswahlrecht. Dies besagte, daß die Bürger entsprechend ihrem Steueraufkommen in drei Klassen eingeteilt waren und dann jeweils gleichviele Vertreter in den Rat wählen durften.

Wessen jährliche Steuern unterhalb eines bestimmten Betrags (6 Mark) lag, durfte nicht wählen. Daher bestimmten in Preußen nur die Begüterten - die **Meistbeerbten** - die Geschicke der Gemeinden.

Ein Auszug aus der Instruktion vom 14.Juni1817 lautete: „Die Wahlen werden vom Bürgermeister geleitet. Er muß acht Tage vorher in der Gemeinde den Tag und die Stunde der Wahl bekannt machen lassen. Am Wahltage versammeln sich die stimmfähigen Einwohner in dem Gemeindehaus/Rathaus. Der Bürgermeister erklärt den Zweck der Zusammenkunft und ermahnt die Versammlung zur ruhigen Wahl.“

Von der Wahl der Gemeindeverordneten für die Gemeinde Unkel am 20.Januar.1892 existiert das Wahlprotokoll:

"Der Wahlvorsteher rief die Namen der Meistbeerbten je nach Abteilung zur Abgabe ihrer Stimmen nacheinander auf. Die Aufgerufenen traten vor und nannten jeder einzeln den Namen desjenigen Meistbeerbten, welchem sie die Stimme zum Gemeindeverordneten geben wollten.[5)]

Der Gewählte wurde notiert (hinter dem Namen des Wählers). Nachdem alle Anwesenden der drei Abteilungen ihre Stimmen abgegeben hatten, wurde die Abstimmung geschlossen."

Ergebnis der Wahl:

1.Abteilung (55 Wahlberechtigte insgesamt)

Die Zahl der Stimmenden betrug: 18 gültige Stimmen: 18
Die absolute Majorität betrug also: 10

Es haben erhalten:

1)	Josef Richarz	16	Stimmen
2)	Ernst Euskirchen	1	Stimme
3)	Heinrich Mohr	1	Stimme

2.Abteilung (13 Wahlberechtigte insgesamt)

Die Zahl der Stimmenden betrug: 8 gültige Stimmen: 8
Die abolute Majorität betrug also: 5
Es haben erhalten:

1)	Anton Faßbender	6	Stimmen
2)	Paul Schwenzow	1	Stimme
3)	Andreas Clasen	1	Stimme

3.Abteilung (4 Wahlberechtigte insgesamt)

Die Zahl der Stimmenden betrug: 2 gültige Stimmen: 2
Die absolute Majorität betrug also: 2

Es haben erhalten:

1) Paul Profitlich: 2 Stimmen*

Mithin wurden als Gemeindeverordnete für die Gemeinde Unkel gewählt:

1) Josef Richarz
2) Anton Faßbender
3) Paul Profitlich

Soweit das Wahlprotokoll vom 20.01.1892[6)]

Mit dem Ende des Kaiserreichs verschwand das Drei-Klassen-Wahlrecht. Ab 1918 erfolgten dann erstmals allgemeine, freie und geheime Wahlen.

Während der Nazi-Zeit blieb die preußische Verwaltung erhalten, allerdings erhielt der bisherige Ortsvorsteher die Bezeichnung „Schulze", welche aber nach Kriegsende wieder verschwand.

Mit dem Beginn der Bundesrepublik trat das **Amt Unkel** an die Stelle

* *davon eine eigene*

der vormaligen Bürgermeisterei Unkel. Seit 1968 ist es die **Verbandsgemeinde**. Verwaltungschef der Verbandsgemeinde ist der jeweilige Amtsbürgermeister - seit 1986 der Bürgermeister der VG -, der das Rathaus leitet. Er besitzt allerdings bedeutend geringere Befugnisse als sein preußischer Amtsvorgänger.

Verzeichnis der Verwaltungschefs von Unkel

(Schultheißen, Bürgermeister, Amtsbürgermeister)

Schultheiß	Lucas Herresdorf	1557
Schultheiß	Herman Salzfaß	1568
Schultheiß	Tilman Herresdorf	1580
Schultheiß	Melchior Spehensetzer	1589 - 1605
Schultheiß	Johann A.v.Herresdorf	1607 - 1642
Schultheiß	Johann Gerhard Benonius	1643
Schultheiß	Arnold v.Herresdorf	1652 - 1669
Schultheiß	Johan Maubach	1674 - 1678
Schultheiß	Joh.Adam Eschenbrender	1679 - 1698
Schultheiß	Joh.Godfried Paffenbroich	1698 - 1731
Schultheiß	Joh.Henrich Paffenbroich	1732 - 1758
Schultheiß	Peter Joseph Becker	1764 - 1786
Schultheiß	Johan Joseph Becker	1786 - 1816
Bürgerm.	Mäurer	1817 - 1839
Bürgerm.	Engels	1840 - 1848
Bürgerm.	Kaufmann	1848 - 1849
Bürgerm.	Heidegger	1849 - 1851
Bürgerm.	Lonnig	1851 - 1855
Bürgerm.	Fransquin	1855 - 1880
Bürgerm.	von Altrock	1880 - 1891
Bürgerm.	von Haller	1891 - 1893
Bürgerm.	Lieser	1893 - 1897
Bürgerm.	Biesenbach	1898 - 1917
Bürgerm.	Decku	1919 - 1933
Bürgerm.	Hartdegen	1934 - 1945
Amtsbürgerm.	Schmitz	1945 - 1948
Amtsbürgerm.	Peters	1948 - 1955
Amtsbürgerm.	Bornheim	1955 - 1964
Amtsbürgerm.	Hafener	1964 - 1986
Bürgerm. VG	Keiser	1986

XI. Das Finanzwesen in Unkel

hlungsmittel (ab dem 17. Jahrhundert)

öln

Im heiligen römischen Reich deutscher Nation gab es eine Vielzahl von unterschiedlichen Währungen, weil jeder noch so kleine Herrschaftsbereich eigene (Scheide-)Münzen herausgab.

Die einzige gemeinsame Währungseinheit war der Reichstaler. Es galten aber auch folgende Gold- bzw. Silbermünzen:

1 Pistol - 6 Taler
1 Carolin - 7,5 Taler
1 Dukat - 3,5 Taler

In Kurköln gab es folgende Währungen: (ab 17.Jahrhundert)

Reichstaler - (Gulden) - Albus (Stüber)- Heller

Im 17./18. Jahrhundert ergaben:

1 Reichstaler = 80 Albus = 60 Stüber
1 Albus = 12 Heller

Wenn es sich um größere Summen handelte z.B. bei Obligationen, beim Hauskauf usw. erfolgte die Angabe in Reichstaler.

Steuern wurden in Gulden - Albus - Heller angegeben, wobei der Gulden nur eine Rechnungseinheit d.h. keine tatsächliche Münze war.

Es ergaben:

1 Gulden - 24 Albus
1 Albus - 12 Heller

Vorderseite *Rückseite*

Abb. 99: Kurkölnischer 2/3 Taler

Als Strafe wurde meist ein Goldgulden verhängt, dessen Wert etwa einem Reichstaler entsprach. Unsere Vorfahren hatten also hauptsächlich mit Gulden - Albus - Heller zu tun. Im Volksmund hatte man folgende Bezeichnungen für die Geldstücke:

Blaffert = 4 Albus-Stück
Fettmännchen = 8 Heller-Stück
Fuchs = Kupferstück (1/2 Stüber, 1/4 Stüber)

Am Ende des 18. Jahrhunderts wurde der Albus durch den Stüber verdrängt, wobei 3 Albus 2 Stüber entsprachen (1 Reichstaler = 60 Stüber). In Unkel aber wurde auch noch Anfang des 19. Jahrhunderts in Albus gerechnet.[1)]

Um den Wert der Währung anzuzeigen, anbei eine Liste der wichtigsten Lebensmittelpreisen:

Jahr	**1665**	**1705**	**1757**	**1792**
3 kg Brot	4 Alb 8 Heller	6 Alb	9 Alb	10 Alb/6 Heller
1 Pfund Butter	3 Alb 6 Heller	11 Alb	10 Alb	
1 Pfund Fleisch	4 Alb	10 Alb	4 Alb[2)]	

Nahrungsmittel geliefert an General Louvigne hatten folgende Preise: (1674)

1 Pfund Fisch kostet	: 4 Alb 8 Heller
1 Pfund Stockfisch kostet	: 6 Alb 8 Heller
1 Viertel Hering kostet*	: 1 Gulden 8 Alb - Heller
1 Pfund Zucker kostet	: 16 Alb
1 „ Butter kostet	: 10 Alb
1 Quart (2l) Milch kostet	: 4 Alb
1 Lot Muscat kostet	: 4 Alb 8 Heller
1 Pfund Rindfleisch kostet	: 3 Alb
1 „ Kalbsfleisch kostet	: 3 Alb
1 „ Speck kostet	: 8 Alb
1 Quart Weißwein (2l) kostet	: 10 Alb
1 Pfund Unschlittkerzen kostet	: 10 Alb
3 1/2 Pfund Wachskerzen kosten	: 4 Gulden 8 Alb
1 Malter Hafer für die Pferde kostet	: 4 Gulden

** Viertel = Hohlmaß: 8 Liter.*

Soweit die Preise für Nahrungsmittel von 1674.[3]

Da in Unkel der Weinbau die Haupterwerbsquelle war, kam dem Verkaufspreis des Weins eine besondere Bedeutung zu.

Ein Ohm Unkeler Wein (ca. 160 Liter) erbrachte im Durchschnitt 10 Taler d.h. 800 Albus. Da die Unkeler Winzer im Mittel zwei Morgen Weingärten besaßen, ernteten sie in normalen Zeiten 8 bis 10 Ohm Wein. Sie hatten demnach ein jährliches Einkommen von 80 bis 100 Taler.

Leider war dies aber nicht immer der Fall, da schlechtes Wetter und Rebschädlinge die Ernte minderten.

Da unsere Vorfahren aber alle eine Kuh oder eine Ziege im Stall hatten, waren sie mit Milch und Fleisch für das Jahr versorgt. Ebenso zogen sie ihr eigenes Gemüse und Obst, so daß sie nur wenige Dinge mit Geld bezahlen mußten.

Preußen

Nachdem Unkel 1815 preußisch geworden war, führte man preußisches Geld in Unkel ein. Es waren: **Taler - Silbergroschen - Pfennige**

1 Taler = 30 Silbergroschen	=	360 Pfennige
1 Silbergroschen	=	12 Pfennige

Ein 2 1/2 Silbergroschen-Stück nannte man im Volksmund: **Kastenmännchen**.[4]

Deutsches Kaiserreich

Erst mit der Bildung des deutschen Kaiserreichs erhielt Deutschland eine einheitliche Währung, nämlich Mark - Pfennig.

1 Mark = 100 Pfennig

Steuern in Unkel

In kurkölnischer Zeit gab es zwei Arten von Grundsteuern: die **Simpelsteuer** und die **Schatzsteuer**.

Der Schatz

Der Schatz war eine gleichbleibende Grundsteuer für Gebäude, Weinberge, Ländereien und Wiesen. Diese Steuer wurde vom jeweiligen Baumeister eingezogen und abgeführt.

Der **Schatzfuß** betrug im 18. Jahrhundert pro Jahr:

Für	Weingarten	Ländereien	Hofrecht
1 Morgen	16 Albus	8 Albus	32 Albus
1 Pint	12 Heller	6 Heller	2 Albus

Die Einnahme aus dem Schatz betrug 1755:

Unkel	323 Gulden
Breitbach	356 Gulden
Auswärtige	52 Gulden
Summe	731 Gulden

Die Simpelsteuer

Diese Steuer war ebenfalls eine Grundsteuer für Haus- und Hofbesitz. Sie war allerdings beweglich d.h. sie konnte je nach den finanziellen Erfordernissen der kurfürstlichen Regierung bis zum 20fachen des Simpelfußes erhoben werden. Die Anzahl der jährlichen Simpel setzte der Landtag d.h. die Vertretung der kurkölnischen Städte fest. Die Simpelsteuer wurde vom jeweiligen Bürgermeister mit Hilfe von Steuereinnehmern (Aufhebern) eingezogen. Der Bürgermeister gab auch den der Stadt Unkel zufallenden Anteil der Steuern aus und mußte in der Bürgermeisterrechnung hierüber Rechenschaft ablegen. Der **Simpelfuß** betrug im 18. Jahrhundert pro Jahr: [5)]

Für	Weingarten	Ländereien	Hofrecht	Wiese/Bungert
1 Morgen	12 Albus	3 Albus 4 H.	32 Albus	4 Albus
1 Pint	9 Heller	2 1/2 Heller	2 Albus	3 Heller

Zum besseren Verständnis sind nachfolgend die wichtigsten Maße aufgeführt:

Kurkölnische Maße

Längenmaße:

1 Fuß (Schuh) ca. 36,5 cm

Flächenmaße:

1 Fuß (Quadratfuß)	=		1,33 qm	
1 Ruthe	=	16 Fuß	21,3 qm	0,21 Ar
1 Pint	=	9 Ruthen 6 Fuß	200 qm	2 Ar
1 Viertel	=	4 Pint	800 qm	8 Ar
1 Morgen	=	4 Viertel	3200 qm	32 Ar

Hohlmaße (Weinmaße):

1 Fuder	=	6	Ohm	960	Liter
1 Ohm	=	20	Viertel	160	Liter
1 Viertel	=	4	Maß/ Quart	8	Liter
1 Maß/Quart	=	4	Pint	2	Liter
1 Pint	=	4	Örtchen/Kännchen	1/2	Liter
1 Örtchen/Kännchen	=			1/8	Liter

1 Stückfaß	:	ca.	1	Fuder
1 Zulast	:	ca.	1/2	Fuder

Hohlmaße (Getreidemaß)

1 Malter 6 Sester ca. 100 kg

Der städtische Haushalt

Im Jahr 1700 betrugen die Einnahmen der 16fachen Simpelsteuer ca. 6000 Gulden. Hiervon mußten 4400 Gulden nach Köln abgeführt werden, so daß noch ca. 1600 Gulden für das Kirchspiel Unkel übrigblieben.

Diese Steuergelder dienten zur Bezahlung von:

1) **Gehälter der städtischen Angestellten**

Gerichtsschreiber	:	70 Gulden
Gerichtsbote	:	26 Gulden
Steuereinnehmer	:	56 Gulden
Bürgermeister	:	43 Gulden
Schulmeister	:	26 Gulden
Brunnenmeister	:	9 Gulden[6)]

2) **Unterhalt von öffentlichen Einrichtungen**

Brunnen, Wachstube, Schule und Kirche 1700: 50 Gulden

3) **Gelage**

Ein großer Betrag wurde für die Beköstigung der Scheffen und Stadträte Unkels (Gelage) ausgegeben: 200 Gulden

4) **Kultuskosten**

Die Chorsänger sowie andere Beteiligte an der Fronleichnams- und Himmelfahrtsprozession erhielten Beköstigung. Die Schützen bekamen genügend Pulver für ihre Ehrensalven: ca. 100 Gulden.

5) **Reisekosten und Aufwandsentschädigung**

Gerichts- und Ratspersonen erhielten Reisekosten und Aufwandsentschädigung. Diese betrugen 1700: ca. 100 Gulden.

6) **Quartier-Essensgeld**

Quartier- und Verpflegungsgeld für vorüberziehende Truppen machten ebenfalls einen ziemlichen Betrag aus. Die Höhe war abhängig von Kriegs- und Friedenszeiten.[7)]

So kamen schon eine Menge Kosten auf die Stadt Unkel zu, die der Bürgermeister am Ende seiner einjährigen Dienstzeit in der Bürgermeisterrechnung abrechnen mußte.

Sonstige Steuern

Accise-Steuern

Wirte mußten auf eingeführten Branntwein, Bier und Wein die Accise-Steuer bezahlen. Hierdurch sollten die einheimischen Produkte bevorzugt werden. Diese Steuereinnahmen waren jedoch gering.

Gewerbesteuer

In der nassauischen Zeit wurde in Unkel die Gewerbesteuer eingeführt. Die Erwerbstätigen mußten nun erstmalig einen Teil ihres Verdienstes als Steuern an den Staat abführen. Dieser Steuer verdanken wir die Gewerbeliste von 1809, die uns über die damals ausgeübten Berufe genaue Auskunft gibt.

Stempelpapier-Steuer

Es mußte auch von 1803 an für eine Bescheinigung (Ehe-,Todes-oder Geburtsbescheinigung) jeglicher Art eine Gebühr an die ausstellende Behörde gezahlt werden, was unter Kurköln nicht notwendig gewesen war.[8)]

Moststeuer

Unter Preußen gab es von 1820 bis 1860 sogar eine Moststeuer, wobei für den Most eine Steuer bezahlt werden mußte. Da unsere Vorfahren in der Hauptsache vom Weinbau lebten, traf sie diese ungewohnte Steuer besonders hart. Sie unternahmen daher viele Bemühungen, um von ihr befreit zu werden, was aber erst nach langer Zeit gelang.

*Klassensteuer**

Die Preußen waren es, die unser modernes Steuersystem einführten. Zunächst wurde durch das Klassengesetz vom 30.5.1820 die Klassensteuer eingeführt. Aufgrund ihres Einkommens wurde die Bevölkerung in vier (Einkommens)Klassen eingeteilt. Es gehörten zur:

1. Klasse : Besonders reiche und wohlhabende Einwohner
2. Klasse : Wohlhabende Grundbesitzer und Kaufleute
3. Klasse : Bürger und Bauern mit geringem Einkommen
4. Klasse : Tagelöhner und Gesinde

Der niedrigste Steuersatz betrug 0,5 Taler - der höchste 144 Taler.

Da es hierbei zu, einer ungleichen Besteuerung kam, wurde 1851 die „klassifizierte Einkommensteuer" eingeführt. Man unterschied nun:

a) Einkommen über 1000 Taler
b) Einkommen unter 1000 Taler (Steuern: bis 24 Taler)

Seit 1873 waren Personen mit einem Jahresverdienst unter 420 Mark steuerfrei. Sie durften allerdings dafür auch keine Gemeinderechte (u.a. Wahlrecht) ausüben.

Die Steuerzahler wurden also nach der Höhe ihrer Steuern bzw. ihres Einkommens in drei Klassen eingeteilt. Nur sie waren wahlberechtigt.[9)]

In Unkel gehörten 1892 zur[10)]

		Steueraufkommen	**Einzelsteuer**
1. Klasse	4 Personen	898 Mark	mehr als 125 Mark
2. Klasse	13 Personen	875 Mark	mehr als 37 Mark
3. Klasse	55 Personen	845 Mark	mehr als 6 Mark
	72 Personen	2618 Mark	

Erst mit dem Ende des Kaiserreichs 1918 wurde dieses mit dem Steuersystem verknüpfte Wahlrecht (Drei-Klassen-Wahlrecht) geändert.

Die Volksbank Unkel

Am 21.6.1874 gründeten 18 Unkeler Bürger den „Unkeler Spar- und Darlehenskassenverein". Anlaß zur Gründung dieser Genossenschaft, nach dem Vorbild von Friedrich Wilhelm Raiffeisen, waren die wirtschaftlichen Schwierigkeiten der damaligen Bevölkerung. Ein wichtiges Ziel war: „Die Verhältnisse zu verbessern, namentlich die zu

---

* *Sie entspricht unserer Einkommensteuer*

Darlehen an die Mitglieder erforderlichen Geldmittel unter gemeinschaftlicher Garantie zu beschaffen."

Vorsitzender wurde Dr. Kirchartz, der dieses Amt 31 Jahre lang ausübte. Zum Vorsitzenden des Verwaltungsrat wählte man Oberst a. D. von Bothwell. Rendant wurde Aegidius Langen.

Bis 1936 wurden die Geschäfte des Spar- und Darlehnskassenvereins von nebenamtlichen Rendanten in ihrer Privatwohnung geführt, obwohl schon damals ein reges Geld- und Warengeschäft getätigt wurde. Die Generalversammlung von 1936 übertrug die Geschäftsführung erstmalig einem hauptamtlichen Rendanten. Ebenso wurden Geschäftsräume in der Linzer Straße 19 (Klingen/Fels) angemietet. Max Fels übernahm sowohl die Leitung des Vorstands sowie die der Geschäfte. Die Benennung lautete nun: „Genossenschaftsbank e.G.m.u.H. Unkel am Rhein".

Im Jahre 1956 erwarb die Genossenschaftsbank das ehemalige Gäste- und Personalhaus der Familie Neven DuMont sowie die dazugehörigen Stallungen und ließ sich hier nieder. Zehn Jahre später wurden die Warengeschäfte wegen Raummangel in die Lagerräume des Winzervereins ausgelagert.

Im Jahre 1972 kam es dann zu einer Fusion mit der Volksbank Linz. Der neue Name lautete: Volksbank Linz e.G. Wenig später wurde dann der Neubau der Bank beschlossen: Im Dezember 1972 erfolgte der Abriß des alten Gebäudes. Nach einer Bauzeit von 14 Monaten wurde am 09.03.1974 das neue Bankgebäude seiner Bestimmung übergeben.[11)]

Die Sparkasse Neuwied

Anno 1868, im Gründungsjahr der „Kreis-, Spar- und Hülfskasse für den Kreis Neuwied" (der nachfolgenden Kreissparkasse und seit 1991 Sparkasse Neuwied) beschloß der Unkeler Gemeinderat bereits die Errichtung einer Zweigstelle in Unkel, die aber erst am 1.10.1886 durch den „Königlichen Landrath von Runkel" verwirklicht wurde.

Unter der Verfügung Nr. 5066 war zu lesen: „Nachdem sich der Herr Gemeindeempfänger Mohr bereit erklärt hat, die Geschäfte eines Nebenrendanten für die Kreissparkasse anzunehmen, wird eine solche vom heutigem Tage an dortselbst errichtet." Danach folgten Anweisungen zu Statuten und Formularen. Und weiter: „Ich ersuche die Sachen an Herrn Empfänger Mohr abzugeben und die Errichtung der Nebenstelle in angemessener Weise bekannt zu machen."[12)]

Aufgabe dieser neuen Einrichtung war es, eine sichere Stätte für die Ersparnisse der Bevölkerung zu schaffen und dem Zinswucher der damaligen Zeit entgegenzuwirken.

Abb. 100: Die alte Kreissparkasse im Prozessionsschmuck

Die Sparkassengeschäfte wurden also zunächst von dem Gemeindeempfänger in seinem Privathaus wahrgenommen. Ab 1925 reichte dies aber nicht mehr aus. Die Sparkasse kaufte das Gebäude der ehemaligen Bäckerei Hildebrand am Unteren Marktplatz und richtete hier ihre neue Zweigstelle ein. Über die Kriegswirren hinaus bis zum Jahr 1959 leitete Robert Verkoyen,danach über 30 Jahre bis 1990 Theo Thomas die Unkeler Sparkassenfiliale. Während seiner Amstzeit wurde 1972 das Gebäude durch einen modernen Neubau ersetzt. Heute zeichnet Theo Langhard mit seinem Team für die Sparkassengeschäfte verantwortlich.

Die Fundamente der Sparkassenidee sind bis auf den heutigen Tag erhalten geblieben. So spiegeln sich gute und schlechte Zeiten nicht nur im Wohlstand oder Armut der Bevölkerung wider, sondern auch in den Bilanzdaten der Sparkasse. Im Jahr der Herausgabe dieser Chronik symbolisiert sie als öffentlich-rechtliches Kreditinstitut gleichsam den Wohlstand der Region: Als Sammelbecken für Kapital (2, 3 Mrd. DM Kundeneinlagen) und Kreditgeber für die heimische Wirtschaft und Bevölkerung (1, 4 Mrd. DM Ausleihungen) ist sie mit großem Abstand Marktführer unter den Kreditinstituten des Lankreises Neuwied.

Glossar[14)]

Da sich die Bedeutung verschiedener Wörter gewandelt hat, bzw. diese Wörter nicht mehr gebraucht werden, seien hier die wichtigsten aufgeführt:

Aufheber	:	Steuereinzieher		
Accise	:	Steuer auf fremde Produkte (Alkohol)		
Albus	:	Silbermünze, Weißpfennig		
Baumeister	:	a) Verwalter der Bürgergelder		
		b) Verwalter eines Hofes		
Bürgermeister	:	a) Kurkölnisch	:	Verwalter der Simpelsteuer
		b) Preußisch	:	Verwaltungschef der Bürgermeisterei
Blaffert	:	4-Albus-Stück des 17/18.Jahrhunderts		
Churen (Kürren)	:	Strafe für Wald-oder Gartendiebstahl		
Duplum	:	Doppelte Simpelsteuer		
Fuß	:	Längen- und Flächenmaß		
Fettmännchen	:	8-Heller-Stück		
Fuchs	:	Kupfermünze	:	1/2 oder 1/4 Stüber
Fuder	:	Hohlmaß	:	960 Liter
Geding	:	Anhörung von Verordnungen (am Weißen Sonntag)		
Gleidt	:	Schutzgebühr für Juden		
Haken	:	Luntenschloßmuskete		
Heller	:	Münze 1/12 Albus		
Kraut	:	Gras, Blätter, Viehfutter		
Malter	:	Hohlmaß (ca.100 kg) für Getreide		
Morgen	:	Flächenmaß: Kurköln: 32 Ar, Preußisch: 25 Ar		
Ohm	:	Hohlmaß	:	160 Liter
Pint	:	a) Flächenmaß	:	200 qm
		b) Hohlmaß	:	1/2 Liter
Pistole	:	Goldmünze	:	6 Taler
Pütz	:	Brunnen		
Provisor	:	Verwalter der Armenfürsorge		
Ratsverwandter	:	Mitglied des Stadtrats (Ratsherr)		
Rahmen	:	Weinbergpfahl		
Reichstaler:	:	Münze	:	80 Alb 17./18. Jahrhundert
Ruthe	:	Längen- bzw. Flächenmaß		
Schatz	:	Feste Grundsteuer		
Scheffen	:	Ehrenamtliche Mitglieder des Unkeler Gerichts		
Schultheiß	:	Vorsitzender des Unkeler Gerichts		
Simpelsteuer	:	Bewegliche Grundsteuer		
Stüber	:	Münze	:	2/3 Alb
Viertel	:	a) Flächenmaß	:	8 Ar
		b) Hohlmaß	:	8 Liter

XII. Vereine in Unkel

Vereine sind im Leben einer Gemeinde von großer Bedeutung. Sie führen Menschen gleicher Interessen zusammen und fördern die Gemeinschaft und die Geselligkeit.

Das Vereinsleben in Unkel war immer sehr rege. Es wurden im Laufe des letzten Jahrhunderts viele Vereine gegründet, aber nur wenige überdauerten die Zeiten. Heute gibt es in Unkel eine Vielzahl von Vereinen, die meist nach dem 2.Weltkrieg entstanden sind.

Da deren Vereinsgeschichte bekannt ist, möchte ich nur Vereine in den Blick rücken, die vor 1948 bestanden und deren Geschichte den meisten unbekannt ist.

Die beiden ältesten Vereine Unkels sind ohne Zweifel der Bürgerverein und der Junggesellenverein.

Während dem Bürgerverein die volljährigen, verheirateten Bürger angehörten, betätigten sich die unverheirateten jungen Burschen im Junggesellenverein.

Der Bürgerverein Unkel 1730

Es war in früheren Zeiten wichtig, Bürger einer Stadt oder eines Ortes zu sein, denn nur dann besaß man die Rechte und Pflichten eines Bürgers und damit den Schutz der Gemeinschaft.

Eine dieser Pflichten war die Begleitung der Unkeler Pfarrprozessionen: Bürger und Junggesellen begleiteten die feierlichen Umzüge und sorgten für die Sicherheit der Prozession. In einem Beschluß des Unkeler Stadtrats von 1730 wurde aufgeführt, daß alle Teilnehmer, die eine Aufgabe bei der Prozession wahrnahmen, auf Stadtkosten eine bestimmte Menge Wein als Belohnung dafür erhielten. Hierbei sind zum ersten Male

Abb. 101: Fahne des Bürgervereins ca. 1850

„Bürgeroffiziere" aufgezählt, die das Allerheiligste begleiteten.[1)]

Bei den obengenannten „Bürgeroffizieren" dürfte es sich um den „Vorstand" des späteren Bürgervereins gehandelt haben.

Die Bezeichnung „Bürgerverein" entstand aber erst ca. 100 Jahre später, während die Institution der Unkeler Bürger schon damals existierte. Der Name erscheint nachweislich zum ersten Mal im Jahre 1829. In einem Kirchenbuch Unkels wird dort am Kirmesmontag ein Hochamt für die Lebenden und Verstorbenen des Unkeler Bürgervereins erwähnt.

Auch ist uns aus dem vorigen Jahrhundert eine Fahne erhalten geblieben, bei der auf der einen Seite das Bild des Hl. Pantaleon mit der Bitte: „St. Pantaleon ora pro nobis" sowie die Inschrift: „Unkeler Bürgerverein" abgebildet ist. Diese Fahne dürfte um 1850 entstanden sein. Sie zeigt uns die enge Verknüpfung des Vereins mit der Kirche auf.

Leider sind die Protokollbücher des Vereins, die es mit Sicherheit ab 1850 gab, verloren gegangen. Sie hätten uns einen guten Einblick in die Tätigkeiten des Bürgervereins gegeben. Selbst aus der ersten Hälfte unseres Jahrhunderts liegen keine Protokollbücher mehr vor. Sie sind vermutlich in den Wirren des 2. Weltkriegs verloren gegangen. Erst seit der Wiederbelebung des Bürgervereins nach Kriegsende im Jahr 1949 gibt uns das vorhandene Protokollbuch wieder genauen Bescheid über das Wirken des Vereins.

Wie aus dem Buch hervorgeht, befaßte sich der Bürgerverein in der Hauptsache mit der Organisation der Kirmesfeierlichkeiten d. h. mit dem Königsschießen, dem Königsball, dem Bürgerfrühschoppen und dem Königsfestzug.

Es war und ist Ehrensache, an der Beerdigung eines verstorbenen Mitglieds mit einer Fahnenabordnung teilzunehmen. Darüber hinaus wird zum Sechswochenamt eine Blumenschale auf das Grab des Verstorbenen gestellt.

Das „Sterbegeld"- ein Zuschuß zu den Begräbniskosten- war in Notzeiten für die Witwe eine große finanzielle Hilfe. Heute halten viele Mitglieder diese Einrichtung für überholt und überflüssig. Man sollte aber ein ehemaliges Hauptanliegen eines Vereins aus traditionellen Gründen beibehalten.

Seit 1983 bemühte sich der Bürgerverein um eine Eintragung in das Vereinsregister, was für den Fortbestand des Vereins von großer Notwendigkeit war. Vorausbedingung hierfür aber war eine Neufassung der Vereinssatzungen. Nachdem dies geschehen war, ereichte der Vorstand nach langem Bemühen am 29.06.1984 die Eintragung in das Vereinsregister.

Im Jahre 1985 übernahm dann ein stark verjüngter neuer Vorstand die Führung des Bürgervereins, der mit großem Engagement diese Aufgabe wahrnahm.

Nachdem jahrhundertelang nur Männer Mitglieder des Bürgervereins werden konnten, trat bei der Jahreshauptversammlung 1986 erstmals die Frage auf, ob auch Frauen aufgenommen werden könnten. Anfangs stieß dies auf Ablehnung, aber 1988 stimmte man der Aufnahme von Frauen in den Bügerverein zu. Wie zur Bestätigung dieser Entscheidung, errang im gleichen Jahr erstmals in der Geschichte des Vereins eine Frau die Würde der Schützenkönigin.[2)]

Der Junggsellenverein Unkel 1775

Wie die Bürger, so hatten auch die Junggesellen ihre eigene Vereinigung. Aus dieser Vereinigung ging dann 1844 der Junggesellenverein hervor.

Aufgabe des Vereins war die Überlieferung des alten Brauchtums, Pflege der Geselligkeit sowie Erziehung zur Gemeinschaft. Eine frühe Erwähnung der Junggesellen in Unkel finden wir - wie bei dem Bürgerverein - im Zusammenhang mit der Begleitung der Fronleichnams-Prozession. Als 1730 das Schießen an den 4 Stationen von der Regierung verboten wurde, hielten sich die Unkeler Junggesellen nicht an dieses Verbot und wurden deswegen zur Rechenschaft gezogen. Hierbei wurden die Junggesellen-Offiziere: Lieutenant, Sergeant und Korporal aufgeführt. Im Jahre 1844 wurde dann der Junggesellenverein „Unkel-Scheuren“ gegründet, dessen Protokollbücher noch erhalten sind. Durch die beiden Weltkriege kam das Vereinsleben dann zum Stillstand, da die meisten Mitglieder zum Kriegsdienst eingezogen wurden. Nach Kriegsende aber setzte dann wieder ein Aufschwung ein.

Seit alters her wurden am l.Mai jeden Jahres die Vorstands-Mitglieder neugewählt. Ebenso wurden an diesem Tag die neuen Mitglieder in den Verein aufgenommen (verbürgert).

Die dabei erhobene „Aufnahmegebühr“ floß in die Vereinskasse. Am 1. Mai erfolgte ebenfalls die Versteigerung der „Mailehen“, wobei die unbescholtenen Mädchen des Orts von den jungen Burschen „ersteigert“ werden konnten. Die Burschen hatten ihre Mailehen an bestimmten Abenden im Mai zu besuchen und mit ihnen Konversation zu pflegen. Bei öffentlichen Tanzabenden waren sie verpflichtet, mit ihnen zu tanzen. Dieser Brauch, der heute noch in anderen Orten gepflegt wird, der auch manche Ehe stiftete, besteht allerdings schon lange nicht mehr in Unkel.

Ein anderer Brauch aber besteht schon seit undenklichen Zeiten:

Bei der Fronleichnams-Prozession wird der „Himmel“ von vier Fahnenschützen getragen und von Junggesellen-Offizieren und Fahnenträgern in ihren alten Uniformen begleitet. Die Gewehre sind nur Attrappen.

Bei der Kirmes-Prozession aber wird - wie in alten Zeiten - beim Vorbeizug der Prozession von einem Boot (Fähre) das Ehrensalut geschossen. Dabei stehen die Offiziere und Fähndelschwenker in ihren schmucken Uniformen auf dem Dach des Bootes und erweisen die Ehrenbezeugung.

Abgesehen vom l. Mai aber war die Unkeler Kirmesfeier der Höhepunkt des Junggesellenlebens. Der Kirmesdienstag (heute Kirmesmontag) wurde durch eine Messe für die lebenden und verstorbenen Mitglieder des Junggesellen- und Jungmädchenvereins eingeleitet. Hiernach fand in einem Saal (heute Festzelt) der Frühschoppen statt. Am Nachmittag wurde der König ausgeschossen, der am Abend in einem Festzug durch die Stadt geleitet wurde. Der Abend klang dann mit dem Königsball aus.

Ein besonderes Ereignis war und ist das „Begraben der Kirmes“. Am Mittwoch nach der Kirmes wird der Kirmesmann (eine Strohpuppe, welche die Kirmes symbolisiert) unter Weinen und Klagen der Burschen und Mädchen durch die Stadt zur Anlegebrücke der KD-Brücke getragen, wo er angezündet und danach im Rhein versenkt wird.

Ein weiterer Grund zum Feiern war die Hochzeit eines Mitglieds des Junggesellen- oder Jungmädchenvereins, wobei vor allem am „Polterabend“ kräftig gefeiert wurde. Kam der Bräutigam von auswärts, mußte dieser als Entschädigung das sogenannte „Hülbier“ spendieren. (siehe Brauchtum s. 126)

So bot der Junggesellenverein der Unkeler Jugend eine willkommene Abwechslung im harten Arbeitsalltag.

Das Überangebot an Vergnügungsmöglichkeiten nach dem 2.Weltkrieg aber wirkte schädlich auf das Vereinsleben des Junggesellenvereins. In den sechziger Jahren war eine mangelnde Beteiligung der Mitglieder an den Veranstaltungen zu beklagen. Viele Jugendliche waren in sportlichen Vereinen tätig, anderen war die religiöse Einbindung des Vereins lästig. Dem rührigen Vorsitzenden

Heribert Selzer, der die Geschicke des Vereins von 1964 bis 1971 leitete, gelang es jedoch durch eine Reihe von Sonderveranstaltungen, den Verein zusammenzuhalten.

Nach seinem Ausscheiden wegen Heirat 1971 jedoch fand sich niemand zur Arbeit im Vorstand bereit: Der Junggesellenverein stand vor seiner Auflösung.

Schließlich fand sich Klaus Ehl zur Übernahme des Amtes des Vorsitzenden bereit. Er verhalf dem Verein wieder zu einem Auftrieb. Mit steigenden Mitgliederzahlen konnte sich nun der Verein wieder seinen alten Aufgaben widmen.[3)]

Heute ist der Junggesellenverein Träger einer alten Tradition und Mitgestalter am kulturellen Leben Unkels.

Noch relativ jung ist das Fähndelschwenken. Nach dem l. Weltkrieg fand es seinen Einzug nach Unkel. Im Jahre 1921 wurde unter großen finanziellen Opfern eine Schwenkfahne angeschafft, deren Abnutzungsspuren von ihrem häufigen Gebrauch künden. Heute ist das Fähndelschwenken nicht mehr aus Unkel wegzudenken.

Abb. 102: Fahnenschwenker der Unkeler Kirmes 1989 im Pfarrgarten

Der Kriegerverein Unkel-Scheuren 1867

Wie in allen Orten der damaligen Zeit, so gab es auch in Unkel einen Kriegerverein.Während die Statuten erst am 21.05.1891 aufgestellt

Abb. 103: Fahne des Unkeler Kriegervereins

wurden, gibt die erhaltene Fahne das Jahr 1867 als Gründungsjahr an. Zweck des Vereins war es: „Die Liebe und Treue für Kaiser und Reich, Landesfürsten und Vaterland zu pflegen, betätigen und zu stärken. Ebenso soll die Anhänglichkeit an die Kriegs- und Soldatenzeit im Sinne kameradschaftlicher Treue und nationaler Gesinnung aufrecht gehalten werden.“[4)]

Mitglied konnte jeder Einwohner Unkels und Scheurens werden, der seinen Wehrdienst abgeleistet hatte und sich seitdem „vorwurfsfrei“ verhalten hatte.* Das Eintrittsgeld betrug 2,50 Mark, der Monatsbeitrag war 0,25 Mark.

Die General-Versammlung fand am Geburtstag des Kaisers statt. Am Sonntag vor oder nach dem Sedanstag (2.09.) feierte man das Stiftungsfest, verbunden mit einem Festzug und einem Festball.

Der Vorstand bestand aus dem Vorsitzenden, dem Hauptmann, dem Leutnant, dem Rendanten und dem Fähnrich. Er wurde auf der Generalsversammlung für jeweils drei Jahre gewählt.

Der Verein besaß um die Jahrhundertwende einen großen Einfluß in Unkel. Im Jahre 1925 wird der Kriegerverein letztmalig in den Akten unter seinem damaligen Vorsitzenden Ludwig Christ II. erwähnt.

---

* *Es handelte sich also um eine Reservistenvereinigung*

Der Kur-und Verkehrsverein Unkel 1882

Seit dem 19.Jahrhundert zog Unkel wegen seiner hübschen Lage und wegen seiner romantischen Häuser und Gassen mancherlei Fremde an, die hier ihre Sommerfrische verlebten. Als Unkel 1870 an die Eisenbahn angeschlossen wurde, erhielt der Fremdenverkehr einen weiteren Auftrieb. Durch die Beherbergung von Fremden verdiente sich nun manche Unkeler Familie ein Zubrot zu dem kärglichen Verdienst. Da den Erholungssuchenden aber auch etwas geboten werden mußte, plante man den Ausbau der vorhandenen Wege, die Verschönerung der Rheinanlage sowie die Erschließung des Waldes durch Wanderwege.

Um diese Maßnahmen durchführen zu können, gründete man 1882 den „Verschönerungsverein Unkel". Vorsitzender war der jeweilige Bürgermeister der Bürgermeisterei Unkel.

Das Hauptaugenmerk richtete man zunächst auf den Ausbau und die Verschönerung der Rheinanlagen. Der Erfolg der damaligen Aktion ist heute noch sichtbar, da Unkel eine der schönsten (autofreien) Rheinpromenaden am Mittelrhein besitzt.

Außerdem stellte man Ruhebänke auf und errichtete auf dem Stux und auf der Margarethenhöhe Schutzhütten.

Erhebliche Mühe bereitete die Gestaltung des Wasserfalls in der „Unkeler Schweiz". Hiernach wurde das Ursbachtal durch den Bau eines Weges am Bach entlang erschlossen.* Ebenso wurden Wegweiser aufgestellt, um dem Wanderer die Orientierung zu erleichtern. So schuf der Verschönerungsverein unter tatkräftiger Mithilfe des Bürgermeisteramtes die Grundlagen für den Fremdenverkehr.

Schon 1903 erschien ein „Führer durch Unkel", verfaßt von dem Vorstandsmitglied Schäfer. Neben einem kurzem geschichtlichen Überblick wurden dort dem Gast Wandervorschläge in die Umgebung Unkels unterbreitet. 1909 und 1929 folgten weitere Broschüren für Unkeler Gäste. Diese Tradition wurde 1950 mit den „Tips und Informationen für Unkel und seine Gäste" wieder aufgenommen.[5)]

Die geplante Errichtung eines Unkeler Strandbades um die Jahrhundertwende scheiterte zunächst und wurde erst 1927 verwirklicht. Stattdessen wurde 1905 eine Umkleidehütte oberhalb Unkels errichtet und dadurch die „Moral" der Unkeler gehoben.

Durch den 1.Weltkrieg kam die Arbeit des Vereins zum Erliegen, um nach dessen Beendigung wieder stark aufzuleben. Zu dem bisherigen Bahn- und Schiffsverkehr kam in den zwanziger Jahren der Aus-

---

* *1929 erhielt der Ursbach einen neuen Namen: Hähnerbach.*

flugsverkehr mit Autobussen hinzu. Der Fremdenverkehr nahm stark zu, „nicht immer zum Besten der allgemein Moral“, wie Pfarrer Vaassen in der Pfarrchronik notierte.[6)]

Während des 3. Reiches mußte sich der „Fremdenverkehrsverein Unkel e.V.“ den nationalsozialistischen Zielen unterordnen. „Kraft-durch-Freude-Dampfer“ brachten viele Gäste nach Unkel.

Mit Beginn des 2.Weltkriegs aber hörte jeglicher Fremdenverkehr auf. Auch die Vereinsarbeit ruhte.

Am 28.08.1948 wurde dann der Verein unter seinem heutigen Namen als „Kur-und Verkehrsverein Unkel e.V.“ zu neuem Leben erweckt.

Große Aufgaben waren zu bewältigen, um Unkel wieder für Gäste attraktiv zu machen.

Unentwegt bemühte sich der Verein um die Förderung des Fremdenverkehrs und um die Erhaltung und Verschönerung des Ortsbildes. Wie gut dies gelungen ist, kann man bei einem Gang durch die Stadt leicht feststellen.

In den letzten Jahrzehnten betätigte sich der Kur- und Verkehrsverein auch auf kulturellem Gebiet. Viele kulturelle Veranstaltungen wurden durchgeführt und fanden großen Anklang.

So hat der Kur-und Verkehrsverein über mehr als hundert Jahre seine Aktivitäten bewahrt und seine Handlungen den jeweiligen Erfordernissen angepaßt.

Abb. 104: Der Vorstand des Kur- und Verkehrsvereins 1991:
Ulrike Füllenbach, Teo Oltmann, Dr. Born-Sibicke, Jürgen Schädlich, Karl Korf, Dieter Borgolte, Theo Thomas, Rudolf Vollmer und Lothar Schaack. (v. links) (Es fehlt: Siegfried Werber)

Abb. 105: Männergesangverein „Concordia" im Jahre 1934

M.G.V. Concordia Unkel um 1934

1. Heinz Lahm
2. Emil Gehrs
3. Jakob Niedecken
4. Nikolaus Hafen
5. Fritz Flach
6. Karl Honnef
8. Josef Stöcker
9. Jean Ickstadt
10. Gottfried Euskirchen
11. Heinrich Niedecken
12. Josef Becker
13. Josef Westhoven
14. Hubert Fuchs
15. Johann Ernst
16. Max Fels
17. Mathias Mohr
18. Thomas Backhausen (Dirigent)
19. Peter Meurer
20. Heinrich Richarz
21. Richard Kobe
22. Fred Waldorf
23. Peter Fuchs
24. Johann Dung
25. Josef Grenzhäuser
26. Josef Winkelbach

Der Männergesangverein Concordia 1892

Am 29.06.1892 stellten einige Musikfreunde den Antrag, „als Gesang-Verein Eintracht Unkel-Scheuren auftreten zu dürfen". Der Verein bezweckte: „Die Lust und Liebe zum Gesang aufzuwecken und zu erhalten sowie deutsche Lieder zu pflegen".

In den Vorstand wurden gewählt:

Präsident	:	H.J.Niedecken,
Vizepräsident	:	Chr. Mürl
Rechnungsführer	:	H.Neunkirchen
Kassierer	:	H. Reufel

Durch den l. Weltkrieg kam das Vereinsleben zum Erliegen. Daher wurde am 26.11.1921 der Gesangverein unter dem Namen **„Männer-Gesang-Verein Concordia Unkel** "neu ins Leben gerufen.

Der Gesangverein hatte als Zweck: „Die Pflege des Gesangs sowie die Förderung des gesellschaftlichen Verkehrs, des Frohsinns und der Gemütlichkeit unter den Mitgliedern".

Der Beitrag betrug für aktive Mitglieder 2 Mark im Monat, für inaktive Mitglieder 15 Mark im Jahr. Jedes Mitglied war verpflichtet, die Probestunden pünktlich zu besuchen, wer dreimal hintereinander ohne triftige Entschuldigung fehlte, schied als aktives Mitglied aus.

Der Gesangverein sollte so lange bestehen, wie sich dort noch ein vollständiges Quartett befände. Bei seiner Auflösung sollte das vorhanden Kapital an die Armenkasse in Unkel fallen. Bis zu Beginn des 2.Weltkrieges entfaltete der Verein eine rege kulturelle Tätigkeit,die durch die kriegerischen Ereignisse unterbrochen wurde. Nach dem Krieg nahm der Gesangverein dann wieder seine Aktivitäten auf und trug durch seine Auftritte bei Unkeler Festlichkeiten zu deren Veschönerung bei. 7)

Die Freiwillige Feuerwehr Unkel

Nachdem die 1899 gegründete Pflichtfeuerwehr nicht den gewünschten Erfolg gezeigt hatte, wurde am 23.02.1902 die „Freiwillige Feuerwehr Unkel/Scheuren" gegründet. Der erste Vorstand bestand aus:

Ehrenpräsident:	Dr. Kirchartz
Oberbrandmeister:	Ernst Euskirchen
Schriftwart, Kassierer:	Heinrich Hattingen
Spritzmeister:	Friedrich Heinen
Steigerführer:	Eduard Mürl
Sicherheitsleiter:	August Michels

Abb. 107: Freiwillige Feuerwehr, Löschzug Unkel 1987

Da zunächst keine Geldmittel vorhanden waren, wurden die ersten Ausrüstungsgegenstände durch freiwillige Spenden angeschafft. Die Bekleidung bezahlten die Wehrmänner selbst.

Im folgenden Jahr stellte die Gemeinde Unkel einen Betrag von 1000 Mark für die Anschaffung weiterer Löschgeräte zur Verfügung und versicherte die Wehrleute gegen Unfall.

Die Löschgeräte der Anfangszeit waren allerdings noch sehr einfach und nicht besonders wirksam: Man bekämpfte das Feuer mit Hand-Druckspritzen, aber auch noch mit den alten Ledereimern.

Im Jahre 1925 stiftete der Unkeler Ehrenbürger Fritz Henkel eine Motorspritze, wodurch die Wehr das Feuer nun wirksamer bekämpfen konnte. Aber es war noch ein großes Problem, die Spritze an den Einsatzort zu bringen, da ein Auto fehlte. 1935 schenkte dann die Firma Henkel als Vermächtnis des verstorbenen Fritz Henkel einen „Kraftwagen", der in einen „Feuerwehr-Bereitschaftswagen" umgebaut wurde. Durch die Motorisierung der Unkeler Feuerwehr war nun eine größere Schlagkraft und Wirksamkeit in der Brandbekämpfung möglich geworden.

Aber nicht nur bei Bränden, sondern auch bei Verkehrsunfällen wurde die Feuerwehr eingesetzt. Bei „großem" Hochwasser wurde (wird) sie außerdem zu einer „Wasserwehr", die Personen zu den vom Wasser eingeschlossenen Häusern transportiert und (oder) sie mit Lebensmitteln versorgt. Weihnachten 1993 war dies zuletzt der Fall.

Heute hat sich das Aufgabengebiet der Feuerwehr stark erweitert. Die Wehr wird heute häufiger zu technischen Hilfeleistungen als zu Brandbekämpfungen herangezogen. Voraussetzung dafür ist aber eine moderne technische Ausrüstung, die natürlich ihren Preis hat. Ebenso ist eine vielseitige sowie spezielle Ausbildung der Wehrleute die Voraussetzung für eine erfolgreiche Hilfe bei Notfällen.

Da in dem modernen Gerätehaus an der Graf-Blumenthal-Straße die erforderlichen Gerätschaften vorhanden sind, und die Unkeler Feuerwehrmänner einen hohen Ausbildungsstandard besitzen, sind die Bedingungen für ein erfolgreiches Helfen sehr günstig.

Das Deutsche Rote Kreuz, Ortsverein Unkel

Am 01.09.1922 gründete eine kleine Gruppe Unkeler Bürger die „Freiwillige Sanitätskolonne vom Roten Kreuz der Bürgermeisterei Unkel". Die Gründungsmitglieder waren:

> Anton Mohr, Peter Muß I, Josef Christ, Andreas Schopp, Mathias Muß, Heinrich Vollmer und Egidius Schopp aus Unkel sowie Nikolaus Schmitz aus Bruchhausen.

Zum Kolonnenführer wurde Anton Mohr gewählt. 1923 übernahm Max Fels den Vorsitz.

Zunächst umfaßte die Einrichtung die gesamte Bürgermeisterei Unkel (heute: Verbandsgemeinde), aber 1925 gründete man in Erpel eine eigene Abteilung.

Die Aufgabe der Sanitätsgruppe bestand in der Leistung von erster Hilfe bei Unfällen jeglicher Art sowie dem Krankentransport, der mittels einem „Handkrankenwagen" zu Fuß durchgeführt wurde. Im Jahre 1939 bestand die Kolonne aus 40 Personen (Unkel: 26, Bruchhausen: 9 und Rheinbreitbach:5)[8)]

Während des 2. Weltkrieges dienten viele Mitglieder beim Sanitätsdienst der Wehrmacht, wobei etliche den Tod fanden. Nach Beendigung des Krieges erfolgte am 2.6.1946 die Neubildung der Sanitätskolonne, die sich ab dem 03.10.1949 „Ortsverein Unkel vom Deutschen Roten Kreuz" umbenannte. Zum Vorsitzenden wurde Josef Bornheim, als sein Stellvertreter Hans Menden gewählt.

Seit 1937 bestand in Unkel und in Rheinbreitbach auch eine Gruppe von weiblichen Mitgliedern, die während der Kriegszeit in den Lazaretten Dienst taten.

Nach dem Krieg wurde sie neu gebildet und erreichte unter der Leitung von Christine Müller und ab 1957 unter Josepha Schumacher einen hohen Leistungsstand.

Seit 1972 existiert auch eine Jugend-Rote-Kreuz-Gruppe, in welcher der Nachwuchs herangebildet wird. Die erste Leiterin war Margarete Bammer. Ihr folgten Stephan Schwarz und Wolfgang Rick.

Am 16.04.1985 beschloß die Mitgliederversammlung die Eintragung des Ortsvereins in das Vereinsregister. Seit 1993 setzt sich der Vorstand so zusammen:

1. Vorsitzender	:	Peter Frings
Stellvertreter	:	Theo Thomas
Schriftführer	:	Manuela Gruß
Schatzmeister	:	Jakob Wierig
DRK-Arzt	:	Dr. med. Fredy Bertram
Zugführerin	:	Ursula Winzen

Die Aufgaben des DRK-Ortsvereins sind weiterhin die Erste Hilfe bei Unfällen und der Krankentransport. Hinzugekommen sind Kurse, bei denen das DRK Kenntnisse und Fertigkeiten für richtiges Verhalten bei Unfällen (Sofortmaßnahmen am Unfallort) vermittelt. Ebenso wird durch die Anwesenheit von Sanitätspersonal bei örtlichen Veranstaltungen eine sofortige Versorgung eines Verunfallten gewährleistet.

Seit 1960 organisiert das DRK darüberhinaus Blutspendetermine.

Geschlossene Gesellschaft „Casino" Unkel 1899

Am 08.11.1899 wurde die geschlossene Gesellschaft „Casino" in Unkel gegründet. Zweck dieses für die damalige Zeit typischen Vereins war: „Pflege der Geselligkeit, politische und konfessionelle Bestrebungen ausgeschlossen".

Mitglied konnte jeder in der Bürgermeisterei Unkel wohnende Bürger werden, der 3 Mark „Eintrittsgeld" sowie 6 Mark Jahresbeitrag zahlen konnte.

Einmal wöchentlich, und zwar donnerstags, fand ein Gesellschaftsabend im Vereinslokal des Winzervereins am Markt statt. Bei Nichterscheinen zahlte man 10 Pfennig. Bei Auflösung der Gesellschaft sollte das Vermögen an das Christinenstift fallen.[9)]

Gewählt wurden:

Vorsitzender	:	Dr. Kirchartz
Stellvertreter	:	Heinrich Hattingen
Schatzmeister	:	Lehrer Schäfer

Wegen ihrer lokalen Bedeutung seien auch die damaligen Mitglieder aufgeführt. Es waren: Scheider, Pohlmann, E.Profitlich,Weisheim, Stummeyer, 0.Lauffs, Schwenzow, P.Profitlich, Dr.Hintze, Pfarrer Scheltenbach, Ritter, A.Profitlich, E.Euskirchen und Waninnger.[10)]

Wie lange die Casino-Gesellschaft bestanden hat, ist leider nicht bekannt.

Geschlossene Gesellschaft „Rauchclub" von 1901

Am 15.20.1901 wurde unter dem Namen „Rauchclub" eine zweite geschlossene Gesellschaft in Unkel gegründet. Zweck dieser Gesellschaft war „Pflege der Geselligkeit, wobei politische und konfessionelle Betätigung ausgeschlossen waren." Das Gesellschaftslokal befand sich im Restaurant Stuch (heute: Unkeler Hof) in einem eigens dazu bestimmten Raum. Die Vereinsräume standen den Mitgliedern jederzeit zur Verfügung. Vom einkommendem Geld sollte ein Unterstützungsfond für Hilfsbedürftige eingerichtet werden, der jährlich zur Verteilung kommen sollte.

Vorsitzender : Nathan David
Mitglieder : Eli Heilbronn, O.Lauffs, Anton Grenzhäuser, Bernhard Mayer, Peter Mürl und Michels

Im Jahre 1910 bestand die Gesellschaft aus folgenden Personen:

Vorsitzender : Nathan David
Mitglieder : Eli Heilbronn, O.Lauffs, Bern. Mayer, Pet.Mürl, W.Wanninger, Franz Pütz,Hornholz und Christian Stuch[11)]

Unkeler Kegel- und Rauchclub von 1902

Am 13.01.1902 wurde der Kegel- und Rauchclub in Unkel gegründet. Ziel des Clubs war es, „das Kegeln durch entsprechende Ausbildung seiner Mitglieder sowie in Veranstaltungen von geschlossenen gemütlichen Rauchabenden nach Kräften zu fördern, um dadurch die Einigkeit und den Frohsinn der Jugend zu bereichern." Das Eintrittsgeld betrug 10 Mark,der Mitgliedsbeitrag 25 Pfennig monatlich.

Jeden Montagabend von 8 1/2 Uhr bis 11 Uhr fand im Lokal von Christian Stuch, Unkel, der Rauchabend statt. Jedes Mitglied erhielt leihweise eine Pfeife und Tabak vom Club gestellt. Die Pfeife blieb Eigentum des Clubs und durfte nicht aus dem Lokal entfernt werden.

Jedes Mitglied erhielt bei seinem Namenstag ein Geschenk,welches den Wert von 3 Mark nicht übersteigen durfte. Bei Sterbefällen stiftete der Club einen Kranz sowie eine heilige Messe. Ebenso waren alle Clubmitglieder zur Teilnahme am Begräbnis eines Mitgliedes verpflichtet. Bei Auflösung sollte das Inventar an das Christinenstift fallen. Der Vorstand, der jährlich gewählt wurde, bestand 1902 aus:[12)]

Vorsitzender : A.Hartmann
Stellvertreter : W.Reuter
Kassierer : Gerhard Schopp
Zeugwart : Franz Stang
Schriftführer : Bertram Stang

Kegelverein „Frohsinn" von 1901

Fast zur gleichen Zeit war in Unkel ein zweiter Kegelverein gegründet worden. Er bezweckte „Kegeln und gesellige Unterhaltung." Der wöchentliche Kegelabend war dienstags von 8 Uhr bis 11 Uhr. Das gesellschaftliche Zusammensein im Clubzimmer konnte aber auch an jedem anderen Abend stattfinden. Der monatliche Mitgliedsbeitrag betrug 40 Pfennig. Wer ohne Entschuldigung fehlte, zahlte 20 Pfennig Strafe. Wer auf 9 Kegel „puddelte",d.h. vorbeiwarf oder die Bande berührte, zahlte 5 Pfennig. Wer zweimal seinen Beitrag nicht zahlte, schloß sich selbst aus dem Verein aus. Bei Auflösung des Vereins sollte der Kassenbestand an die Unkeler Armenkasse fallen.
Folgende Mitglieder gehörten 1902 dem Verein an:

Vorsitzender : Jonas Levy
Stellvertreter : Friedrich Heinen
Schriftführer : Alexander Hoffmann
Stellvertr.Schriftführer : Christian Stuch
Mitglieder : Bernhard Mayer, Severin Weber, Heinrich Günster, Johann Vollmer, Josef Vollmer, Peter Mürl, Franz Simon, Friedr. Heinen, Ignatz Hartmann, August Michels und Wilh..Prinz [13)]

Kegelclub von 1904

Am 20.08.1904 wurde ein weiterer Kegelclub gegründet, der vermutlich eine Spaltung des „Kegel- und Rauchclubs" von 1902 war.

Zweck des Clubs war es, das Kegeln und die Geselligkeit zu pflegen. Kegelabende waren wöchentlich montags von 8 1/2 Uhr bis 11 Uhr.

Abb. 108: Kegelverein Frohsinn

Doch konnte auch an anderen Abenden gekegelt werden. Gesellschaftsabende waren täglich im Vereinslokal Hotel Stuch in der „Altdeutschen Stube".

Der monatliche Vereinsbeitrag betrug 50 Pfennig. Wer mit der Zahlung seines Mitgliedsbeitrages trotz schriftlicher Aufforderung im Rückstand blieb, galt als aus dem Verein ausgeschieden. Bei Auflösung des Vereins sollte über den eventuellen Kassenstand ein besonderer Beschluß gefaßt werden.

In den provisorischen Vorstand wurden gewählt:

Vorsitzender	:	Jean Habing
Stellvertreter/Schatzmeister	:	Oskar Lauffs
Mitglieder	:	Wilhelm Gütgemann, Christian Stuch, Alex.Profitlich, Heinz Freitag, Paul Schwenzow, Ferd. Söhnen[14)]

Karnevalsgesellschaft von 1904

Am 25.11.1904 wurde in Unkel die erste Karnevalsgesellschaft gegründet. Ihr Zweck war, während der Karnevalszeit den einheimischen Bürgern durch Reden und Lieder, welche in verschiedenen Sitzungen gehalten (bzw.vorgetragen) werden, einige frohe Stunden zu bereiten."

Lieder und Reden mußten allerdings vorher dem Vorstand vorgetragen werden, wo deren Inhalt geprüft wurde, der nichts gegen die Religion oder gegen den Kaiser enthalten durfte. Mitglieder zahlten 3 Mark im Jahr in die Kasse. Der Reinerlös (der Veranstaltung) wurde zur Unterstützung von Hilfsbedürftigen verwand. Reinertrag war derjenige Betrag, der am Aschermittwoch über 20 Mark hinaus vorhanden war.
Der damalige Vorstand bestand aus:
Ferdinand Gohr, Heinrich Mürl und Mathias Pax[15)]

Karnevalsgesellschaft Unkel von 1909

Am 14.12.1909 wurde eine 2. Karnevalsgesellschaft mit ähnlicher Satzung wie 1904 ins Leben gerufen.

Ihr Zweck war, „während der Karnevalszeit die Einwohnerschaft Unkels durch amüsante Reden und Lieder zu unterhalten und aufzumuntern."

Reden und Lieder wurden zuerst vom Vorstand auf ihren Inhalt geprüft und durften weder etwas über die Religion noch über den Kaiser und die kaiserliche Familie enthalten. Mitglieder zahlten 2 Mark im Jahr in die Kasse. Der jährliche Reinerlös wurde zur Unterstützung von Hilfsbedürftigen verwand.

Der damalige Vorstand bestand aus:[16)]

Vorsitzender : Philipp Weber
Stellvertreter : Anton Weber
Schriftführer : Joseph Aschenbrenner
Kassierer : Bertram Stang

Theaterverein „Nordstern" Unkel von 1921

Am 21.09.1921 gründete man in Unkel der Theaterverein „Nordsterne." Zweck des Vereins war: „Durch Aufführung.von klassischen und volksbildlichen Theatervorführungen die Volksbildung und die Jugendpflege zu fördern".

Einmal wöchentlich fanden Übungsstunden zu einem festgesetztem Termin statt. Es gab aktive und inaktive Mitglieder. Das „Eintrittsgeld" betrug 5 Mark, der Monatsbeitrag war 50 Pfennige. Wer dreimal seinen Monatsbeitrag nicht bezahlt hatte, schloß sich selbst aus dem Verein aus.

Der Theaterverein hatte 1921 24 Mitglieder, davon waren 4 Frauen.

Fidele Nordsterner von 1930

Als Ende der zwanziger Jahre die Begeisterung für das Theaterspiel abnahm, faßte man am 11.11.1930 den Entschluß, den bisherigen Theaterverein in einen Karnevalsverein unter dem Namen: „Fidele Nordsterner" umzuwandeln.

Der Verein sorgte mit seinen karnevalistischen Veranstaltungen für Freude und Abwechslung in Unkel. Durch den Ausbruch des 2.Weltkriegs kamen die Aktivitäten des Vereins zum Erliegen. Am 21.10.1950 erfolgte der Neubeginn unter dem Vorsitz von Joseph Siebertz. Im Jahre 1954 trat der Verein dem „Bund deutscher Karneval" bei. Auf der Jahreshauptversammlung am 09.04.1965 änderte man dann den Namen in **„Karnevalsgesellschaft Unkel"** um.[18)]

Turn- und Sportvereine in Unkel

Im Jahre 1910 gründeten einige Unkeler Sportler, die bisher in Turnvereinen der Nachbargemeinden Sport getrieben hatten, den **Turnverein Unkel**. Anstoß hierzu hatte der Turner Johannes Schmitz gegeben, der mit Dr.Wilhelm Hintze zur Tat geschritten war. Der Turnbetrieb fand im Saale Gohr in der Lehngasse statt. Die Unkeler Jugend war mit großer Begeisterung bei der Sache. Aber dann sonderten sich einige Turner wegen Unstimmigkeiten ab und gründeten den Turnverein **„Germania"**.

Am 18.06.1912 wurden die Satzungen des Turnvereins **„Germania"** Unkel veröffentlicht. Der Turnverein bezweckte: „Die Ausbildung körperlicher Kraft und Gewandtheit, sowie Erwecken und Befestigen einer sittlich-mannhaften und vaterländischen Gesinnung seiner Mitglieder". Alle politischen und religiösen Parteibestrebungen waren ausgeschlossen. Wer als Mitglied aufgenommen werden wollte, mußte mindestens 17 Jahr alt sein und den Vorstand durch sein turnerisches Können überzeugen.

Der Vorstand bestand aus:

Vorsitzender	:	Engelbert Richarz
Stellvertreter	:	Billstein
Turnwart	:	Theo Rifert
Stellv..Turnwart	:	Jakob Kunkel
Kassenwart	:	Engelbert Euskirchen
Zeugwart	:	Ernst Euskirchen

Im Jahre 1913 bildeten auch die Scheurener Turner einen eigenen Turnverein „**Vater Jahn**". Dieser turnte im Saale Mürl. So gab es 1914 in Unkel 3 verschiedene Turnvereine.

Leider wurde durch den Ausbruch des 1.Weltkrieges das Vereinsleben beendet, da die Mitglieder zu den Fahnen eingezogen wurden, wo 27 den Tod fanden (siehe Ehrentafel des Turnvereins). Später schlossen sich der Turnverein Unkel und der Turnverein „Germania" zum „Allgemeinen Turnverein Unkel" (ATV) zusammen. Turnlokal war der Saal Stuch.

Im Jahre 1925 war Anton Welsch der Vorsitzende des ATV. Severin Schreiner stand an der Spitze des Turnvereins „Vater Jahn" in Scheuren.[19)]

Fußballverein Unkel

Am 23.07.1926 wurde in Unkel der Fußballverein Unkel gegründet. Zweck des Vereins war: „Das Betreiben des Fußballsports, insbesondere Fußballwettspiele mit auswärtigen Vereinen auf deren oder auf dem hiesigen Spielplatz".

Der Monatsbeitrag betrug für aktive Mitglieder 1 Mark und für inaktive Mitglieder 50 Pfennig. Das Vereinslokal befand sich im Hotel Stuch am Markt. (Unkeler Hof) Im damaligen Vorstand waren:[20)]

Vorsitzender : Hermann Schopp
Schriftführer : Lothar Lauffs
Kassierer : Eduard Mürl

Allgemeiner Turn-und Sportverein

Im Jahre 1934 schlossen sich der Allgemeine Turnverein und der Fußballverein zusammen und legten sich den Namen „Allgemeiner Turn- und Sportverein Unkel" zu.[21)]

Sportverein Unkel 1910 e.V.

Nach dem 2. Weltkrieg begann man mit der Vereinsarbeit wieder völlig neu. Als Vereinsnamen wählte man „Sportverein Unkel 1910 e.V." Es waren vor allem Oberturnwart Josef Hirzmann und nach ihm sein Sohn Franz Hirzmann, die durch ihren idealistischen Einsatz das Turnen und die Leichtathletik im Verein zu ihrem Höhepunkt brachten.

Als 1960 die erste Turnhalle in der Schulstraße zur Verfügung stand,

Abb. 109: Allgemeiner Turn- und Sportverein 1935

hatte man endlich eine wettkampfmäßige Übungstätte zur Verfügung, die Voraussetzung für einen „Mehrsportverein mit verschiedenen Abteilungen“ bot, wie er auch heute noch in Unkel vorhanden ist.

Fußballclub 1980

Im Jahre 1980 bildete sich dann ein eigener Fußballclub (FC Unkel 80), der sich unter dem rührigen Vorsitzenden Leo Klevenhaus zu einem bedeutendem Unkeler Verein entwickelte.

Musikdilettanten Unkel von 1926

Am 15.05.1926 gründete sich die Vereinigung der „Musikdilettanten e.V. Unkel/Rhein“. Zweck des Vereins war: „Pflege von Musik aller Art, insbesondere auch Jazz sowie Heranbildung von geschulten Dilettanten für Hausmusik.“ Aufgenommen wurden alle musikalisch veranlagten Personen ab 14 Jahren als aktive Mitglieder. Bei den inaktiven Mitgliedern spielte das Alter keine Rolle.

Der Verein sollte so lange bestehen bleiben, „wie vier Mann in demselben verbleiben“.[22)]

Der damalige Vorstand bestand aus:

Vorsitzender	:	Emil Simon
Schriftführer	:	Math. Kötting
Beisitzer	:	Anton Ernst

Verein der Gewerbetreibenden zu Unkel 1921

Am 30.01.1921 gründete sich der Verein der Gewerbetreibenden Unkels. Zweck war: „Schutz der öffentlichen gewerblichen Interessen". Mitglied konnte jeder Gewerbetreibende oder selbständige Handwerker Unkels werden. Das „Eintrittsgeld" betrug 3 Mark, Beitrag wurde keiner erhoben.

Der Vorstand bestand aus:[23)]

Vorsitzender	:	Clemens Fels
Beisitzer	:	Carl Mies,Walter Philipp. H.J.Honnef, Anton Welsch und M.Fels.

XIII. Unkeler Persönlichkeiten

Berühmte Familien in Unkel

Vier berühmte Unkeler Familien bestimmten lange Zeit die Geschicke unserer Stadt. Es waren dies:

Die Familie Eschenbrender

Die wohl bedeutendste Familie in Unkel waren die Eschenbrenders. Anfang des 16. Jahrhunderts sind sie erstmalig erwähnt. Sie verwalteten lange Zeit als „Baumeister“ des Kölner Stiftes „Maria ad Gradus“ dessen Besitz in Unkel und bekleideten wichtige Ämter in unserer Stadt.

Besondere Bedeutung erlangten die Söhne des Gerichtschreibers Johann Adam Eschenbrender, der mit der sehr reichen Katharina Nobis verheiratet war. Er bewohnte mit seiner Familie den „Eschenbrender Hof“, das heutige Hotel Schulz.

Aus dieser Ehe stammten vier Söhne und zwei Töchter: Johann Adam jun., Arnold, Andreas, Gottfried, Maria und Gertrud.

Abb. 110: Adam Eschenbrender, der Ältere im Jahr 1606

Johann Adam, der Jüngere wurde als Schultheiß des Gerichts von Unkel der höchste Vertreter der weltlichen Macht. Er wohnte mit seiner Frau Adelheid von Cramer zur Clausbruch und seinen sieben Kindern im alten Herresdorfer Hof in Rheinbreitbach.

Arnold Eschenbrender (1653-1703) war Doktor beider Rechte und als Syndikus der Städte des Kölner Erzstiftes tätig. Er stiftete den Marienaltar in der Unkeler Pfarrkirche.

Abb. 111: Johann Adam Eschenbrender, der jüngere

Abb. 112: Andreas Eschenbrender

Andreas Eschenbrender (1649 - 1717) - wie sein Bruder Doktor beider Rechte - war Domkapitular und als Hofratspräsident in der Zeit des erzbischöflichen Exils von 1702 - 1715 der eigentliche Regent im kurkölnischen Erzstift. Ihm verdankt die Unkeler Kirche den Hochaltar, die Orgel, das Chorgestühl und verschiedene Kirchengeräte. Er ist im Kölner Dom beigesetzt.

Gottfried Eschenbrender (1645 - 1723) war zunächst Vikar in Scheuren, wo er die zerstörte Kapelle wieder aufbauen ließ. Im Jahre 1685 wurde er Pfarrer von Unkel. Er sorgte für die Renovierung der verwahrlosten Kirche und des Pfarrhauses und verschaffte der Kirche die heutige prächtige Ausstattung. Um das religiöse Leben zu bereichern gründete er 1699 die Bruderschaft zu Ehren der 14 Nothelfer. Außerdem stiftete er die 14-Nothelfer-Vikarie, für deren Inhaber er das schöne „Vier-Giebel-Haus" errichten ließ und mit reichen Dotationen versah. Er wurde wunschgemäß in der Unkeler Kirche begraben, wo noch eine Grabplatte an ihn erinnert.

Gertrud Eschenbrender heiratete Engelbert Stoesberg in Köln. Deren 'Tochter Maria Katharina (* 1679 in Köln) war mit dem Amtmann von Linz/Altenwied **Johann Heinrich Saur** verheiratet. lhr Sohn **Andreas Saur** (1715 -1770), verheiratet mit Anna Franziska Strunck,war Schultheiß in Siegburg. Deren Tochter Maria Theresia Saur heiratete 1790 **Franz von Meurers**, welcher der letzte Schultheiß des Niederbreisiger Ländchens war. Dieser starb 1816 in Adenau.

Ein Sohn aus dieser Ehe war **Ignaz von Meurers** (1792-1868). Er erbte den mütterlichen Besitz in Unkel - den Eschenbrender Hof. Ignaz von Meurers war Bürgermeister von Remagen und Adenau. Ignaz, der unverheiratet blieb, wohnte ab 1851 in Unkel, wo er 1868 starb und auch begraben wurde. Sein Vermögen in Niederbreisig vermachte er teils der Gemeinde zu einer Armenstiftung, teils der Kirche zu einer Vikariestiftung. Nach der Familie Saur hieß die heutige Vogtsgasse früher Saurgasse.[1)]

Die Familie von Herresdorf

Eine weitere bedeutende Familie, welche die Geschicke Unkels mitbestimmte, waren die von Herresdorf. Sie stammte ursprünglich aus Linz und kam durch Einheirat nach Unkel. Mehrere Generationen lang stellte sie die Schultheißen des Unkeler Gerichts und damit die Chefs der Unkeler Verwaltung.

Tilman von Herresdorf (1545 - 1584) ist als Schultheiß in Unkel erwähnt. Er wohnte im „Mertinschen Hof“ in der Kirchstraße und baute diesen weiter aus. Aus dieser Zeit stammt noch die heutige Fachwerkscheune sowie der Torbogen mit seiner Hausmarke.

Seine beiden Söhne **Bertram** (1574-1636) und **Johann Adam** (1581-1642) stifteten den Kreuz- oder Herresdorf-Altar in der Unkeler Pfarrkirche. Auf diesem sind die beiden Brüder mit ihrer zahlreichen Familie abgebildet. Bertram war Schultheiß in Deutz, Johann Adam Schultheiß in Unkel.

Abb. 113: Franz Caspar von Herresdorf

Arnold von Herresdorf (1620-1670) - ein Sohn des o.a. Bertrams - kaufte das gegenüberliegende Anwesen (heute: Haus von Weichs) und baute es aus. Arnold war von 1652-1669 Schultheiß in Unkel.

Gottfried Bertram von Herresdorf (+ 1697) erbte den Besitz von seinem kinderlosen Onkel Arnold von Herresdorf.
Franz Caspar von Herresdorf (1725-1794) erbte von

seinem Großvater das Anwesen und erbaute 1781 den westlichen Flügel des Herrenhauses. Er schmückte den Giebel mit seinem Ehewappen und der Jahreszahl. Seine Tochter **Maria Adelgunde von Herresdorf** verkaufte später das Herresdorfsche Anwesen an die Familie **von Geyer**, die noch einen nördlichen Anbau errichtete. Im Jahre 1850 starb die Familie von Herresdorf im Mannesstamme aus.[2)]

Die Familie Berntges

Eine andere wichtige Familie in Unkel waren die Berntges. Sie kamen im 16. Jahrhundert nach Unkel und brachten es hier schnell zu Wohlstand und Ansehen. Diese Familie stellte über Jahrhunderte Schöffen und Bürgermeister in Unkel.

Peter Berntges (ca.1550-1620) war als erster in Unkel ansässig. Er erwarb das Stammhaus der Familie in der Vogtsgasse mit anstoßendem Grundstück zur Lühlingsgasse. Er baute 1591 den Keller aus, an dessen Torbogen noch seine Hausmarke mit Jahreszahl steht. Er war Schöffe und später als „ältester" Schöffe der Vertreter des Schultheißes in Unkel.

Hermann Berntges, ein Sohn des o.a. Peter war ebenfalls Schöffe und mehrmaliger Bürgermeister in Unkel. Auf dem alten Friedhof befindet sich noch die Grabplatte seiner ersten Frau.

Bertram Berntges, ein Sohn des o.a. Hermanns, übernahm die Ämter seines Vaters als Schöffe und Bürgermeister.

Johann Theodor Berntges, ein Sohn des Bertram, übte die gleichen Ehrenämter wie sein Vater aus. Er heiratete die vermögende Anna Hochhausen und baute das elterliche Haus weiter aus. An ihn und seine Frau erinnert das Wappen auf dem Torbogen von 1709.

Heinrich Theodor Berntges (1717-1786),ein Sohn des Johann Theodor, heiratete 1748 Isabella Pfefferkorn, deren Mutter eine Eschenbrender war.

Abb. 114: Isabella Berntges, geb. Pfefferkorn

Das Ehepaar zog nach Rheinbreitbach, während die übrigen Geschwister in der „Sternenburg“ blieben. Heinrich Theodor war ebenfalls Schöffe und Bürgermeister. Als er 1786 starb, kam die Familie in finanzielle Schwierigkeiten. Aber der Schwiegersohn **Franz Vogts** - verheiratet mit der Tochter **Maria Catharina Berntges** - half seiner Schwiegermutter aus diesen Nöten. (siehe Franz Vogts)

Markus Josef Berntges (+1846) der letzte männliche Erbe, führte das Leben eines Sonderlings. Er kümmerte sich nicht um sein Besitztum und überließ seinen Erbteil dem Schwager Franz Vogts gegen eine jährliche Rente. Er zog sich schließlich in das Organistenhaus zurück, welches ihm aufgrund der Eschenbrenderschen Orgelstiftung zustand. Im Jahre 1846 starb er und wurde als letzter in der Unkeler Kirche in der Erbbegräbnisstätte begraben.[3)]

Die Familie von Wittgenstein

Eine Familie, die sich nur im Sommer in Unkel aufhielt war die Familie von Wittgenstein.Sie besaß seit dem Ende des 18. Jahrhunderts eine großes Haus am Rhein (an der Stelle des heutigen Paxheimes), welches als Sommerhaus diente. Außerdem waren auch Weinberge in ihrem Besitz, die von Unkelern Halbwinzern bewirtschaftet wurden. Viele Kölner Familien besaßen solche Sommersitze, die sie meist als säkularisiertes Besitztum billig gekauft hatten.

Abb. 115: Johann Jacob von Wittgenstein

Abb. 116: Theresia von Wittgenstein, geb. de Haes Ehefrau von Jacob von Wittgenstein

Johann Jakob von Wittgenstein (1754-1823) dürfte der erste Besitzer des Unkeler Anwesens gewesen sein. Er war von 1783-1795 Bürgermeister in Köln, wurde dann abgesetzt, um dann von 1802 bis 1815 wieder „Maire de Cologne" zu sein.

Johann Jakob heiratete 1791 die Witwe **Theresia von Coels, geb. de Haes**. Sie brachte neun Kinder in die Ehe und gebar Johann, Jakob noch sechs weitere.

Der bedeutendste war **Heinrich von Wittgenstein,** Präsident des Dombauvereins und kurze Zeit Regierungspräsident in Köln. Er war einer der berühmtesten Männer des 19. Jahrhunderts in Köln. Verheiratet war Heinrich mit **Maria Theresia von Schaaffhausen**, einer Stiefschwester der **Sibylle Mertens-Schaaffhausen**.

Als Johann Jakob 1823 starb, erbte seine Stieftochter **Elisabeth von Coels** (1791-1842), die mittlerweile mit **Heinrich Merkens** verheiratet war, das Unkeler Haus.

Heinrich Merkens (1778-1854) hatte sich, aus kleinen Verhältnissen kommend, in die Spitzen dcr Kölner Wirtschaft emporgearbeitet. Er wurde Begründer und erster Präsident der Kölner Dampfschiffahrt.

Als seine Frau Elisabeth 1842 starb, kaufte Merkens ihr eine Begräbnisstätte in einer Außennische der Unkeler Pfarrkirche. Die drei Merkens-Kinder stifteten 1869 ein Kirchenfenster im Chor der Unkeler Kirche (hl..Heinrich und hl. Elisabeth). Ein weiteres Kirchenfenster wurde von den Geschwistern **Seydlitz** gestiftet (hl. Franziskus und hl. Margarethe).

Abb. 117: Heinrich Merkens

Die Tochter **Johanna Merkens** (1801-1874), verheiratet mit dem Kölner Bankier Hubert

Seydlitz (1872-1869), erhielt nach dem Tode des Vaters das Haus.

Sie und ihr Mann wurden 1874 bzw. 1869 in einer Außennische der Kirche begraben, woran noch eine Grabtafel erinnert.

Nach dem Tode der Eltern Seydlitz erbte die einzige Tochter **Sibylla Seydlitz** (1832-1884) das Unkeler Anwesen. Sie war verheiratet mit dem Arzt **Mathias Kirchartz** (1837-1906). Dr. med. Kirchartz spielte im politischen Leben Unkels eine wichtige Rolle (u.a. war er seit 1889 erster Beigeordneter). Während des Kulturkampfes bezahlte er aus eigenen Mitteln die Summe, welche die Zivilgemeinde für die Friedhofserweiterung ausgegeben hatte und daher Rechte auf die Belegung des Friedhofs beanspruchte, was nun entfiel.

Da die Ehe kinderlos war, vermachte Dr. Kirchartz das Haus nach seinem Tod an die Pax-Gesellschaft, die den Altbau bis 1928 als Erholungsheim nutzte. Dann erfolgte der Umbau, welcher ihm das heutige Aussehen verlieh.[4)]

Einzelpersonen

Franz Vogts (1757 - 1841)

Franz Vogts wurde 1757 in Kempen am Niederrhein als Sohn des Friedrich Vogts und seiner Ehefrau Adelheid, geb. Bongartz geboren. Nach seinem Schulbesuch in Kempen und Köln studierte er in Bonn Rechtswissenschaft. Er führte sein Studium aber nicht zuende, weil er dort **Maria Katharina Berntges** kennenlernte, die er wenig später (1778) heiratete.

Maria Katharina Berntges war die Tochter des wohlhabenden Unkeler Schöffen Heinrich Theodor Berntges und dessen Ehefrau Isabella, geb. Pfefferkorn.

Nach der frühen Heirat wohnte das junge Paar zunächst in Rheinbreitbach. Im Jahre 1782, nach dem Tod des Schwiegervaters, erwarb Vogts dann das Stammhaus der Berntges, indem er die Miterben ausbezahlte. Er baute das Haus um und vergrößerte es. Danach eröffnete er dort ein „Handelsgeschäft mit Spezereien und Holländischen Waren", wie es sein Vater in Kempen führte. Anfangs erhielt Vogts noch die Unterstützung seines Vaters, bald aber begann sein Geschäft zu florieren.

Im Jahre 1791 erwarb Franz Vogts für sich und seine Familie die Unkeler Bürgerschaft, unter Befreiung von persönlichen Diensten (Wachdienst, Hand-und Spanndienst) gegen Zahlung von 5 Carolin.*

Der Koalitionskrieg am Rhein brachte für Vogts erhöhte Verdienstmöglichkeiten durch Lieferungen an die Truppen, während die Unkeler Bevölkerung unter Hunger und Kälte litt. Der Gemeindewald war von den Truppen so arg zerstört, daß er der Gemeinde kein Einkommen mehr erbrachte. Auch der Weinbau lag danieder.

Im Laufe des Krieges waren abwechselnd kaiserliche und französische Truppen in Unkel einquartiert, die Verpflegung und sonstige Dienste verlangten. Darüberhinaus war 1793 in Unkel und anderen rheinischen Orten das Lazarettfieber** ausgebrochen, an dem viele Einwohner starben.

Die geforderten Kontributionskosten von Freund und Feind konnten von der geplagten Stadt Unkel nicht bezahlt werden. Da in diesen unsicheren Zeiten auch niemand Geld verlieh, drohte Unkel die Execution (d.h. Zwangseintreibung).

---

* *37,5 Taler.*
** *Fleckfieber.*

In dieser großen Not lieh Vogts Unkel die verlangte Summe und half so, die Zwangseintreibung zu verhindern.

Der geschäftstüchtige Vogts nutzte die von den Franzosen geschaffenen neuen Zollgrenzen* für seine Zwecke und erzielte große Gewinne. Ebenso gründete er eine Tabakfabrik, die gute Erfolge zeigte.

Im Jahre 1802 errichtete er neben seinem Haus ein großes Lagergebäude**, wo nun seine Geschäfte abgewickelt wurden.

Abb. 118: Haus des Franz Vogts

Zunächst besaß Vogts nur wenig Grundbesitz in Unkel. Nach dem Tod seiner Schwiegermutter aber kaufte er zum Anteil seiner Frau den der Miterben hinzu, so daß er schließlich den gesamten Berntges'schen Besitz in Unkel, Scheuren und Rheinbreitbach besaß.

Im Jahre 1802 erwarb er von Adam Antweiler die Ursbachmühle mit dem dazugehörigen Land für 1323 Reichstaler. Hier legte er eine Promenade an, die den Namen „Kaskade“ (Wasserfall) führte.

Den Betrieb der „Unkeler Stadtmühle“ übertrug er einem Müller.

Von den Erben Saur*** kaufte er ein Haus in der Lühlingsgasse sowie weitere Ländereien. Im Jahr 1806 besaß er 34 Morgen Weinberge und 32 Morgen Ländereien, womit er der größte Grundbesitzer in Unkel war. Franz Vogts bewirtschaftete aber seinen Grundbesitz nicht selber, sondern ließ diese von Pächtern gegen den halben Ertrag (Halfen) bearbeiten.

---

* *das linke Rheinufer war französisch.*
** *heute Gästehaus Korf.*
*** *Nachfahren der Eschenbrenders.*

Franz Vogts sorgte aber nicht nur für weltliche Dinge, sondern er machte sich auch um die Unkeler Kirche verdient:

Durch seine Frau* übernahm Vogts die Eschenbrendersche Orgelstiftung, welche für die Besoldung des Organisten und für die Instandhaltung der Orgel Sorge trug.

Als im Jahre 1808 die Gemeinde von Vogts die Reparierung der defekten Orgel verlangte, weigerte er sich zunächst, erklärte sich aber schließlich dazu bereit, die Hälfte der Kosten zu übernehmen.

Er übertrug später seinem Schwager Markus Berntges, nach dessen Trennung von seiner Ehefrau, das Unkeler Organistenamt d.h. er überließ ihm das Stiftungseinkommen sowie das Organistenhaus südlich der Kirche, in welchem Markus bis zu seinem Tode (1846) wohnte. Obwohl Markus das Organistenamt innehatte, konnte er nicht Orgel spielen; das besorgte für ihn die musikalische Familie Antweiler.

Seine Frau war auch die Patronin der 14-Nothelfer-Vikarie, die von der Familie Eschenbrender begründet und hoch fundiert worden war. Vogts übernahm auch hier die Rechte und Pflichten von seiner Frau und sorgte für die Besetzung und den Unterhalt der Vikarie.

Eine Restaurierung der Kirche 1820 war nur möglich, weil Vogts einen großen Teil der Kosten der Pfarre spendete. Ebenso beteiligte er sich 1836 an den Kosten für die Umgießung der Jesus-Maria-Josefglocke, die kurz vorher zersprungen war. Diese Beispiele zeigen, daß Franz Vogts große Summen für die Erhaltung der Kirche ausgegeben hat.

Nun zurück zu seinen weltlichen Interessen: Als sein Handel 1811 zurückging, ließ er sich zum „Gemeindeempfänger" ** von Unkel wählen. Er mußte nun die Steuern und Kriegsgelder einziehen, was ihn sicherlich nicht bei der Bevölkerung beliebt machte.

Als sich 1814 zur Vertreibung der Franzosen der „Landsturm" bildete, berief man Vogts zum „Landeshauptmann** von Unkel. Er hatte die Führung des Landsturms in Unkel und Rheinbreitbach inne, wo er für den Schutz des rechten Rheinufers zu sorgen hatte.

Alle Männer von 20 bis 50 Jahren wurden zum Militärdienst verpflichtet. Für deren Bewaffnung hatte der Hauptmann zu sorgen. Zu seinem Adjutanten und Feldwebel ernannte Vogts seinen Sohn Carl, da sein ältester Sohn schon als Freiwilliger diente. Diese Aufgabe war so recht nach dem Geschmack Vogts.

---

* *Sie war die Enkelin von Gudula Eschenbrender.*

** *Steuereinnehmer.*

Nachdem Unkel dann seit 1815 zu Preußen gehörte, schwand sein Einfluß, den er bisher aufgrund seines Reichtums gehabt hatte.

Mittlerweile waren seine fünf Kinder erwachsen: Sein Sohn Carl hatte geheiratet und führte das Unkeler Geschäft weiter. Die drei übrigen Söhne Franz, Ferdinand und 'Theodor waren in Düsseldorf als Kaufleute tätig. Die einzige Tochter Maria Magdalena hatte den Linzer Advokaten Franz Bennerscheid geheiratet.

Nach seinem Ausscheiden als Gemeindeempfänger plante Vogts neue Unternehmungen. Er bot nämlich sein Haus und seinen Grundbesitz zum Verkauf an. Da sich aber kein Käufer fand, blieb alles beim Alten. Im Jahr 1828 beteiligte er sich mit einer großen Summe an der Firma seines Sohnes Franz. Als dieser aber 1833 Konkurs anmeldete, verlor Vogts seine gesamten Einlagen.

Inzwischen hatte sich der Gesundheitszustand seiner Frau Maria Katharina sehr verschlechtert. 1836 machten die beiden Ehepartner ihr Testament. Wenig später starb Maria Katharina (02.11.1836) im Alter von 82 Jahren. Sie wurde in der Familiengruft in der Unkeler Pfarrkirche beigesetzt.

Am 21.12.1841 starb Franz Vogts im 85. Lebensjahr. Er wurde als Letzter in der Unkeler Familiengruft beigesetzt.

1844 wurden die Immobilien und die Mobilien meistbietend zur Versteigerung angeboten. Das Haupthaus wurde 1846 an den Weinhändler Engelbert Wineken verkauft.Wineken heiratete später eine Enkelin von Franz Vogts, so daß das Stammhaus weiter in Familienbesitz blieb.[5)] Der Landbesitz ging an die Herren von Geyr, Hubert Seydlitz und Jakob Wahlen. Die Ursbachsmühle kaufte Josef Scholl.

Das Andenken an Franz Vogts, der einer der bedeutendsten Persönlichkeiten des vorigen Jahrhunderts in Unkel war, wird durch die Rheingasse, an der sein Haus stand, als Vogtsgasse bewahrt.

Interessant ist, daß auch heute noch direkte Nachkommen von Franz Vogts in Unkel bzw. Scheuren wohnen.

Sibylle Mertens-Schaaffhausen (1797-1857)

Sibylle Mertens-Schaaffhausen war die originellste und bekannteste Frau des 19. Jahrhunderts im Rheinland. Sie wurde 1797 als Tochter des Kölner Bankiers Abraham Schaaffhausen geboren. Da die Mutter wenige Tage nach der Geburt starb, übernahm eine unverheiratete Tante die Pflege des Kindes.

Da sie sich mit ihrer späteren Stiefmutter nicht verstand, hing sie sehr an ihrem Vater, der sie sehr verwöhnte. Er ließ das Kind an seiner Sammelleidenschaft für Antiquitäten aller Art teilhaben, so daß Sibylle schon sehr früh ein ungewöhnliches Verhältnis für diese Dinge erwarb.

Ihre Kindheit übersprang sie. Anstatt mit anderen Kindern zu spielen, pflegte sie Konversation mit den alten Herren, die im Hause des reichen Bankiers und Kunstsammlers verkehrten. Im Jahre 1816 heiratete sie - dem Wunsch ihres Vaters folgend - Louis Mertens, einen leitenden Angestellten der Bank ihres Vaters, dem sie innerhalb kurzer Zeit vier Kinder gebar. Den Sommer verbrachte die Familie Mertens meist auf ihrem Landhaus in Plittersdorf, im Winter zog man sich in das Palais nach Köln zurück.

1823 kaufte Louis Mertens das Landhaus „Am Zehnthof" in Unkel (heute: Christinenstift), wo die Familie nun häufig ihren Sommeraufenthalt nahm. Daß Mertens auch Weingüter in Unkel besaß, beweist ein Brief, den Adele Schopenhauer, die damalige Mieterin des Zehnthofs, schrieb: „Nun (Oktober 1829) ist Weinlese in Unkel, beide Mertens lesen und keltern mit allen Arbeitern. Man weiß nicht, wer Herr im Hause ist".

1830 gab Louis Mertens, der nach dem Tode seines Schwiegervaters im Jahr 1824 die Leitung der Bank übernommen hatte, seine Stellung auf und widmete sich der Verwaltung des „Auerhofs" in Plittersdorf, wohin die Familie nun übersiedelte.

Außerdem ließ er in Bonn ein Palais nach seinem Geschmack errichten (heute: Pathologische Institut).

Als die Damen Schopenhauer im Unkeler Zehnthof zu Miete wohnten, entwickelte sich ein lebhafter Verkehr zwischen Unkel und Plittersdorf. Adele Schopenhauer schreibt 1829: „Der Sommer ist zwar naß und stürmisch, aber die Mertens und ich trotzen dem Wetter, fahren in bedachtem Nachen und sehen uns alle drei bis vier Tage, dann wenigstens gleich auf einem Tag. Die Nächte verbringen wir abwechselnd eine in des anderen Haus, wie der Sturm es eben fügt.".[6)]

Im August 1829 erholte sich Sibylle mehrere Wochen lang im Unkeler Zehnthof bei den Damen Schopenhauer von der Hektik ihres großen Haushalts in Plittersdorf.

Im Jahre 1830 machte Sibylle die Bekanntschaft der Dichterin Annette von Droste-Hülshoff, die bei einem Onkel in Köln zu Besuch weilte. Die drei gleichartigen, geistreichen und exzentrischen Frauen pflegten einen vertrauten Umgang miteinander. Annette wohnte zeitweilig im Unkeler Zehnthof.

Abb. 119: Sibylle Mertens-Schaaffhausen

Im Januar 1831 erkrankte Sibylle plötzlich schwer und wurde von Annette fürsorglich gepflegt, wobei sie von Adele unterstützt wurde. Die Hülshoff hat diese Episode später in dem Gedicht: „Nach 15 Jahren“ beschrieben.

Nach Fertigstellung des Bonner Palais 1834 entfaltete die Familie Mertens eine Gastlichkeit großen Stils. Alles, was im Rheinland Rang und Namen hatte, verkehrte dort, vor allem die Professoren der Bonner Universität. Nach dem Umzug in das Bonner Haus, wurde der kleine Unkeler Landsitz sehr vernachlässigt.

Sibylle Mertens-Schaaffhausen unternahm 1835 eine Italienreise, um dort Heilung von einer Krankheit zu finden. Bei einer zweiten Italienreise erkrankte sie in Rom am Wechselfieber, woran sie 1857starb. Auf dem „Deutschen Friedhof“ fand sie ihre letzte Ruhe.[7)]

Der Unkeler Zehnthof ging später an die Tochter Betty über, die mit Fridrich Heimsoeth verheiratet war. Der Kölner Familie Heimsoeth diente der Zehnthof noch bis ca. 1860 als Sommersitz. Ein anderer Zweig der Familie Heimsoeth kaufte in Erpel ein Landhaus und verbrachte dort bis zum 2. Weltkrieg seine Sommerferien. Nach dem Krieg zog sie nach Unkel, wo vor einigen Jahren der Letzte der Familie - Wilhelm Mecke - starb.

An Sibylle Mertens-Schaaffhausen erinnert eine Stichstraße auf dem Rheinbüchel sowie zwei alte Kapitelle am Eingang des heutigen Christinenstifts.

Annette von Droste-Hülshoff (1797 - 1848)

Annette von Droste-Hülshoff wurde am 10.01.1797 auf Schloß Hülshoff bei Münster geboren. In ihrer Kindheit war sie ein eigenartiges Mädchen, das mit ihrem sprühendem Geist ganze Gesellschaften unterhalten konnte. Sie erzählte auf Plattdeutsch die spannendsten Geschichten, darunter viele Gespenstergeschichten.

Als Annette im Jahr 1830 bei Verwandten in Köln und Bonn zu Besuch weilte, machte sie die Bekanntschaft der „Rheingräfin" Sibylle Mertens-Schaaffhausen. Bald freundeten sich diese beiden außergewöhnlichen Frauen an. Ein Jahr lang dauerte die Verbindung der beiden exzentrischen Persönlichkeiten. Während dieser Zeit wohnte Annette zeitweilig auf dem Sommersitz der Mertens-Schaaffhausen in Unkel. Als Sibylle erkrankte, wurde sie von Annette in aufopfernder Weise gepflegt.

Nach einem Jahr trennten sich die Wege der beiden Frauen. Später zog Annette zu ihrem Schwager nach Meersburg, wo ihre eigentliche dichterische Schaffensperiode begann.

Bedeutung erlangte ihre Lyrik und ihre Novelle „Die Judenbuche". Am 24.5.1848 starb die Dichterin in Meersburg. [8)]

An ihren Aufenthalt in Unkel erinnert eine Stichstraße auf dem Rheinbüchel.

Abb. 120: Annette von Droste-Hülshoff

Johanna (1771-1838) und Adele Schopenhauer (1796-1849)

Johanna Schopenhauer, die Mutter des Philosophen Arthur Schopenhauer, war eine vielgelesene Romanschriftstellerin ihrer Zeit. Sie wohnte mit ihrer Tochter Adele in Weimar, wo das Haus der vermögenden Kaufmannswitwe Mittelpunkt der kulturellen Gesellschaft war. Auch Goethe verkehrte dort. Als aber 1818 die Witwe ihr Vermögen plötzlich verlor, zerstreute sich die Gesellschaft. Mutter und Tochter Schopenhauer sahen sich nun nach einem neuen Wohnort um. Ihre Wahl fiel auf das Rheinland bzw. auf Bonn. Da sie in Bonn keine geeignete Wohnung fanden, stellte ihnen Louis Mertens und seine Ehefrau Sibylle ihr Anwesen „Am Zehnthof" (heute: Christinenstift) in Unkel für einen billigen Mietpreis zur Verfügung. Hier sollten sie den Sommer über wohnen. Am 02.07.1829 zogen die Schopenhauers in den Unkeler Zehnthof ein. Johanna schreibt in einem Brief: „Wir bewohnen ein artiges Landhaus in einer der schönsten Gegenden und werden den größte Teil des Jahres in ländlicher Abgeschiedenheit zubringen". [9)]

Aus den Briefen, die Adele Schopenhauer an einen Freund schrieb erfahren wir etwas über das damalige Aussehen des Zehnthofes. „Der Zehnthof ist eine ehemalige Zehntscheuer mit einem ungeheuren Dach, mit Mansarden und doppelten Böden, einem geräumigen Erdgeschoß und vier niedrigen Stuben im ersten Stock". Es dauerte einige Wochen ehe die beiden Damen das leerstehende, unwirtliche Haus zu einem behaglichen Heim umgewandelt hatten. Am 25.08.1829 schrieb Johanna: „Mein neues Heim ist von außen sehr häßlich, von innen sehr nett und bequem. Die Gegend ist eine der schönsten, die ich kenne. Ich habe einen Garten, der mir unsägliche Freude macht, voll der herrlichsten Obstbäume, Spargel- und Erdbeerbeete und Aprikosenbäume, wie bei uns die großen Birnbäume. Vor dem Haus eine nicht große, aber sehr hübsche englische Gartenpartie mit ein paar schattigen Lauben, prächtigen Platanen, Ahorn und einer Menge fremder Sträucher und Bäume, die ich nicht zu nennen weiß:" [10)]

Den Winter verbrachten die Damen Schopenhauer in Bonn. Drei Sommer lang blieben die Schopenhauers in Unkel. Als sie 1832 in Bonn eine passende Wohnung fanden, verzogen sie nach dort. Die Tochter überlebte ihre Mutter um 11 Jahre. Am 25.08.1849 starb Adele nach einer tückischen Krankheit in Bonn. Ihre Freundin Sibylle Mertens-Schaaffhausen stand ihr in der Todesstunde bei und regelte auch die Nachlaßangelegenheiten. An den Aufenthalt der beiden Damen Schopenhauer erinnert eine Stichstraße auf dem Rheinbüchel.

Ferdinand Freiligrath (1810-1876)

Ferdinand Freiligrath wurde am 17.06.1810 in Detmold als Sohn des Gymnasiallehrers Hermann Ferdinand Freiligrath geboren.

Im Jahre 1826 begann er in Soest eine kaufmännische Lehre, da er später einmal das Geschäft eines reichen Onkels in England übernehmen sollte. Durch den Bankrott des Onkels und den Tod des Vaters wurden diese Pläne zunichte gemacht. Daher mußte er ab 1831 in einem Amsterdamer Bankhaus seinen Lebensunterhalt verdienen. Das bunte Treiben des Amsterdamer Hafens regte ihn zu seinen ersten träumerischen und exotischen Gedichten an.(z.B. Wüstenkönig, Stimme von Senegal u.a.) 1837 kehrte er nach Deutschland zurück und nahm in Barmen eine Stellung in einem kaufmännischen Geschäft an. Als wenig später seine ersten Gedichte veröffentlicht wurden, erregten diese

Abb. 121: Ferdinand Freiligrath 1839

Abb. 122: Freiligrathaus

großes Aufsehen und machten Freiligrath in ganz Deutschland bekannt. Der Erfolg seiner Gedichte - sowie das Honorar dafür - ermutigten den jungen Dichter, seinen kaufmännischen Beruf aufzugeben und sich nur der literarischen Tätigkeit zu widmen. Er machte sich daher auf die Wanderschaft - und wählte Unkel als sein erstes Quartier aus. Hier verlebte Freiligrath 1839/40 eine schöne, allerdings schöpferisch wenig ergiebige Zeit.

Werner Ilberg schreibt hierüber: „Das lyrische Ergebnis der Unkeler Zeit ist enttäuschend. Alle seine Gedichte sind Gelegenheitsgedichte, aber in Unkel gab es keine, um Freiligrath zu großen, bedeutenden Werken anzuregen. Er kam mit den besten Vorsätzen nach Unkel, führte diese aber nicht aus".

Zwei Ereignisse in seiner Unkeler Zeit sind von Bedeutung:

In der Nacht vom 28./29 Dezember 1839 war der Rolandsbogen zusammengestürzt. Freiligrath setzte sich nun vehement für den Wiederaufbau des Bogens ein und forderte in dem Gedicht „Rolandseck", veröffentlicht in der Kölnischen Zeitung, zu Spenden für dieses Unternehmen auf. Der Spendenaufruf war ungewöhnlich erfolgreich, aber Freiligrath hatte übersehen, daß die Ruine im Besitz der Prinzessin Marianne von Preußen war. Nach Freiligraths öffentlicher Entschuldigung erlaubte die Prinzessin den Wiederaufbau mit Hilfe der eingegangenen Spenden und stiftete ihrerseits einen ansehnlichen Betrag für den Bau einer Schule in Rolandswerth.

Zur Finanzierung des Rolandsbogens veröffentlichte Freiligrath darüberhinaus noch eine internationale Gedichtsammlung über die Rolandsage, nämlich das „Rolandsalbum".

Das zweite bedeutende Ereignis in Unkel war das Kennenlernen seiner späteren Ehefrau Ida Melos.

Ida Melos wirkte als Erzieherin im Nachbarhaus bei der Familie von Steinäcker, (heutiges Hotel Schulz). Da sowohl Ida als auch Ferdinand anderweitig verlobt waren, mußten zuerst nach längerer Überlegung die Verlöbnisse gelöst werden, ehe das junge Paar dann in der Nähe von Weimar heiraten konnte.

Freiligrath schrieb später über seinen Aufenthalt in Unkel:

„Vom Zauber des Rheins ergriffen, habe ich in Unkel viel gelebt und geliebt, aber wenig gedichtet. Der Aufbau des Rolandsbogens war das einzige, was ich dort ausführte und das Rolandsalbum war die einzige schriftstellerische Merksäule des ganzen Jahres" [11)]

August Libert Neven DuMont (1832 - 1896)

August Neven wurde am 13.August.1832 in Köln als Sohn von Mathieu Neven und seiner Ehefrau Maria Elisabeth, geb.Michels geboren. Schon als junger Mann trat er nach einer kaufmännischen Ausbildung in die Firma seines Vaters „Math. Neven - Farbwaren - Bergwerksprodukte“ ein. Nach dessen Tod führte er das Geschäft mit großer Umsicht weiter.

Am 28.08.1856 heiratete er Christine DuMont, die Tochter des Verlegers Joseph DuMont. Als 1880 sein Schwager Ludwig DuMont, der Leiter des Verlags DuMont Schauberg, starb, übernahm August Neven auch den Verlag der Kölnischen Zeitung und meisterte auch diese Aufgabe. Wenig später (am 09.Mai.1882) nahm er den Namen **Neven DuMont** an. Neven DuMont baute sich in Unkel einen prächtigen Landsitz mit einem ausgedehnten Park, wo er sich gern mit seiner Familie aufhielt. Er erwarb sich besondere Verdienste durch die Stiftung eines Krankenhauses/Altenheims, das in Erinnerung an seine Frau „Christinenstift“ genannt wurde. (Siehe Christinenstift).

An die Familie erinnert außerdem der Neven-DuMont-Platz und die Von-Werner-Straße, welche nach der Tochter Elisabeth Neven DuMont (1861 -1945) benannt ist, die mit Leopold von Werner (1854 - 1893) verheiratet war.[12]

Abb. 123: August Libert Neven DuMont

Abb. 124: Frau Christine NevenDuMont

Julie von Bothwell, geb. Loewe (1826-1920)

Julie wurde am 03.Februar.1826 als älteste Tochter des Balladenkomponisten Carl Loewe in Stettin geboren.

Sie heiratete 1846 den Kapitän zur See James Arthur von Bothwell. Aus dieser Ehe ging die Tochter Sara Maria hervor. Julie war eine talentierte Zeichnerin, die ihre pommersche Heimat in zahlreichen Bleistiftzeichnungen festhielt. Sie zeichnete aber auch Löbejün bei Halle, die Heimatstadt ihres Vaters.

Als Carl Loewe 1864 einen Schlaganfall erlitt, nahm Julie ihren Vater zu sich nach Kiel und pflegte ihn bis zu seinem Tode im Jahre 1869. Julie hatte ein besonders gutes Verhältnis zu ihrem Vater und verwahrte alle Andenken an ihn auf.

Im Jahre 1879 kaufte Familie von Bothwell das sogenannte Freiligrathhaus in Unkel und zog mit der verwitweten Mutter hierhin. Da Julie eine sehr geistvolle Frau war, machte sie ihr Haus bald zum Mittelpunkt des kulturellen und gesellschaftlichen Lebens in Unkel.

Ihr Mann James Arthur betätigte sich ebenso im öffentlichen Leben unserer Stadt. So war er Mitbegründer der Spar-und Darlehenskasse (Volksbank) und des Winzervereins in Unkel.

Julie benannte ihr Haus in „Loewehaus“ um und richtete ein „Loewezimmer“ ein, in welchem sie alle Erinnerungsstücke an ihren Vater aufbewahrte. Leider wurde dieses Loewezimmer später aufgelöst und die Loewe-Andenken in alle Winde zerstreut. Einige Zeichnungen Julies sowie andere Erinnerungsstücke blieben aber für Unkel erhalten.

Abb. 125: Julie von Bothwell, geb. Loewe

Julie starb, wohl gepflegt von ihrer Tochter Sara, am 22.06.1920 und wurde in der Familiengrabstätte auf dem städtischen Friedhof in Unkel begraben.[13)]

Eine Nebenstraße der Eschenbrenderstraße erinnert an diese bedeutende Unkelerin der Jahrhundertwende.

Hermann Joseph Honnef (1859 -1926)

Hermann Joseph Honnef wurde am 24.01.1859 in Erl/Ohlenberg als Sohn eines Bauern geboren. Nach dem Abschluß einer Schlosserlehre am er als Schlossergeselle nach Unkel zum Schlossermeister Fuchs am Grabenweg 35*. Meister Fuchs besaß außer seiner Bau- und Kunstschlosserei noch einen Laden, in dem Haushaltsgeräte sowie Lebensmittel verkauft wurden.**

Im Jahre 1891 heiratete Hermann Joseph Franziska Fuchs, die Tochter seines Meisters, und stieg in das Geschäft seines Schwiegervaters ein.

Im Jahre 1902 gründete H.J. Honnef eine Betonwarenfabrik an der Provinziallandstraße außerhalb von Unkel. Gleichzeitig betätigte er sich als Bauunternehmer und errichtete eine Reihe schöner Jugendstilhäuser, die heute noch erhalten sind: z.B. Villa Schäling, Rheinbüchel 2; Villa Klingen/Fels, Linzer Str.; Villa Levy/Demski Grabenstraße; Alte Post, Bahnhofstraße sowie weitere Häuser auf dem Hohenweg und auf der Grabenstraße.

Nach dem Tod des Unternehmers im Jahre 1926 ging die Betonwarenfabrik an die beiden Söhne Joseph und Karl Honnef über.Das Kolonialwaren-Geschäft erhielten die beiden Töchter.

Die Lage der Betonfabrik in der Nähe der Kiesgruben war vorteilhaft, da ein langer Zufahrtsweg entfiel. Die Fertigteile wurden per Bahn oder per KD-Dampfer verschickt. Bis dahin wurden sie mit dem Pferdefuhrwerk transportiert. Daher befand sich im linken Gebäudekomplex der Pferdestall und im rechten Teil das Büro.

Die Geschäfte liefen gut. Dann passierte es: Bei der Besetzung Unkels durch die Amerikaner am 08.03.1945 wurde der Stall mit der Scheune in Brand geschossen, so daß das gesamte Gebäude abbrannte. Eine Löschung war wegen des Artilleriebeschusses nicht möglich.

Im Jahre 1952/53 wurde der ehemalige Stall/Heuboden wieder hergerichtet und eine provisorische Produktionsstätte hinter den Ruinen hergestellt.

Am 01.01.1965 wurde das Fabrikgelände an Fritz Wallbröhl verpachtet und 1978 an diesen verkauft.

Abb. 126: Hermann Joseph Honnef

---

* *heute Pantaleonstr.11.*

** *Nach Aussage von Franziska Honnef bestand diese Colonial- und Eisenhandlung seit 1857.*

Fritz Henkel (1875 - 1930)

Fritz Henkel wurde am 25.Juli.1875 in Aachen als Sohn des Friedrich Karl Henkel und seiner Ehefrau Elisabeth, geb. von den Steinen geboren. Nach dem Besuch der Realschule und des Gymnasiums trat er 1893 als Lehrling in die väterliche Firma Henkel & Co ein, welche mittlerweile ihre „Bleichsoda"-Produktion von Aachen nach Düsseldorf verlegt hatte. Der junge Fritz machte anschließend in Großbetrieben in England, Italien und Amerika seine kaufmännische Ausbildung.

Im Jahre 1900 erhielt er die Prokura, 1904 wurde er persönlich haftender Gesellschafter.

Als Folge wichtiger Forschungsergebnisse wurde 1907 das erste „selbsttätige" Waschmittel „Persil" hergestellt, das, mit modernen Werbemethoden vermarktet, den in- und ausländischen Markt eroberte. Nun expandierte die Firma Henkel zu einer Weltfirma.

Nach dem Rückzug seines Vaters aus dem Geschäft übernahm Fritz die kaufmännische Leitung der Firma, wobei er sein großes Organisationstalent unter Beweis stellte.

In Unkel erwarb er ein großes Gelände, auf dem er seinen Landsitz „Haus Henkel" errichtete (1915).

Als neuer Bürger Unkels half er dem Städtchen, wo er nur konnte. Da die Freiwillige Feuerwehr sich in damaliger Zeit noch mit einer „Handdruckpumpe" behelfen mußte, kaufte er aus eigenen Mitteln eine Motorpumpe und schenkte sie der Feuerwehr.Wenig später kam noch ein Feuerwehrauto dazu.(Siehe Feuerwehr).

Da es in Unkel an einem Sportplatz mangelte, schenkte Fritz Henkel dem Sportverein einen Fußballplatz, der zu seinen Ehren „Fritz-Henkel-Platz" genannt wurde.*

Abb. 127: Fritz Henkel im Jahre 1928

---

* *Heute befindet sich an seiner Stelle das Schwimmbecken des Unkeler Freibades.*

Als Dank für seine Wohltätigkeit wurde er am 11.Juni.1928 zum 2. Ehrenbürger Unkels ernannt. Ebenso wurde die ehemalige „Elisabeth-Straße“ (nach Elisabeth von Werner) in Fritz-Henkel-Straße umbenannt.

Im gleichen Jahr erfolgte seine Ernennung zum Ehrendoktor der Staatswissenschaft der Universität zu Köln. Fritz Henkel starb am 01.April. 1930.

Der Landsitz wurde ca.1960 abgerissen, da man für die repräsentativen Räume keine lohnende Verwendung mehr fand. An seiner Stelle entstand ein Bungalow, der von einer Tochter Henkels bewohnt wurde.

Heute erinnert daher nur der schöne Park und die Straße an den bedeutenden Unternehmer Fritz Henkel.[14)]

Abb. 128: Die ehemalige Villa Henkel

Carl Trimborn (1854 - 1921)

Carl Trimborn wurde am 02.Dezember.1854 als Sohn des Advokaten Cornelius Trimborn in Köln geboren. 1873 legte er am Apostelgymnasium seine Reifeprüfung ab und studierte zunächst in Leipzig Philosophie und Geschichte. Danach wechselte er zum Jura-Studium, das er 1877 mit dem ersten juristischen Examen abschloß.

Am 21.Januar.1882 legte er sein Referendar-Examen ab und ließ sich als Rechtsanwalt beim Kölner Landgericht nieder.

Am 14.06.1884 heiratete er Jeanne Mali, die Tochter eines belgischen Tuchfabrikanten. Während beide aus kinderreichen Familien stammten, wurde ihnen nur eine einzige Tochter Clary (1888 - 1977) geboren, an der beide mit großer Liebe hingen.

Bis 1904 praktizierte Trimborn erfolgreich als Rechtsanwalt, danach ließ ihm seine politische Tätigkeit keine Zeit mehr für die Ausübung seines Berufs.

Carl Trimborn war ein begnadeter Redner, der seine Zuhörer zu fesseln verstand. Schon sehr früh hatte er sich daher als Politiker betätigt. 1893 wurde er zum Stadtverordneten der Kölner Zentrumspartei gewählt. Wenig später stieg er zum Vorsitzenden der rheinischen Zentrumspartei auf und organisierte die Partei von Grund auf neu. Das Zentrum war eine katholische Partei, die überwiegend von Arbeitern, Handwerkern und Kleinbürgern gewählt wurde. Die kirchenpolitischen Gesetze des Kulturkampfes hatten im katholischen Rheinland für ein starkes Anwachsen dieser Partei gesorgt.

Trimborn richtete in Köln ein Generalsekretariat ein und sorgte für hauptamtliche Parteikräfte. In den fünf Regierungsbezirken der Rheinprovinz gründete er Parteibüros. Er berief Parteitage der Regierungsbezirke ein und gab eine „Mitteilung der Zentralstelle der rheinischen Zentrumspartei“ heraus. Dem politischen Nachwuchs gab er im „Windthorstbund“ die Möglichkeit zur Vorbereitung auf die spätere Parteiarbeit.

Seit 1896 hatte Trimborn sowohl ein Landtagsmandat als auch ein Reichstagsmandat erhalten. Auf höherer Ebene betätigte er sich besonders mit sozialen und wirtschaftspolitischen Fragen.

Während des l. Weltkriegs wurde er von 1914 bis 1918 als Verwaltungschef des besetzten Belgiens im Arrondissement Vervier eingesetzt. Der Ausgang des Weltkriegs und der Untergang der Monarchie trafen den konservativen Politiker sehr schwer.

Trimborn hatte bereits 1912 das von Wernersche Haus in Unkel als Landsitz gemietet, mußte aber 1915 ausziehen, da die Eigentümerin Frau Wulfertange, geb. von Werner es selbst beziehen wollte. Im Februar 1917 kaufte er dann das von Herresdorfsche Haus und richtete sich hier wohnlich ein. Zunächst bewohnte die Familie es nur in den Sommermonaten, später zog sie endgültig hier hin.

Am 11.01.1921 zog er sich aus der Politik zurück und legte den Vorsitz der rheinischen Zentrumspartei nieder. Für seine Verdienste um die Partei wurde er anschließend zum Ehrenvorsitzenden ernannt. Wenig später erkrankte er und starb am 25.07.1921 an den Folgen einer Operation.[15)]

In Anerkennung seiner Verdienste erhielt der kleine Platz hinter der Madonna am Rhein den Namen „Carl-Trimborn-Platz".

Abb. 129: Carl Trimborn

Johannes Hundhausen (1856 - 1946)

Johannes Hundhausen wurde am 14.03.1856 in Flamm/Westfalen als Sohn von Robert Hundhausen und seiner Ehefrau Berta, geb. Klinger geboren.

Nach dem Besuch des Gymnasiums in Soest studierte er in München und in Zürich Jura und schloß mit der Promotion ab. Hiernach begann er noch das Studium der Chemie, welches er aber nicht beenden konnte, weil 1881 sein Vater starb und er als ältester Sohn die Leitung der väterlichen Stärke-Fabrik übernehmen mußte.

Im Jahre 1883 ließ er auf dem Fabrikgelände auf eigene Faust Bohrungen nach Kohle durchführen und sicherte sich vertraglich die Mutungsrechte für die Kohle.

1887 heiratete er Johanna Wirtz aus Köln-Mülheim, doch starb seine Frau bereits 1891 am Kindbettfieber.

1896 verkaufte er die Fabrik und übersiedelte nach Zürich, wo er bis 1905 als Privatgelehrter ganz nach seinen Neigungen lebte. Zwischendurch unternahm er Studienreisen durch Asien und Amerika.

Zwanzig Jahre nach seinen ersten Kohlebohrungen auf dem Fabrikgelände wurde das Interesse für dieses Kohlelager wach. Hundhausen verkaufte die Mutungsrechte hierfür, und die Zeche „Radbot“ außerhalb von Hamm entstand.

Abb. 130: Ehepaar Hundhausen

Mit dem Geld kaufte er die „Unkeler Heide“, oberhalb von Unkel. Nach langwierigen Rodungsarbeiten errichtete er nach eigenen Plänen den Gutshof „Hohenunkel“, der von einem stattlichen Herrenhaus (erbaut 1906/08) beherrscht wurde.*

Hier wohnte er bis zu seinem Tode am 30.12.1946.[16)]

---

* *Heute Landschulheim der Stadt Mülheim.*

Monsignore Gregor Schwamborn (1876 - 1958)

Gregor Schwamborn wurde am 12.03.1876 in Jüterborg geboren, wo sein Vater, der aus dem Siegerland stammte, Bauinspektor war. Er ging zunächst in Wittenberg zur Schule und bestand in Marburg 1893 sein Abitur. Anschließend studierte er in Bonn und Köln Theologie. Am 15.08.1898 wurde er zum Priester geweiht. Er war zunächst Kaplan und Religionslehrer in Köln-Kalk. Am 01.10.1902 erhielt er die Berufung zum Religions-und Gymnasiallehrer in Neuß, wo auch der spätere Kardinal Frings einer seiner Schüler war.Am 07.01.1903 promovierte er zum Dr. theol. mit einer Dissertation über den Kölner Erzbischof Heinrich II. von Virneburg.

Am 01.04.1911 wechselte er an das Prinz-Georg-Gymnasium in Düsseldorf, wo er am 10.07.1912 die Ernennung zum Professor erhielt. Mit Ausbruch des l. Weltkriegs ging er als Feldgeistlicher an die Westfront, wo er mehrere Auszeichnungen erhielt.

Wenig später ernannte ihn die Kirchenbehörde zum Pfarrer von Unkel, wo er am 28.03.1915 in sein Amt eingeführt wurde.

Neben seinen pastoralen Aufgaben setzte er sich vor allem für die notleidende Bevölkerung Unkels ein. Im Jahre 1916 gründetete er eine „Kinderspeisung", der wenig später eine „Volksküche" folgte. Hier erhielt die hungernde Bevölkerung Nahrung. Außer mit Lebensmittel versorgte er die Unkeler auch mit Brennmaterial. So war es nicht verwunderlich, daß die Unkeler ihren Schwamborn liebten und verehrten.

Abb. 131: Professor Dr. Gregor Schwamborn

Der Untergang des Kaiserreichs war für den Nationalgesinnten ein schwerer Schlag, der aber bald überwunden war. In den politischen Wirren der Nachkriegszeit begann er, sich politisch zu betätigen und wurde bald Abgeordneter der Zentrumspartei im Kreistag Neuwied.

Um so unverständlicher für alle war es dann, als Dr.Schwamborn 1921 seine Versetzung nach Krefeld erhielt. Schwamborn selbst sagte auf seiner Abschiedsfeier von Unkel:

„Ich will nicht sagen, welche Opfer ich innerlich habe bringen müssen, um meinem Erzbischof gehorsam zu sein. Unkel ist meine zweite Heimat geworden!"

In Anerkennung seiner Verdienste für Unkel beschloß der Gemeinderat, ihm das Ehrenbürgerrecht zu verleihen sowie eine Straße nach ihm zu benennen. So wurde Dr. Schwamborn der erste Ehrenbürger Unkels.

In der Pfarrchronik Unkels steht über ihn: „Er war bemüht um das Seelenheil und das leibliche Wohl der Gemeinde. Als Muster und Vorbild eines treuen Bürgers (war er) beseelt von Liebe zur Heimat und zum Vaterland."[17)]

Schwamborns Nachfolger in Unkel wurde sein Freund Joseph Vaassen, der ein ebenso großer Wohltäter Unkels werden sollte wie sein Vorgänger.

In Krefeld, wo er bis 1955 sein Priesteramt ausübte, machte er sich durch sein soziales und politisches Handeln um Kirche und Stadt gleichermaßen verdient, so daß er am 27.07.1950 auch zum Ehrenbürger Krefelds ernannt wurde.

Er starb am 22.10.1958 und wurde - wie er es beim Wegzug aus Unkel 1921 gewünscht hatte - in Unkel neben seinem Freund Vaassen beigesetzt.

Die Prälat-Schwamborn-Straße hält die Erinnerung an ihn wach.

Pfarrer Joseph Vaassen (1872 - 1941)

Joseph Vaassen wurde am 29.11.1872 in Köln-Nippes geboren. Nach dem Besuch des Gymnasiums studierte er katholische Theologie und wurde am 15.08.1898 in Köln zum Priester geweiht.

Nachdem er zunächst als Kaplan in Heinsberg gewirkt hatte, übernahm er ab 1917 das Amt eines Militärgeistlichen. Als Divisionspfarrer erhielt er im l. Weltkrieg für besondere Verdienste das „Eiserne Kreuz". Nach dem Ende des Krieges blieb er noch kurze Zeit Militärpfarrer, bis er am 19.09.1921 als Pfarrer von Unkel eingeführt wurde.

Pfarrer Vaassen, der aus einer begüterten Familie stammte, tätigte in seiner Unkeler Zeit verschiedene Neuanschaffungen für die Pfarrgemeinde: z.B. Neue Glocken, Figuren des Marienaltars, Friedhofsdenkmal u.a. Da die Unkeler Kirche hierzu kein Geld hatte, finanzierte er diese Dinge größtenteils aus der eigenen Tasche.

Wie sehr er bei den Unkelern angesehen war, zeigt ein Zitat aus der Pfarrchronik: „Durch seine Leutseligkeit und besonders durch seine ungeheure Freigebigkeit hatte er die Herzen der Bevölkerung gewonnen". Pfarrer Vaassen hatte nämlich vielen Unkeler Familien ein Darlehen zum Bau eines Eigenheims gegeben, die Schuldscheine jedoch später zerrissen.

Zu erwähnen bleibt noch, daß Pfarrer Vaassen ein unerschrockener Gegner der Nationalsozialisten war. Wegen seiner Predigten gegen das nationalsozialistische System wurde er zweimal in Koblenz durch die Gestapo verhört. Er wurde auf das Unkeler Bürgermeisteramt zur Befragung vorgeladen und mußte eine Hausdurchsuchung nach verbotenen Büchern über sich ergehen lassen. Er kam aber glimpflich davon und erhielt nur Verweise. Am 08.07.1941 trat er aus gesundheitlichen Gründen in den Ruhestand. Wenig später, am 03.12.1941, starb er und wurde unter großer Anteilnahme der Bevölkerung begraben.[19)]

Abb. 132: Pfarrer Joseph Vaassen

Zur Erinnerung an ihn wird eine Nebenstraße der Kamener Straße nach ihm benannt.

Rudolf Wulfertange (1884 - 1974)

Rudolf Wulfertange wurde am 22.September.1884 in Osnabrück als Sohn eines Bildhauers geboren. In der Werkstatt seines Vaters erhielt er zunächst eine gründliche handwerkliche Ausbildung als Bildhauer. Im Jahre 1904 ging er nach Berlin, wo er ein Studium an der Kunstakademie absolvierte.

1913 heiratete er Ilse von Werner und zog nach Düsseldorf, wo er ein Atelier besaß. Hier schuf er eine Reihe von meisterlichen Portraitbüsten, von denen leider nur wenige erhalten blieben. Einige Jahre später verzog er nach Unkel in den Fronhof. In dieser Zeit entdeckte er auch sein Maltalent: Zunächst malte er seinen Sohn, seine Frau und sich selber. Es folgten religiöse Themen sowie Landschaftsbilder und Portraits. Da die Ölgemälde, mit Ausnahme der Portraits, nicht zum Verkauf bestimmt waren, blieben sie erhalten und gelangten über den Nachlaß von Frau Wulfertange in den Besitz des Stadtarchivs Unkel.

Seine Bilder spiegeln die verschiedenen Stile der damaligen Zeit wider. Sie reichen vom Expressionismus bis zu Pointilismus. Anfang der dreißiger Jahre schrieb er seinen ersten Roman „Schrappenpüster“, in welchem er Erinnerungen und Erlebnisse seiner Jugend beschrieb. Es folgte „Don Quichote reitet nach Deutschland“. 1941 verfasste er für die Bibliophilen-Gesellschaft in Köln das Büchlein: „Die Geburt des Pegasus“. Wenig später erschien „Die Geburt der Schwiegermutter“. Sein letztes Werk war „Nono, Sonnenwende einer Liebe“.

Alle seine Bücher erschienen nur in kleinen Auflagen und sind dementsprechend sehr rar. Nach dem Kriege schuf er verschiedene Bronzebüsten, von denen die des Stefan Andres, die sich heute in der Stefan-Andres-Hauptschule befindet, die bekannteste ist.

Abb. 133: Rudolf Wulfertange

In seiner letzten künstlerischen Schaffensphase malte Wulfertange zunächst noch gegenständlich, dann gegenstandslos, um schließlich in einem Farbenrausch zu enden. Der Künstler starb am 29.Januar.1974 und liegt auf dem städtischen Friedhof in Unkel begraben.

Das Werk dieses stillen Künstlers ist leider in Vergessenheit geraten. Man sollte ihm mehr Beachtung schenken.

Hans Frentz (1884 - 1975)

Hans Frentz wurde am 31.12.1884 in Schwerin geboren. Er besuchte das Gymnasium und machte dort sein Abitur. Hiernach schlug er die aktive Offizierslaufbahn ein. Er diente beim Grenadier-Regiment „Graf Kleist von Nollendorf".

Im ersten Weltkrieg kämpfte er zunächst als Kompanieführer an der Westfront. Dort wurde er schwer verwundet. Nach seiner Genesung avancierte er in Kowno/Litauen zum stellvertretenden Pressechef im Hauptquartier Hindenburgs. Er sorgte dafür, daß etliche Künstler der damaligen Zeit nicht an der Front, sondern in der Pressezentrale in Kowno „Dienst" taten. So kam es zur Bildung der „Künstlerecke" in Hindenburgs Hauptquartier, der so bekannte Künstler wie Dehmel, Eulenberg, Schmidt-Rottluff, Arnold Zweig und andere angehörten.

In seinem Buch „Über den Zeiten" beschreibt er diese kulturhistorische Begebenheit.

Hiernach war er von 1917 bis 1918 im Kriegsministerium in Berlin beschäftigt. Hier lernte er Hede Sudermann, die Tochter des Dichters Hermann Sudermann, kennen, die er am 03.07.1918 heiratete.

In den dreißiger Jahren trat Frentz mit einer Monographie über die Tänzerin Niddy Impekoven sowie über die Schauspielerin Tony van Eyck (1932/33) hervor.

Aus seiner Verbundenheit zu Hindenburg und Ludendorff entstand 1936 das politische Werk „Hindenburg und Ludendorff und ihr Weg durch das deutsche Schicksal".

Unter dem Titel „Legende der Landschaft" veröffentlichte er 1943 verschiedene besinnliche Geschichten.

Im Jahre 1953 siedelte er mit Frau Hede nach Unkel über. 1957 erschien ein kleiner Band mit Gedichten „Deutsche Legende". Die Titelvignette zeigt die Harfe, entworfen von Karl Schmidt-Rottluff, die auch seinen Grabstein ziert.

Sein letztes Werk „Der unbekannte Ludendorff" wurde 1972 veröffentlicht.

Hans Frentz starb am 27.04.1975 in Unkel. Sein Grab befindet sich auf dem städtischen Friedhof direkt neben der Grabstätte der Familie Loewe-Bothwell.

Abb. 134: Hans Frentz

Stefan Andres (1906 - 1970)

Stefan Andres wurde am 26.06.1906 in Breitwies bei Trier als Sohn eines Müllers geboren. Seine Kindheit und Jugend verbrachte er in seiner moselländischen Heimat.

Nach dem frühen Tod seines Vaters besuchte er zunächst eine Klosterschule, weil er von Jugend an zum Priester ausersehen war. Nach schweren inneren Kämpfen verließ er aber schließlich das Kloster während seines Noviziats und studierte an den Universitäten in Köln, Jena und Berlin Germanistik und Theaterwissenschaften. In Jena lernte er übrigens seine spätere Frau kennen, die er 1932 heiratete.

Im Jahre 1933 veröffentlichte er seinen ersten Roman „Bruder Luzifer", für den er den „Abraham-Lincoln-Preis" erhielt. Die mit dem Preis verbundene Geldzuwendung nutzte er für zwei Italienreisen, die ihn stark beeindruckten und später auch Niederschlag in seinen Werken fanden.

Um sich vom 3. Reich zu distanzieren, siedelte er 1937 nach Positano/ Italien um, wo er bis 1949 blieb.

1950 kehrte er nach Deutschland zurück, wo er in Unkel eine neue Bleibe fand und einige bedeutende Bücher schrieb.

Aber es hielt ihn nicht hier.1961 zog er nach Rom, wo er am 29.06.1970 an den Folgen einer Operation starb.

Stefan Andres war Träger vieler Literaturpreise sowie hoher deutscher und italienischer Auszeichnungen. Er, der in der Nachkriegszeit zur Spitze der deutschen Literatur gehörte, hat in Unkel einige seiner erfolgreichsten Bücher geschrieben:

„Der Knabe im Brunnen", „Die Reise nach Portiunkula" und sein Hauptwerk, die dreibändige „Sintflut".

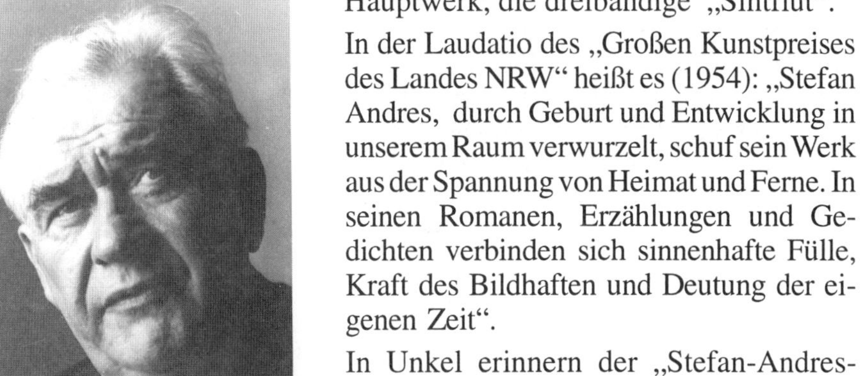

Abb. 135: Stefan Andres

In der Laudatio des „Großen Kunstpreises des Landes NRW" heißt es (1954): „Stefan Andres, durch Geburt und Entwicklung in unserem Raum verwurzelt, schuf sein Werk aus der Spannung von Heimat und Ferne. In seinen Romanen, Erzählungen und Gedichten verbinden sich sinnenhafte Fülle, Kraft des Bildhaften und Deutung der eigenen Zeit".

In Unkel erinnern der „Stefan-Andres-Platz" und seit 1992 die „Stefan-Andres-Hauptschule" an den Aufenthalt des bedeutenden Dichters in unserer Stadt.[20)]

Otto Stieffel (1887 - 1956)

Otto Stieffel wurde am 24.Februar.1887 in Mannheim geboren. Schon früh zeigte er künstlerische Neigungen und Fähigkeiten, die durch seine Eltern gefördert wurden.

Nach Abschluß seiner Schulbildung besuchte er die Kunstakademien in Karlsruhe und in München.

Aus seiner Münchener Zeit stammen einige Tierskizzen, die er im Tierpark Hellabrunn zeichnete.

Während des ersten Weltkriegs tat er an der Westfront Dienst. Da er für seine Vorgesetzten Portraits und sonstige Bilder malte, genoß er etliche Freiheiten, die es ihm ermöglichten, sich noch weiterhin zeichnerisch zu betätigen. Aus dieser Zeit datieren Zeichnungen aus Rethel/ Ardennen sowie der Umgebung. Manche Bilder schuf der Künstler in mehreren Fassungen, was er später auch noch häufig machte.

Nach dem Krieg kehrte Stieffel nach Mannheim zurück, wo er viele Landschaftsbilder, etliche Portraits von Mannheimer Künstlern sowie zwei Selbstbildnisse schuf.

Durch den Kölner Künstler Engelbert Sassen, der mit Stieffels Schwester Emmy verheiratet war und in Unkel in der Linzer Straße wohnte, fand Otto Stieffel 1933 nach Unkel. Der unverheiratete Künstler lebte sehr zurückgezogen und unauffällig in unserem Städtchen. Seine Motive entnahm er der heimatlichen Landschaft. So befinden sich im Archiv einige Kreidezeichnungen von Unkel und seiner Umgebung.

Das Thema Krieg beschäftigte den Künstler nach dem 2. Weltkrieg. In seinem Werk „12 Verbrecher“ rechnete er mit dem Nazi-Regime ab.

Eine seiner letzten Arbeiten war die Folge „Der Krieg“, d.h. fünf Bilder in Gouachetechnik, in welcher seine Einstellung zum Krieg zum Ausdruck kommt.

Auch im Scherenschnitt zeigte er eine große Fertigkeit. Er schuf eine Folge von zehn Scherenschnitten „Walpurgisnacht“, die als Mappenwerk erschien.

Otto Stieffel starb am 21.06.1956 und wurde auf dem städtischen Friedhof begraben.

Heute befinden sich die meisten seiner Bilder in Privatbesitz. Neben seiner Heimatstadt Mannheim besitzt auch seine Wahlheimat Unkel einige seiner Werke, die er ihr vor seinem Tode vermacht hat.

Abb. 136: Otto Stieffel

Josef Arens (1901 - 1979)

Josef Arens wurde am 24.April.1901 in Ödingen/Sauerland geboren. Nach dem Besuch der Schule folgte ein Kunststudium in Süddeutschland.

Ab 1924 führten ihn Studienreisen durch Europa, Vorderasien, Nordafrika und Amerika, deren Eindrücke er in zahlreichen Ölgemälden festhielt.

Nach seiner Rückkehr spezialisierte er sich auf Industriezeichnungen. Er zeichnete bis ins kleinste Detail genau die Welt der Industrie mit ihren Maschinen und ihren Menschen. Für viele Industrie-Firmen hat er Festschriften verfaßt und illustriert.

Am 11.Dezember.1936 heiratete er Bertha Obertüschen, die ihn bei seiner Arbeit unterstützte.

Der Krieg vertrieb Arens und seine Familie und ließ ihn in Unkel eine neue Heimat finden. Arens wohnte zunächst im Haus Henkel und danach im traditionsreichen Freiligrathhaus. lm Jahr 1964 errichtete er im Seeches ein Atelierhaus, in dem er bis zu seinem Tode wohnte.

Neben seiner Industriegraphik entstanden zahlreiche Mappenwerke wie: „Der Rhein“, „Die Jagd“, „Der Krieg“ u.a. Die gesamte Graphik wurde von seiner Frau Bertha in eigener Werkstatt gedruckt.

Abb. 137: Josef Arens

Arens stellte aber auch sein Können den Unkeler Vereinen zur Verfügung, der so manche Vereins-Festschrift ihre Entstehung verdankt. Ebenso regte ihn auch Unkel mit seinen alten Gebäuden und seiner schönen Umgebung zu vielen Radierungen an. Josef Arens starb am 02.11.1979.

An der Rheinpromenade - vor seinem früheren Haus - hält eine Gedenkplatte die Erinnerung an den Künstler wach.

Leni Mecke (1900 - 1981)

Leni Mecke wurde am 21August.1900 in Bonn als das älteste von vier Kindern des Amtsgerichtsrats Wilhelm Mecke geboren.

Ihre kindliche Entwicklung wurde durch die musisch veranlagte Familie geprägt. Während des 1. Weltkriegs lebte die Familie in Erpel, wo sie ein Sommerhaus besaß.

Nach Abschluß des Lyzeums besuchte Leni Mecke die Kunstakademie in Düsseldorf, wo sie ihr Zeichenlehrerinnenexamen ablegte. Anschließend fand sie eine Anstellung als Kunsterzieherin an der Hildegardis-Schule in Köln.

In ihrer Freizeit entwarf und fertigte sie Reklameplakate. Sie dekorierte Räume für Festveranstaltungen und malte u.a. das „Kölner Hänneschentheater" aus. Außerdem bastelte sie mehr als 20 Weihnachtskrippen, die aber leider während des Kriegs verbrannten.

Nach dem 2. Weltkrieg fand Leni Mecke in Unkel eine neue Heimat.

Hier begründete sie den „Musischen Nachmittag", an dem manche kulturelle Veranstaltung stattfand.

Die Ferien verlebte sie in Oberwil/Schweiz, wo sie ein Ferienhaus besaß. Hier verbrachte sie ihre schönste Zeit. Die meisten Bilder zeigen daher Motive aus dieser Landschaft.

Durch eine Freundin, welche sie in Portugal besuchte, wurde sie auch zum Malen dieser Gegend angeregt.

Leni Mecke malte, weil es ihr Freude bereitete. Nur ihr Bekanntenkreis wußte von ihren künstlerischen Fähigkeiten; den meisten Unkelern blieben sie unbekannt.

Sie starb am 10 Dezember 1981 im Linzer Krankenhaus.

Zusammenfassend kann man sagen: „Sie war eine allem Schönen in der Natur und Kunst zugeneigte musische, schöpferische Persönlichkeit".

Abb. 138: Leni Mecke ca.1947

Paul Faßbender (1900 - 1983)

Paul Faßbender wurde am 2.August.1900 in Wuppertal-Elberfeld geboren. Da seine Mutter früh verstarb, wuchs er in einem Internat in Münstereifel auf. Schon damals malte er gern und vergaß darüber manchmal die Hausaufgaben.

Nach seiner Schulzeit begann er eine Lehre als Maler und Anstreicher, die er 1928 mit der Meisterprüfung abschloß. Da Faßbender aus finanziellen Gründen auf ein Studium an der Kunstakademie verzichten mußte, entwickelte er sein Maltalent als Autodidakt. Ein frühes Beispiel seines Könnens ist eine Kreuzigungsszene, die er 1920 nach einem berühmten Vorbild malte. Durch eine Tante, die in der Lehngasse eine Pension betrieb, kam Faßbender 1929 nach Unkel, wo er eine neue Heimat fand. Kurze Zeit später machte er sich als Maler-und Anstreichermeister selbständig. Seine Werkstatt befand sich im Hof der Bäckerei Driesch.*

Jede freie Minute nutzte er zum Malen, wobei sich in Unkel genügend Motive anboten.

Da Paul Faßbender während seiner Soldatenzeit im 2. Weltkrieg häufig seine Vorgesetzten gemalt hatte, wandte er sich nach Kriegsende mit besonderem Eifer dem Portraitmalen zu. Er portraitierte Unkeler Originale sowie Personen aus seinem Bekanntenkreis. Daß er es hierin zu einer großen Meisterschaft gebracht hat, zeigen die vielen in den Unkeler Familien befindlichen Werke von ihm.

Bekannter aber sind die hübschen Ansichten Unkels, die Faßbender unzählige Male abbildete und verschenkte oder für wenig Geld verkaufte.

Erwähnenswert sind auch seine Malereien an einigen Unkeler Häusern.

Es war Faßbender vergönnt, bis kurze Zeit vor seinem Tode seinem geliebten Hobby nachzugehen. Am 22.10.1983 starb der bescheidene Künstler; in seinen Bildern jedoch lebt er weiter.

Abb. 139: Paul Faßbender bei der Arbeit

* *heute Knäpper.*

Tilo Medek *1940

Tilo Medek wurde am 22.01.1940 in Jena als Sohn eines Musikers geboren. Nach dem Abitur studierte er ab 1959 in Berlin (Ost) Musikwissenschaft an der Humboldt-Universität und ab 1964 Kompositionswissenschaft an der Deutschen Akademie der Künste bei Rudolf Wagner-Regeny.

Im Jahre 1977 wechselte er vom Osten in den Westen und fand von 1980 bis 1985 in Unkel eine vorläufige Bleibe.

Hier entstand im Sommer 1981 das Orgelstück „Unkeler Fahr“, das am 12.12.1981 seine Uraufführung in der Unkeler Pfarrkirche hatte. Diese Komposition ist neben den „Gebrochenen Flügeln“ das meistgespielteste Orgelstück Medeks.

„Unkeler Fahr“: Die im Sommer 1981 auf Naxos entstandene Komposition besteht aus drei ineinander übergehenden Teilen: einer fließenden Quasi-Trisonate folgt ein besinnliches Mittelstück, das von einer tangohaften Karnevalsmusik abgelöst wird. Der Rheinstrom, die seltene Stille und der einmal im Jahr ausbrechende Übermut sind hier musiziert“ (Begleittext zur Unkeler Fahr).

1985 verzog Tilo Medek mit seiner Familie nach Oberwinter, wo er nun lebt und schafft. In einem Brief vom 07.11.1992 schreibt er: „Nun schaue ich auf Unkel (mehr noch auf den Ortsteil Scheuren) und denke wehmütig an die wunderschöne Unkeler Lebensqualität zurück. Hier oben auf der Rheinhöhe bin ich von Hunden und sich abgrenzenden Villennachbarn umgeben und spüre nur in Oberwinter - unten - die Ähnlichkeit zum fröhlichen Treiben in Unkel“.

Abb. 140: Tilo Medek

Günther Lauffs (1901 - 1990)

Günther Lauffs wurde am 28.November.1901 als Sohn von Alexander Lauffs (1865 - 1951) in Unkel geboren. Der Vater war Inhaber des 1805 in Oberwinter gegründeten Weinguts O. Lauffs, das in Unkel mit „Selbstgezogenen Rot- und Weißweinen „ handelte.

Alexander Lauffs experimentierte mit „alkoholfreiem Wein“ und hatte Erfolg. Der „Rote Rabenhorster“ erwirkte höheren Umsatz und brachte eine Vergrößerung des Betriebs mit sich.

Günther und sein Bruder Walter (1903 - 1981) traten in den 20er Jahren in die Firma ihres Vaters ein und wurden nach gründlicher Ausbildung mit in die Leitung einbezogen.

Im Jahre 1937 kauften die Herren Lauffs das Rheinhotel Schulz. Nach einem großzügigen Um- und Erweiterungsbau im Winter 1953/54 wurde es so hergerichtet, daß es allen Ansprüchen entsprach.

Nach dem 2. Weltkrieg gelang den beiden Brüdern der Durchbruch: Der bis dahin relativ kleine Betrieb entwickelte sich zu einem weltweit bekanntem Unternehmen, das in Zusammenarbeit mit den Ernährungswissenschaften konsum- und gesundheitsgerechte Frucht- und Gemüsesäfte herstellte.

Neben seinen geschäftlichen Aktivitäten setzte sich Günther Lauffs aber auch für das Allgemeinwohl seiner Heimatgemeinde ein und zeigte sich aufgeschlossen für öffentliche Belange. Für seine Verdienste erhielt er am 28.11.1971 das Bundesverdienstkreuz am Band und am 28.11.1986 das Bundesverdienstkreuz Erster Klasse.

Am 29.08.1988 verlieh ihm der Bürgermeister aufgrund eines einstimmigen Beschlusses des Stadtrats die Ehrenbürgerschaft der Stadt Unkel.

Günther Lauffs starb am 06.1.1990 und wurde auf dem Städtischen Friedhof in Unkel begraben.[21)]

Zur Erinnerung an den erfolgreichen Unternehmer erhielt ein Teilstück der Rheinpromenade seinen Namen.

Abb.141 Günther Lauffs

Willy Brandt (1913 - 1991)

Willy Brandt wurde am 18.December.1913 in Lübeck geboren - unehelich als Herbert Frahm.

Schon während seiner Schulzeit betätigte er sich aktiv in der Arbeiterjugend. Kurz nach der Machtergreifung Hitlers floh er nach Norwegen, wo er eine neue Heimat fand und den Namen Willy Brandt annahm. In Norwegen arbeitete er als Journalist.

Nach dem Krieg kam Brandt zurück nach Deutschland. Er schloß sich der Berliner SPD an und wurde 1948 Bundestagsabgeordneter. Als er 1957 zum Regierenden Bürgermeister von Berlin gewählt wurde, begann seine eigentliche politische Karriere.

Brandt, dem es gelang, die aufgebrachten Menschen beim Bau der Mauer am 13.08.1961 zu beruhigen, wurde bald sehr populär. Im Jahr 1966 wurde er Außenminister und Vizekanzler. Am 22.10.1969 wurde Brandt als Bundeskanzler vereidigt. Nun war er auf dem Höhepunkt seiner Macht.

Wegen seiner verdienstvollen Ostpolitik wurde ihm am 10.12.1971 der Friedensnobelpreis verliehen.

In der Begründung des Nobelkomitees heißt es: „ Als Beitrag zur Stärkung der Möglichkeiten für eine friedliche Entwicklung, nicht nur für Europa, sondern für die ganze Welt".

Im Jahr 1974 zwang ihn die Guillaume-Affäre zum Rücktritt als Kanzler. Brandt war aber weiterhin politisch tätig, vor allem auf internationaler Ebene.

Von 1964 bis 1987 übte er das Amt des Parteivorsitzenden aus. Nach seiner Amtsniederlegung wurde er zum ersten Ehrenvorsitzenden der SPD ernannt.

1979 nahm Brandt Wohnung in Unkel, wo er 1983 Brigitte See-

Abb. 142: Willy Brandt

bacher heiratete. Zunächst wohnte er Eschenbrender Straße 4. Im Jahr1989 zog er dann in sein Eigenheim „Auf dem Rheinbüchel" 60 um. Hier starb er am 08.10.1992.

In einer Todesanzeige der Bundesregierung heißt es:

„Mit Willy Brandt verliert die Bundesrepublik Deutschland eine herausragende und prägende Persönlichkeit. Er hat sich stets als deutscher Patriot, Europäer und Weltbürger zugleich verstanden. In diesem Bewußtsein hat er den Kampf gegen die national-sozialistische Gewaltherrschaft und als Regierender Bürgermeister im geteilten Berlin gegen das kommunistische Regime geführt.

Als Außenminister und als Bundeskanzler ist er engagiert für die Aussöhnung mit unseren östlichen Nachbarn, für die Überwindung des Ost-West-Konfliktes und für den Ausgleich zwischen Nord und Süd eingetreten."[22)]

Im Andenken an den Unkeler Bürger Willy Brandt wurde am 19.04.1993 der „Untere Markt" in „Willy-Brandt-Platz" umbenannt.

Anmerkungen*

I. Allgemeines und II. Geschichte

1) Gechter/Vollmer: 100 Jahre Unkel
2) K 12/105: Beschreibung Unkels
3) K 12/105: Zustandstabelle
4) P 66/2: Kirchenstatistik
5) P 45/2: Volkszählungen
6) K 12/105: Beschreibung Unkels
7) K 12/105: Zustandstabelle
8) P 11/4: Periodische Volkszählungen
9) P 45/2: Volkszählungen
10) Beyer, H.: Urkundenbuch der mittelrh. Territorien
11) ebd.
12) Gechter/Vollmer: 1100 Jahre Unkel
13) Kemp, F. H.: 750 Jahre St. Pantaleon Unkel
14) K 0/4: Amtsverschreibung
15) Petri, Hans: 1100 Jahre Linz am Rhein
16) K 0/3: Linzer Eintracht
17) Stickel, B.: Tagebuch meiner Kriegsverrichtungen
18) Lossem, M.: Der Kölnische Krieg
19) Kemp, F. H.: 750 Jahre St. Pantaleon Unkel
20) N S/17: Bitte um Simpel-Nachlaß
21) K 8/47: General-Brief
22) K 9/56: Beschwerde der Städte
23) N E/1: Statistik ab 1804
24) Kaufmann, L.: Bilder aus dem Rheinland
25) ebd.
26) Hüsgen, Dr. E.: Ludwig Windthorst
27) ebd.
28) Meyer: Konversationslexikon
29) Stolten, H.: Liber Solidatis
30) P 6/29: Gerichtsangelegenheiten
31) P 13/6: Protokoll des Unkeler Gemeinderats
32) P 4/138: Armenfürsorge
33) Akta XIII: Kirchenangelegenheiten
34) ebd.
35) Kemp, F. H.: Rheinische Friedhöfe
36) P 13/9: Bürgermeister-Chronik
37) P 33/7: Prozessionen
38) ebd.
39) P 9/3: Fürbitten
40) P 13/9: Bürgermeister-Chronik
41) Wies: Schul-Chronik
42) ebd.
43) ebd.
44) Kriegergedächtniskapelle
45) P 13/9 Bürgermeister-Chronik
46) Wies Schul-Chronik
47) ebd.
48) ebd.
49) Friedrich, K. Separatistenherrschaft am Rhein

---

* *zu den Abkürzungen s. unter Quellen*

50) ebd.
51) Wies: Schul-Chronik
52) ebd.
53) Vaassen: Pfarr- Chronik
54) P101/2: Nachkriegszeit
55) Vaassen: Pfarr-Chronik
56) P 101/2: Nachkriegszeit
57) Lueger: Pfarr-Chronik
58) ebd.
59) Vaassen: Pfarr-Chronik
60) ebd.
61) Lueger: Pfarr-Chronik
62) Hartdegen: Bericht
63) Mecke, Leni: Privatchronik
64) ebd.
65) Vaassen: Pfarr-Chronik
66) Vaassen: Pfarr-Chronik
67) ebd.

III. Unkel und der Rhein

1)	P 13/9:	Bürgermeister-Chronik
2)	P 22/13:	Fährwesen
3)		ebd.
4)	Wies.	Schul-Chronik
5)	P 22/14:	Landebrücke
6)	Kemp, F. H.:	Alt-Unkeler Bilderbuch
7)		ebd.
8)	Dielheim:	Denkwürdige und nützliche Antiquarius 1776
9)	Schreiber, A.:	Handbuch für Reisende am Rhein 1818
10)	P 33/8:	Rheinbad
11)	ebd.	

IV. Fortschritt und Technik

1)	P 57/4:	Wegebau
2)	P 57/5:	Trinkwasserversorgung
3)		ebd.
4)	Krings, H.:	Mündliche Angaben
5)	P 57/5:	Trinkwasserversorgung
6)	P 58/16:	Gaswerk in Unkel
7)		ebd.
8)	Winterscheid, T.:	125 Jahre Post in Unkel
9)	P 57/6/1:	Eisenbahnbau
10)	P 57/6/1:	Unterführungen
11)	P 57/6:	Elektrische Kreisbahn

V. Bildungswesen

1)	Scheider:	Schulchronik
2)	Kemp, F. H.:	Die Entwicklung des Schulwesens
3)	Scheider:	Schulchronik
4)	P 61/7:	Schulen
5)	P 39/10:	Gemeindekino
6)	P 31/8:	Saal Gohr
7)	Niederee, Josef:	Mündliche Angaben
8)	Figge, Walter:	Mündliche Angaben

VI. Altes Brauchtum

1) N M/14: Maibaumsetzen
2) K 9/05: Tierjagen
3) Scheiner, S.: Hülbier
4) N M/16: Martinsfeuer
5) Kaufmann, L.: Bilder aus dem Rheinland
6) Kemp, F. H.: Die sieben Fußfälle
7) Kaufmann, L.: Bilder aus dem Rheinland
8) N T/6: Totenwacht

VII. Wohlfahrtspflege

1) K 4/136: Armenfürsorge
2) P 4/138: Armenfürsorge
3) ebd.
4) ebd.
5) ebd.
6) ebd.
7) Kemp, F. H.: Vom Zehnthof zum Christinenstift
8) ebd.

VIII. Das Kirchenwesen

1) Kemp, F. H.: Die Enstehung der Pfarrei Unkel
2) ebd.
3) P 4/138: Armenfürsorge
4) Kemp, F. H.: Gottfried Eschenbrender
5) ebd.
6) Kaufmann, L.: Bilder aus dem Rheinland
7) ebd.
8) Fransquin, C. B.: Bürgermeister-Chronik
9) Stolten, H.: Pfarr-Chronik
10) Wegener, B. Schriftliche Angaben
11) Kemp, F. H.: Altäre der Unkeler Pfarrkirche
12) ebd.
13) Gechter/Vollmer: 1100 Jahre Unkel
14) Bonner Rundschau vom 23.02.1985
15) Kemp, F. H.: Rheinische Friedhöfe
16) ebd.
17) ebd.
18) P 68/21: Friedhof
19) Kemp, F. H.: Rheinische Friedhöfe
20) P 30/3: Glocken
21) Pfarrgemeinde: St. Pantaleon Unkel 1691-1991
22) ebd.
23) P 30/3: Glocken
24) ebd.
25) ebd.
26) ebd.
27) Pfarrgemeinde: St. Pantaleon Unkel 1691-1991
28) Rey. van, M.: Leben und Sterben der jüdischen Mitbürger
29) K 1/19: Türkenhilfe 1578
30) K 9/107: Juden
31) N I/4: Jüdische Angelegenheiten
32) P 50: Jüdischer Kultus
33) P 60: Jüdischer Kultus
34) P 50: ebd.

35) P 60: ebd.
36) P 113/2: Protokoll des Gemeinderats
37) Rings, A.: Die ehemalige jüdische Gemeinde in Linz
38) Jüdischer Friedhof
39) Judenregister 1817-1873
40) ebd.
41) ebd.
42) ebd.
43) ebd.

IX. Wirtschaft und Gewerbe

1) K 1/79/3: Capitationsanschlag
2) K 1/78/9: Weinlagen
3) K 12/105: Zustandstabelle 1790
4) N E/1: Statistik 1815
5) P 36/7: Weinbau
6) P 13/9: Bürgermeister-Chronik
7) P 37/5: Weinbau
8) P 37/14: Weinbau
9) K 8/42: Nachen in Unkel
10) N E/1: Statistik 1815
11) Kaufmann, L.: Bilder aus dem Rheinland
12) K 12/123: Schröter
13) P 13/9: Bürgermeister-Chronik
14) P 17/1: Wirtschaftsbericht 1934
15) Zeitungsbericht
16) P 13/9: Bürgermeister-Chronik
17) P 200/3: Leistungsschau 1941
18) Böswald, L. W.: Auswirkungen des Fremdenverkehrs
19) ebd.
20) Stadt Unkel Fremdenverkehrs-Statistik 1990

X. Verwaltung Unkels

1) K 2/61: Bürgermeister-Rechnung
2) K 3/34: Baumeister-Rechnung
3) ebd.
4) P 13/6: Protokoll der Bürgermeisterei
5) P 45/2: Wahlprotokolle 1892
6) ebd.

XI. Finanzwesen

1) K 1/78: Weingärten
2) K 4/136: Armenfürsorge
3) Nahrungsmittel an Louvigne 1674
4) Kahnt, H.: Alte Maße, Münzen und Gewichte
5) K 1/77: Simpelberechnung
6) K 2/61: Bürgermeister-Rechnung
7) ebd.
8) N S/7: Stempelpapier
9) Meyer: Konversationslexikon
10) P 45/2: Meistbeerbte
11) Festschrift 100 Jahre Volksbank Unkel
12) P 54/5: Sparkasse in Unkel
13) K 1/77/1: Steuern für Weingärten
14) Kahnt, H.: Alte Maße, Münzen und Gewichte

XIII. Vereine

1) Festschrift Bürgerverein Unkel
2) Festschrift ebd.
3) Festschrift Junggesellenverein Unkel
4) P 33/6: Kriegerverein
5) Kemp, F. H.: 100 Jahre Kur- und Verkehrsverein
6) Vaassen Pfarr-Chronik
7) P 33/6: Vereinswesen
8) ebd.
9) Festschrift Deutsches Rotes Kreuz o. V. Unkel 1922-1987
10) P 33/6: Vereinswesen
11-23) P 33/6: Vereinswesen

XIII. Unkeler Persönlichkeiten

1) Gechter /Vollmer: 1100 Jahre Unkel
2) ebd.
3) ebd.
4) Kemp, F. H.: Rheinische Friedhöfe
5) Vollmer, R.: Franz Vogts, Heimat-Jahrbuch 1993
6) Houben, H. H.: Die Rheingräfin
7) ebd.
8) ebd.
9) ebd.
10) ebd.
11) Ruland, J.: Ferdinand Freiligrath
12) Kemp, F. H.: Rheinische Friedhöfe
13) ebd.
14) Kemp, F. H.: Alt Unkeler Bilderbuch
15) Cardauns, H.: Carl Trimborn
16) Kemp, F. H.: Hohen Unkel
17) Vaassen, H.: Pfarr-Chronik
18) Kremer Pfarr-Chronik
19) ebd.
20) Große, W.: Stefan Andres
21) Firma Rabenhorst
22) Willy Brandt

Literatur und Quellen

Gedruckte Literatur:

Beyer, Heinrich	Urkundenbuch der mittelrheinischen Territorien, Koblenz 1860
Böswald, Lothar-Wolfgang	Auswirkungen des Fremdenverkehrs auf Unkel, Examensarbeit, 1976
Ebeling, Hans	Die Reise in die Vergangenheit, Braunschweig 1966
Houben, H. H.	Die Rheingräfin, Essen 1935
Friedrich, Klaus	Separatistenherrschaft am Rhein, 1931
Gensicke, Hellmuth	Landgeschichte des Westerwaldes, Wiesbaden 1958
Gechter/Vollmer	1100 Jahre Unkel - 700 Jahre Scheuren, Unkel 1986
Hüsgen, Dr. E.	Ludwig Windthorst, Köln 1911
Ruland, Josef	Ferdinad Freiligrath, 1876/1976
Kaufmann, Leopold	Bilder aus dem Rheinland, Köln 1884
Kahnt, Helmut	Alte Maße, Münzen und Gewichte
Kasner/Torunsky	Kleine Rheinische Geschichte
Kemp, Franz Herman	Alt Unkeler Bilderbuch, Bad Honnef
	750 Jahre St. Pantaleon Unkel am Rhein
	Rheinische Friedhöfe, 3. Heft, Köln
	Die Entstehung der Pfarrei Unkel, Heimatkalender Neuwied 1960
	Die Altäre der Unkeler Pfarrkirche, Heimatkalender Neuwied
	Aus der Vergangenheit des städt. Friedhof, Heimatkalender Neuwied 1965
	Die Kapelle in Scheuren, Heimatkalender Neuwied 1972
	Die sieben Fußfälle, Heimatjahrbuch Neuwied 1972
	Die Entwicklung des Schulwesens in Unkel, Heimatjahrbuch Neuwied 1974
	Godfrid Eschenbrender, Heimatjahrbuch Neuwied 1976
	100 Jahre Kur- und Verkehrsverein Unkel
	Vom Unkeler Zehnthof zum Christinentift, Heimatjahrbuch 1983
Lossem, Max	Der Kölnische Krieg, Leipzig 1897
Meyer	Konversationslexikon, Leipzig 1890
Neu/Weigert	Die Kunstdenkmäler der Rheinprovinz Kreis Neuwied, Düsseldorf 1940
Nekum, Adolf	Honnefs Kinder Israels, 1988
Petri, Hans	1100 Jahre Linz am Rhein
Rey van, Manfred	Leben und Sterben unserer jüdischen Mitbürger in Königswinter,
Rings, A. & A.	Die ehemalige jüdische Gemeinde in Linz am Rhein, 1989
Schreiner, Severin	Die Unkeler Feuerwehr, Unkel 1955
	Hülbier, Heimatkalender Neuwied 1937
Stickel, Burghard	Tagebuch meiner Kriegsverrichtungen, Württembergische Jahrbücher 1866
Vogts/Kemp	Rhein. Kunststätten: Heft Unkel, Neuss 1971
Winterscheid, Theo	125 Jahre Post in Unkel, Heimatkalender Neuwied 1972

Chroniken (handschriftlich):

Bürgermeister:	Bürgermeister-Chronik von Unkel P 13/9, 1855-1918 (geführt von den Bürgermeistern)
Lehrer:	Schul-Chroniken von 1870-1950 (Schularchiv) (geführt von den Lehrern Scheider und Wies)
Pfarrer:	Pfarr-Chronik von 1921-1950 (Pfarrarchiv) (geführt von den Pfarrern Vaassen und Pater Lueger)
Mecke, Leni:	Privatchronik (Privatbesitz)

Protokollbücher:

Gemeinderat:	Protokolle des Unkeler Gemeinderats 1850/1945, P13/2
Bürgermeisterei:	Protokolle der Bürgermeisterei Unkel 1851-1890, P 13/6

Pfarrarchiv Unkel

Akta XIII	Kirchenangelegenheiten
Akta 58/1	Kirchen- und Schulbauten
Akta 61/13	Kirchenangelegenheiten
Akta Spezial	Kirchenbauten

Standesamt Unkel

Judenregister 1817-1873
Sterberegister
Friedhofsregister

Stadtarchiv Unkel

a) Kurköln

K 0/3	Vertrag: Linzer Eintracht
K 0/4	Amtsverschreibung
K 1/78	Ländereien und Weingärten 1789 Weinlagen
K1/77,78	Simpelberechnung, Zustandstabelle, Statistik
K 2/61	Bürgermeister-Rechnung
K 3/34	Baumeister-Rechnung
K 4/136	Armenfürsorge
K 5/43	Weinbau
K 5/90	Weinbau
K 8/26	Spezifikation 1790
K 8/47	Generalbrief
K 9/05	Tierjagen
K 9/56	Beschwerde der Stadt gegen Nassau-Usingen
K 9/107	Juden
K 9/110	Juden
K 9/112	Juden
K 11/13	Schulen in Unkel
K 12/105	Statistik, Zustandstabelle 1790
K 12/123	Schröter

b) Nassau

N J/4	Jüdische Angelegenheiten
N E/1	Einwohnerlisten, Statistik 1804-1811
N L/3	Steuersystem
N L/9	Läuten der Glocken
N M/14	Maibaumsetzten, Mailäuten
N M/16	Martinsfeuer
N S/8	Schroeder-Ordnung von 1808
N S/7	Stempelpapier
N S/13	Schultheiß-Ordnung
N S/14	Schiffer
N S/17	Bitte um Simpelnachlaß
N V/8	Visitationen
N W/11	Tag- und Nachtwachen
N W/15	Weinverbesserung
N W/17	Weinkauf
N W/20	Weinbau-Ackerbau

c) Preußen

P 4/138	Armenfürsorge
P 6/29	Gerichtsangelegenheiten Stolten

P 9/3	Fürbitten
P 11/4	Periodische Volkszählungen
P 11/5	Statistik, Wirtschaftsleben
P 12/11	Katasterkarte 1906
P 12/37	Statistik 1880
P 13/9	Bgm.- Chronik
P 15/2	Bürgermeister Decku
P 17/1	Statistik 1933-1947
P 20/03	Wirtschaftsbericht 1934
P 22/13	Fährwesen
P 22/14	Landebrücke
P 30/3	Glocken
P 33/6	Vereinswesen
P 33/7	Prozessionen
P 33/8	Rheinbad
P 36/7	Weinbau
P 37/5, P 37/14	Weinbau
P 45/2	Volkszählungen ab 1903
P 54/5	Sparkasse
P 57/4	Wegebau
P 57/5	Trinkwasserversorgung
P 57/6	Elektrische Kreisbahn
P 57/6/1	Eisenbahnbau, Unterführungen
P 58/14	Wasserleitung in Scheuren
P 58/15	Wasserleitung in Heister
P 58/16	Gaswerk in Unkel
P 58/17	Wegebau
P 58/35	Flutbrücke in Heister
P 59	Jüdischer Kultus
P 60	Jüdischer Kultus
P 61/7	Schulen
P 63/5	Vereine
P 65/4	Denkmalpflege 1937-1955
P 66/2	Statistik
P 68/21	Friedhof
P 71/14	Weinbau
P 82/83	Steuern
P 101/2	Nachkriegszeit

Sachverzeichnis

A

Abfallbeseitigung 102
Abwasser 103
Accise 214
Ackerbau 185
Agentur 82
Albus 209
Altar 152
Altkatholiken 148
Amtsverschreibung 20
Amt Unkel (Siegel) 9
Arbeiter-Soldatenrat 50
Arbeitslose 54
Armencommission, 136
Armenfürsorge 134
Armenhaus 139
Armenpapiere 138

B

Badeanstalt 88
Bahnhof 110
Baumeister 204
Befestigung 23
Berufe, 184
Bestürmung 24
Beschreibung 10
Besetzung 66
Betonwarenfabrik 189
Biblische Geschichte 40
Bildungswesen 116
Blaffert 210
Bodenverhältnisse 178
Brauchtum 125
Brücke (Remagen) 64
Bruderschaftsbuch 147
Brunnen 98
Burestitz 131
Bürgergeld 204
Bürgermeister 201
Bürgermeisterrechnung 202
Bürgerverein 219

C

Casino 231
Christinenstift 141

D

Diäten 204
Dilledopp 133
Domkustodie 20
Dreiklassen-Wahl 206

E

Eisenbahn 111
Eisgang 84
Eisfahrt 84
Eheschließung 34
Elektrizität 107
Einnahmen 202
Einquartierung 27
Einwohnerzahl 12
Eintracht, Linzer 21

F

Fähre 77
Fährrechte 18
Finanzwesen 209
Fläche 10
Flurkarte 92
Freiligrath 255
Fremdenverkehr 195
Friedhöfe 156
  alter 157
  neuer 159
  jüdischer 173

Fronhof 19
Fronleichnam 43
Fürbitten 45
Fußfälle, sieben 129

G

Gaswerk 107
Gaslaterne 106
Gebiete und Flächen 10
Gefängnisturm 23
Gemeindekino 121
Gemeinderatswahl 207
Gericht 200
Gewerbeliste 187
Glocken 160ff
  Erzengelglocke
  Gefallenenglocke
  Jesus-Maria-Joseph-Glocke
  Magdalenaglocke
  Muttergottesglocke
  Panaleonglocke
  Walburgaglocke
Glossar 218
Graben 23

H

Hakuk 131
Handwerk 187
Haushalt, städt. 213
Heiratserlaubnis 34
Heller 209
Hochwasser 83
Hospital 139
Hülbier 126

I

Industrie 188

J

Juden
- Badehaus 164
- Bethaus 169
- Einwohner 173
- Repräsentantenversammlung
- Schulbesuch 169
- Spezialgemeinde 170
- Synagoge 171

Junggesellenverein 221

K

Kanalisation 103
Kapelle Scheuren 155
Karnevalsverein 234
Kegelverein 233
Kerze 105
Kino 121
Kirchspiel Unkel 206
Kirchenwesen 145
Knabenschule 116
Klassensteuer 215
Klickerspiel 132
Klobbenort 10
Kölner Zeit 18ff
Kölner Krieg 24ff
Kontrakt-Protokoll 33
Kontributionskosten 32
Konservernfabrik 192
Krieg, 30jähriger 27
Kreisbahn, elektrische 114
Kultuskosten 213
Kulturkampf 38
Kürwein 204
Kur- und Verkehrsverein 225

L

Lage Unkels 7
Landebrücke 81
Landstraße 91
Landesstände 33
Landsturm 47
Lazarettfieber 28
Lehen 19
Lehrer 116
Lichtspielhaus Gohr 122
Linzer Eintracht 21
Local-Armenverwaltung 136
Loslösung Rheinbreitbachs 143
Licht 105

M

Mädchenschule 116
Maibaum 125
Maiochse 125
Männergesangsverein 228
Maria ad Gradus 19
Marienaltar 152
Martinsfeuer 127
Marmeladenfabrik 192
Maße 212
Meistbeerbte 206
Moststeuer 37
Motorbootfähre 79
Musikdilettanten 238

N

Nachkriegszeit 73
Name Unkels 7
Nassau-Usingen 32
Nationalsozialisten 59
NSDAP-Mitglieder 59
Neubürger 34
Niedrigwasser 88

O

Obstanbau 192
Öllampe 105
Orgelkosten 41
Ortsvorsteher 206

P

Pantaleon 145
Pantaleonsberg 7
Pantaleonsschrein 145
Pantaleonsaltar 151
Pantaleonsglocke 161
Patronatsrecht 145
Pacht 19
Pelzfabrik 188
Pest 27
Peuterichsgraben 25
Petroleumlampe 105
Pfarrgemeinde 145
Pfarrkirche 151
Pfarrpatron 152
Pfädchen 94

Pfarrer 150
- Eschenbrender 147
- Honnefensis 146
- Stolten 148

Post 108
Preußen 35
Prozessionen 43
Prümer Urbar 14
Prümer Zeit 14
Pumpe 99
Pütz 98

R

Rabenhorst 193
Rahmbüsch 204
Reichsdeputationshauptschluß 32
Revolution, französische 28
Rheinpromenade 75
Rheintore 23
Rote Kreuz 230

S

Schatz 211
Schiffer 184
Schöffensiegel 7ff
Schöffenkannen 10
Schule 116
Schulaufsicht 39
Schulze 208
Schultheiß 200
Schreiben, General 30
Schröter 187
Separatisten 56 f. ~~58~~
Sedanstag, Läuten 47
Silbergroschen 211
Simpelsteuer 212
Soldatenrat 50
Spiele, alte 131
Sportvereine 236
Stadtrat 201
Stadtwerdung 24
Stadttor 23
Steuern 33,211
Stiftsfehde 21
Stempelpapiersteuer 33
Sternsinger 128
Strandbad 90
Straßen 91
Stüber 209

T

Taler 209
Testament 35
Tierjagen 125
Theaterverein 235
Totenwache 130
Trinkwasser 98
Turnverein 236

U

Überfall, schwedisch 27
Uferbefestigung 75
Unkelsteine 86
Unterführung 112

V

Verbandsgemeinde 208
Vereine 219
Vermögensverfügung 33
Verwaltung 200
- Kurköln 200
- Nassau 205
- Preußen 205

Verwaltungschefs 208
Vierzehn-Nothelfer 154
Visitationsberichte 145
Vogteirechte 19
Volksbank 215
Volkszählung 13

W

Wappen 10
Wasserleitung 100
Währungsreform 74
Windelbote 20
Weidenörter 204
Weltkrieg 46,62
Weinbau 177
Weinertrag 179
Weinlagen 178
Weinlese, früher 20
Weinzehnte 19
Winzerverein 181
Wirtschaft 177

Z

Zahlungsmittel 209
Zehntnhof 19
Zementfabrik 189
Zieren von Häusern 44
Zivilehe 38
Zustandstabelle 11

Personenverzeichnis

A

Abraham. Gottschalk 168
Abraham, Gudula 167
Abraham, Ida 176
Abraham, Jacob 168
Abraham, Jeanette 176
Abraham, Joseph 176
Abraham, Leib 168
Abraham, Liebmann 168
Abraham, Philip 176
Altrock von, Bürgermeister 44
Aman, Rektor 120
Anna, St. 145
Anno II, Erzbischof 18
Andreas, St. 145
Andres, Stefan 270
Antoni, Henrich 116
Antoni, Wilhelm 116
Antweiler, Pantaleon 184
Antweiler, Wilhelm 184
Arens, Joseph 272
Arweiler, Peter 116
Aschenbrender, Joseph 235
Auerbach, Bertha 173
Aufdermauer, Martin 197

B

Bachem, Peter 150
Baer, Carolina 176
Baer, Jacob 170
Baer, Moses 174
Baer, Sybille 174
Baldwich 14
Bayern von,Ernst 24
Becker, Schultheiß 130
Bender, Elisabeth 116
Benjamin, Mann 166
Benjamin, Mendel 166
Benjamin, Moises 166
Berntges, Familie 243
Bertram, Fredy Dr. 231
Biesenbach, Bürgermeister 81
Billstein 236
Bismarck 39
Blumenthal,Gräfin 158
Bornheim, Jose 230
Bohnert Manfred 81
Bothmer, Gräfin 69
Bothwell von, Julie 258
Brandt, Willy 277
Brauns, Pfarrer 150
Breidtbach, Joh. Pfarrer 150
Breitbach von, Heinrich 19

C

Carlbach, Israel 166
Casimir, Johann 26
Christ, Josef 230
Christ, Ludwig 224
Claren, Georg 167
Clasen, Andreas 207
Clasen, Gastwirt 110

D

David, David 170
David, Emma 175
David, Johanna 175
David, Levi 170
David, Moses 170
David, Nathan 175, 232
David, Witwe 168
Decku, Bürgermeister 54,55 61
Dedrich von Köln 161
Dietrich Erzbischof 20
Droste-Hülshoff von 253
Düssel, Adolf 150

E

Ehl, Klaus 223
Eichhoven, Wilhelm 187
Eikerling, Joh 59
Engelbert II 19
Erdweg, Franz X 150
Ernst, Anton 238
Eschenbrender, Familie 240
Eschenbrender, Andras 241
Eschenbrender, Gottfried 147 150, 241
Euskirchen, Ernst 228, 236

F

Faßbender, Anton 207
Faßbender, Paul 274
Feiden, Sebastian Pfarrer 150
Fels, Clemens 239
Fels, Max 147, 239
Figge, Walter 124
Flohr, Josef 84
Floß, Lehrerin 59
Focco 14
Fransquin, Bürgermeister 39, 138
Freiligrath, Ferdinand 36, 255
Freitag, Heinz 234
Frentz, Hans 269
Fuchs, Anton 116
Fuchs, Pantaleon 116
Fuß, Henricus 187

G

Gebhard, Truchseß 24
Gefallenen: 1. Weltkrieg 49,50
Gefallenen: 2. Weltkrieg 72
Geldern von, Bernhard 170
Gohr, Ferdinand 122
Götte, Hans 86
Gottschalk, Abraham 167
Gottschalk, Jacob 168
Gottschalk, Sprinz 167
Grenzhäuser, Anton 232
Gressenich, Heinrich 150
Gschwender, Richard 159
Gruß, Manuela 231
Günster, Heinrich 233
Gütgemann, Wilhelm 234

H

Haag, Rudolf Firma 100
Habing, Jean 234
Haller, Bademeister 88
Hartdegen, Bodfmaisla 68
Hartmann, A. 233
Hartmann, Ignatz 233
Hattingen, Heinrich 228, 231
Hecht, Heinrich Pfarrer 150
Heckener, Claus 166
Heckener, Wilhelm 185
Heidekrüger, Elisabeth 175
Heiden, Joh. Pfarrer 150
Heilbronn, Eli 175, 232
Heilbronn, Sophia 175
Heinen, Friedrich 228, 233
Henkel, Fritz 260
Herresdorf 242
Herresdorf, Familie 242
Herzmann 44
Hessen von, Heinrich 21
Hessen von, Hermann 21
Heymann, Jud 167
Hintze, Albert 82
Hintze, Dr. 32
Hintze, Wilhelm 121
Hirsch, Josef 168
Hirzmann, Franz 103, 237
Hirzmann, Josef 237
Hitler, Adolf 59
Hoffmann, Alexander 233
Hömig. Architekt 119
Honnef, Anton Pfarrer 146, 150, 189
Hornholz 237
Hundhausen, Johann 264

I

Isaak, Jud 166
Isenburg von, Salentin 24

J

Jakob, Abraham 167
Janscha/Ziegler 75
Johannes, St. 154
Joist, Pfarrer 150

K

Kaiser, Karl-Heinz 118
Kanter, Regina 173
Kaufmann, Leopold 36, 128, 168
Kaufmann, Salomon 170
Karl, der Kühne 21
Kemp, F. H. 94
Kirchartz, Dr. 228, 231
Klevenhaus, Leo 238
Knobelsdorf von, 36
Konietzky, Günther 103
Königsfeld, Gottfried 184
Königsfeld, Peter 150
Köppchen, Pfarrer 150
Kötting. Mathias 238
Kremer, Josef,Pfarrh 150
Krey, Nikolaus Pfarrer 150
Krings, Hans 103
Krupp, Friedrich 116
Kühlwetter, Anton 201
Kunkel, Jacob 236
Küsters, Gottfried 57
Küsters, Heinrich 57,84

L

Lambert 18
Louvigne, General 210
Lauffs, Alexander 276
Lauffs, Günther 276
Lauffs, Oskar 232 234 276
Lauffs, Walter 276
Levi, Isaac 167
Levi, Gottschalk 173
Levi, Hirsch 167, 175
Levi, Hirsch Simon 168
Levi, Salomon 167
Levi, Sander 168
Levi, Simon 166
Levy, Jonas 172, 233
Levy, Julie 175
Levy, Netty 175
Levy, Sophie 175
Linden, Oberst 26
Lohoff, Empfänger 55
Lueger, Pater 66

M

Mansfeld von, Agnes 24
Mayer, Anna 174
Mayer, Berhard 174, 232, 233
Mayer, Caroline 174
Mayer, Elisabeth 174
Mayer, Leopold 174
Mäurer, Bürgermeister 158
Mecke, Leni 69, 273
Merkens, Heinrich 245
Merkens, Johanna 245
Medek, Tilo 275
Meier, Joseph 168
Mendel, Benjamin 166
Menden, Hans 230
Mertens-Schaaffhausen 251
Meyer, Levi 167
Meyer, Simon 171
Michels, August 228
Michels, Firma 107
Mies, Carl 239
Mohlberg, Balthasar 79
Mohr, Anton 230
Mohr, Empfänger 261
Mohr, Heinrich 207
Mohr, Johann 187
Moises, David 67, 170
Mollberg, Andreas 187
Mollberg, Inrath 187
Mollberg, Jodocus 185
Morlın, Jodocus 145, 150
Moses, Adele 176
Moses, Abraham 169
Moses, Isaak 170
Moses, Jette 176
Moses, Marx 170
Moses, Salomon 170
Moses, Seligmann 169
Moses, Theodor 170
Müller, Chrısıtine 221
Müller, Familie 158
Müller, Ferdinand 187
Müller, Joseph 77
Müller, Joh. H. Pfarrer 156
Müller, Ludwig 184
Mürl, Christian 228
Mürl, Eduard 228 237
Mürl, Friedrich Pfarrer 150
Mürl, Heinrich 235
Mürl, Peter 232
Muß, Peter I 230

N

Nassau von, Heinrich 20
Neckenig, Architekt 120
Nettekoven, Vikar 116
Neuenahr von, Adolf 27
Neunkirchen, H. 228
Neven DuMont 141
Neven DuMont, August 257
Nideree, Josef 124
Niedecken, J. 228
Nodeck, Fimianus 150
Nußbaum, Wilhelm 110

P

Pantaleon, St. 145
Paulmanns, Heyder 107
Pax, Mathias 234
Peutrich, Dr. 25
Petrus, St. 152
Pfarrer, Unkel 150
Philipp, Walter 234
Pohlmann 232
Prinz, Wilhelm 233
Profitlich, Alex. 232
Profitlich, E. 232
-
Profitlich, Fabrik 188
Profitlich, Paul 207
Profitlich, P 232
Pütz, Franz 232
Pütz von, Walburga 163

R

Rabenhorst 193
Reinfridus 14
Reinkens, Bischof 148
Reufel, H. 228
Reuter, W. 233
Richarz, Josef 207
Richarz, Josephina 130
Richarz, Pantaleon 107
Richeza 18
Rifert, Theo 236
Rifert, Wilhelm 119
Rincker 163
Ritter, A. 232
Rivet, Claran 172
Rotoldus 14
Röttgen, Johann Pfarrer 150

S

Salm, Johanna 174
Salm, Gertrud 174
Salm, Gottschalk 168
Salm, Hirsch 174
Salm, Meyir 174
Salm, Philipp 174
Salm, Rosa 174
Salm, Simon 174
Salmon, Jud 166
Salmon, Lazarus 169
Salomon, Abraham 167
Salomon, Herz 168

Salomon, Moises 168
Sander, Leib 168
Selzer, Heribert 223
Seydlitz 36
Seydlitz, Hubert 246
Seydlitz, Sibylla 246
Siebertz, Gottfried 79
Simon, Emil 239
Söhnen, Ferdinand 233
Sohr von, Theodor 150
Sponheim von, Johann 19
Stang, Bertram 233 235
Stang, Franz 233
Steffens, Franz 194
Steffens, Hilda 194
Steinfeld, Abel 202, 203
Stemmler, Peter Pfarrer 150
Stickel, Hauptmann 25
Stieffel, Otto 271
Stockhausen, Wilhelm 184
Stolten, Heinrich 39ff, 148 ff
Stratmann, Lehrer 156
Strauß, Dechant 150
Strauß, Gottfried 152
Stresemann, Gustav 55
Stuch, Christian 232, 233
Stulzgen, Peter 146
Stummeyer 232

Sch

Schäfer, Lehrer 231
Schäling, Villa 96
Scheider, Lehrer 232
Scheltenbach, Pfarrer 150, 232
Schlaim, Jud 166
Schlickum 36,37
Schmitz, Alex 67
Schmitz, Nikolaus 230
Schoeler von 36
Schöler von, Daniel 160
Schönhagen, Architekt 156
Schopenhauer, Adele + Johanna 254
Schopp, Andreas 230
Schopp, Egidius 230
Schopp, Gerhard 233
Schopp, Hermann 237
Schopp, Joh. Stephan 116
Schreiner, Severin 56
Schuhmacher, Josepha 231
Schüller, Jacob 184
Schüller, Joh. Peter 184
Schwamborn, Dr. 150 ,256
Schwenzow, Fabrik 189
Schwenzow, Paul 189, 207, 234

T

Tangermann, Dr. 149
Thomas, Theo 217, 231
Trimborn, Carl 262
Tuchscherer, Matheis 185
Tuchscherer, Nicolaus 185
Tuchscherer, Wilhelm 185

V

Vaassen, Pfarrer 150, 267
Verwaltungschefs 208
Virchow, Rudolf 38
Vogts, Prof. 145
Vollmer, Daniel 84
Vollmer, Heinrich 230
Vollmer, Johann 84, 233
Vollmer, Joseph 79, 233
Vollmer, Peter 81
Vollmer, Wilhelm 80

W

Wallbroel, Fritz 190
Wallbroel, Gerhard 185
Wallbroel, Joh Jos. 185
Waninger, W. 233
Weber, Anton 235
Weber, Philipp 235
Weber, Severin 233
Wegener, Bruno Pfarrer 150
Weinberg, Max 103
Weisheim 232
Welsch, Anton 239
Wendehorst, Frank 190
Werner von, Frau 156
Westmark, Dampfer 197
Wierig, Jacob 231
Wies, Lehrer 31
Winges, Peter 184
Wilhelm von Preußen 45
Willing, Dr. 88
Winkelbach, J. 90
Wirtz, Heinrich & Co. 192
Wittgenstein von, Familie 244
Wolff, Aaron 166
Wolff, Tobias 166
Wulfertange, Rudolf 268
Wurm, Pfarrer 40
Würzburg, Lehrer 170

Z

Zedlitz von 195
Zissen, Henricus 184

Abbildungsnachweis

1) **Stadtarchiv Unkel:**
Abb. 1, 5, 6, 7, 8, 9, 10, 11, 12, 13, 13a 23, 25, 26, 27, 28, 29, 30, 33, 34, 36, 37, 38, 39, 42, 43, 44, 46, 48, 50, 51, 52, 53, 54, 55, 56, 59,60, 61, 69, 70, 72, 73, 75, 78, 79, 80, 82, 83, 86, 87, 88, 89, 91, 93, 94, 97, 98, 100, 105, 106, 118, 119, 120, 121, 122, 123, 124, 125, 126, 127, 128, 129, 130, 131, 134, 135, 136, 137, 138, 139, 140, 141, 142,

2) **Rudolf Vollmer**
Abb. 16, 17, 18, 19, 20, 21, 22, 24, 31, 32, 35, 49, 57, 58, 64, 65, 66, 67, 68, 71, 74, 84, 90, 92, 95, 101, 102, 103,

3) **Rheinisches Bildarchiv:**
Abb. 46, 110, 111, 112, 113, 114, 115, 116, 117

4) **Landeshauptarchiv Koblenz:**
Abb. 14, 15, 45

5) **Rupert Schneider (Zeichnungen):**
Abb. 2, 3, 4, 85

6) **Horst Kretschmer:**
Abb.108, 109

7) **Lothar Schaack:**
Abb. 99, 104, 132, 133

8) **Paul Bachem (Zeichnung):**
Umschlagsentwurf, 1

9) **Juchem (Zeichnung):**
Abb. 63

10) **Hans Götte:**
Abb. 40

11) **Bildarchiv der öst. Nationalbibliothek**
Abb. 41